novum premium

Karl Alich

Freispruch für Stella Goldschlag

novum premium

Bibliografische Information
der Deutschen Nationalbibliothek:

Die Deutsche Nationalbibliothek
verzeichnet diese Publikation in
der Deutschen Nationalbibliografie.
Detaillierte bibliografische Daten
sind im Internet über
http://www.d-nb.de abrufbar.

Gedruckt in der Europäischen Union
auf umweltfreundlichem, chlor- und
säurefrei gebleichtem Papier.

ISBN 978-3-99130-204-9
Lektorat: Lucas Drebenstedt
Umschlagfoto:
Arzawen | Dreamstime.com
Umschlaggestaltung, Layout & Satz:
novum Verlag
Innenabbildung: Birgit Kroh

Die vom Autor zur Verfügung gestellte
Abbildung wurde in der bestmöglichen
Qualität gedruckt.

www.novumverlag.com

Climate neutral
Print product
ClimatePartner.com/16547-2201-1002

Inhaltsverzeichnis

Das Bundesverfassungsgericht

hat entschieden, dass es keinen verfassungsrechtlichen Bedenken begegnet, wenn die Fachgerichte in der Leugnung der Judenverfolgung unter dem Nationalsozialismus eine schwere Persönlichkeitsverletzung auch der heute lebenden Juden erblicken. Es gehört zum personalen Selbstverständnis der heute in Deutschland lebenden Juden, als zugehörig zu einer durch das Schicksal herausgehobenen Personengruppe begriffen zu werden, der gegenüber eine besondere moralische Verantwortung **aller anderen** besteht, und dass dieses Teil ihrer Würde ist.

Bundesverfassungsgericht,
Beschlüsse vom 02.02.2009,
1 BvR 2266/04,
1 BVR 2620/05, Rn. 26

Vorwort

Stella wurde am 7. März 1946 in Liebenwalde/SBZ verhaftet. Ihre Verurteilung zu zehn Jahren Haft erfolgte durch ein sowjetisches Militärtribunal am 31. Mai 1946. Ihr wurde vorgeworfen, untergetauchte Juden in Berlin aufgespürt und an die Gestapo verraten zu haben.

I.

Entlassung

Mit lautem Getöse öffnete sich die Zellentür. An dieses Geräusch konnte sich Stella in den zehn Jahren ihrer Haft nicht gewöhnen. Es war das Geräusch, welches in ihr gleichermaßen Angst und Erwartung weckte.

War sie in der Zelle, wollte sie raus auf den Gang und etwas von der Welt außerhalb der Enge spüren.

War sie auf dem Gang, wollte sie rein in die Zelle, um sich in irgendeiner Ecke zu verkriechen.

Die Häftlinge der Zelle Nr. 43 des Frauengefängnisses Hoheneck hatten gerade ihre kurze Körperpflege beendet und warteten darauf, dass sie zur Arbeit geführt werden.

Die Schließerin rief in die Zelle: „Häftling Nummer 433, Stella, heraustreten!"

Das war eine offizielle Aufforderung.

Was war passiert?

Die Mithäftlinge schauten Stella an. Es war der 23. Januar 1956, ihre zehn Jahre waren doch erst am 1. Juni vorbei!

Was hatte es zu bedeuten, wenn sie vor der Schicht aus der Zelle geholt wurde?

Stella trat vor die Zelle Nr. 43, wieder erschallte das Getöse des Zellenschlüssels.

„Zur Erzieherin!" Stella dachte, was ist denn nun schon wieder los? Vor dem Zimmer 1 des Zellentrakts brüllte die Schließerin „Halt!" und klopfte an die Tür.

Stella hörte das gebrüllte „Eintreten!".

Die Schließerin öffnete die Tür und befahl Stella: „Los rein!"

Stella wurde gegenüber der Erzieherin förmlich:

„Häftlingsnummer 433 meldet sich zur Stelle!"

„Häftling Isaaksohn, Stella Ingrid, Häftlingsnummer 433, wird heute vorzeitig entlassen.

Hier ist der Beschluss des Bezirksgerichts Dresden vom 16. Januar 1956, den Empfang hier quittieren.

Die Reststrafe von 127 Tagen wird zur Bewährung ausgesetzt. Die Bewährungsfrist endet am 31. Dezember 1956.

Bevor Stella die Fassung wiedererlangte, fragte die Erzieherin:

„Haben Sie noch persönliche Gegenstände auf der Zelle?" Stella antwortete: „Ja, meine Zahnbürste, Waschzeug, meine Latschen, meine Häkeldecke und meine Bibel."

„Ach so, eine Bibel, ich dachte immer Sie wären Jüdin."

Stella antwortete: „Nein, das bin ich nicht, schon lange nicht mehr." Die Erzieherin wies die Schließerin an, Stella noch einmal in die Zelle zu führen, damit sie ihre persönlichen Gegenstände abholen könne, aber erst, wenn die übrigen Häftlinge zur Arbeit geführt worden waren.

„Ab sofort ist jeder Kontakt mit den Mithäftlingen zu unterbinden."

Zu Stella sagte die Erzieherin: „Wegtreten!"

Stella wurde vorübergehend in eine leere Zelle gesperrt.

Also deshalb die Untersuchung beim Gefängnisarzt vor einer Woche. Das war die Untersuchung vor der Entlassung gewesen. Der Gefängnisarzt, Dr. Bernd hatte sie nochmal genau untersucht. Wie Stella fand, zu genau. Sie hatte zwar mal eine Analfistel gehabt, das war aber lange her. Also kein Grund, an ihr herumzufummeln.

Ob nun Bernd sein Vor- oder Nachnahme war, konnte ihr auch egal sein.

Es war jedenfalls das letzte Mal, dass er sie untersucht hatte. Was ihr wirklich fehlte, das wusste Stella viel besser.

Nach einigen Minuten kam die Schließerin und führte Stella in die Gemeinschaftszelle.

Stella nahm schnell ihre Bibel, die Latschen, ihre Häkeldecke und ihre Zahnbürste und ging, so schnell sie nur konnte, aus der Zelle.

Die Schließerin führte sie in den Raum, in dem die Formalitäten für die Entlassung erledigt wurden.

Hinter einem Holztresen stand eine uniformierte Angestellte der Haftanstalt und sagte: „Wir müssen die Stationen ihres Erziehungsaufenthalts abgleichen. Ab dem 7. März 1946 bis Mai 1946 Untersuchungshaft Luisenstraße, richtig?"

Stella sagte: „Ja."

„Ab Mai 1946 bis Juni 1946 Militärgefängnis Lichtenberg, richtig?"

Stella sagte: „Ja."

„Ab Juli 1946 bis Juli 1948 Festung Torgau, richtig?"

Stella sagte: „Ja."

Juli 1948 bis Februar 1950 Sachsenhausen, richtig?"

Stella sagte: „Ja."

„Februar 1950 bis Juli 1951 Zuchthaus Hoheneck, richtig?"

Stella sagte: „Ja."

„Juli 1951 bis Juli 1954 Waldheim, drei Jahre Sanatorium, äh, Haftkrankenhaus, richtig?"

Stella sagte: „Ja."

„Juli 1954 bis Januar 1956 Zuchthaus Hoheneck, richtig?"

Stella sagte: „Ja."

„Was heißt denn hier ‚ja', sagen Sie danke für die vorzeitige Entlassung."

Stella sagte unterwürfig: „Ja, äh, danke für die vorzeitige Entlassung."

„Hier ist der Entlassungsschein, der ist gleichzeitig ihr Ausweis, für drei Tage. Ihre Ausweispapiere erhalten Sie bei der zuständigen Dienststelle der Volkspolizei in der Hauptstadt der Deutschen Demokratischen Republik."

Die Schließerin knallte bei den Worten „Deutschen Demokratischen Republik" die Hacken zusammen und nahm Haltung an.

„Mit den Entlassungspapieren können Sie auch mit dem Zug und allen übrigen Verkehrsmitteln auf dem direkten Wege zur angegebenen Meldeadresse am Zielort fahren."

Mit ernster Miene fuhr die Angestellte des Gefängnisses fort: „Umwege sind streng untersagt. Fahrten durch die westlichen Bezirke der Hauptstadt der DDR sind strengstens verboten und führen in Ihrem Fall zum Widerruf der Bewährung. Dann sehen wir uns gleich wieder."

Bei dem Wort „Volkspolizei“ hatte Stella sofort ein ungutes Gefühl. Das klang nach Polizei der Volksgenossen. Von Volksgenossen hatte sie jedoch die Nase voll.

Im nächsten Raum erhielt sie ihre persönlichen Gegenstände und ihre Zivilkleidung zurück. Ihre Habseligkeiten passten in den kleinen Koffer, den sie bei der Verhaftung 1946 in Liebenwalde hatte mitnehmen dürfen.

Sie wurde von der Schließerin aufgefordert, sich umzuziehen.

Stella fing an, die Häftlingskleidung auszuziehen und über einen Stuhl zu legen. Die Schließerin beobachtete Stella besonders aufmerksam. Sie hatte Stella bereits beim wöchentlichen Duschen beobachtet. Stella spürte den Blick der Schließerin, der ihren wohlgeformten Körper umklammerte. Sie hatte plötzlich wieder Macht über einen anderen Menschen. Sie genoss es und fing an zu spielen.

Sie ließ sich von der Schließerin ihren seidenen BH reichen.

„Hier hast Du das gute Stück! Ist der aus Seide?“

„Ja“, erwiderte Stella: „Seide! Ob er nach zehn Jahren noch nach Parfum riecht?“

Die Schließerin roch an dem BH und sagte: „Oh, riecht der gut.“

Stella lächelte. Gekonnt zelebrierte sie das Anlegen des BH. Sie hatte abgenommen, ihre Brüste waren kleiner geworden.

Dann sagte sie zur Schließerin: „Es ist kalt draußen! Kann ich die warmen Beinkleider behalten?“ Die Schließerin blickte sie fragend an. „Na, die langen Wollstrümpfe.“

„Weil du dich gut geführt hast, in Gottes Namen, ja.“ Oh, dachte Stella, selbst Kommunisten kommen nicht ohne Gott aus.

Stella zog ihr langes Kleid an. Dann schlüpfte sie in ihre Schaftstiefel. Ihren Mantel nahm sie über den Arm. Zum Glück bin ich in der kalten Jahreszeit im März 1946 verhaftet worden, dachte sie. Die Schließerin sagte zu Stella:

„Du bist so schön, so wunderschön.“

Stella antwortete: „Du warst immer gut zu mir, ich werde dich nicht vergessen, meine Freundin.“

Stella fühlte ihre Überlegenheit. Ihre Schönheit und ihre Verführungskunst wirkten ungebrochen, wie in der Zeit, in der sie wie eine Getriebene auf die Jagd nach untergetauchten Juden gegangen war und den Mitarbeitern der Gestapo hatte gefallen müssen.

Nachdem die Formalitäten der Entlassung erledigt waren, sagte die Schließerin zu Stella: „Das musst du noch unterschreiben!"

Stella las: „Erklärung zur Verschwiegenheit." Hiermit verpflichte ich mich, unter Androhung von Strafe über alles zu schweigen, was ich im Zusammenhang mit meinem Aufenthalt in den Strafvollzugsanstalten der DDR gehört, gesehen oder sonst wie erfahren habe.

Ich bestätige: …

Stella las nicht weiter, sondern unterschrieb die Erklärung.

Die Schließerin sagte: „Hier noch das Datum!"

Stella setzte noch das Datum ein und fragte: „Ist das jetzt alles?"

„Ja, das ist alles! Nicht ganz, hier ist noch etwas Proviant. Zwei belegte Brote, die müssen für heute reichen."

„Der Hunger war der Einzige, der mir immer treu gewesen ist."

Stella nahm die in Zeitungspapier eingewickelten Brote und sagte: „Danke."

In einem Nebeneingang des Zuchthauses Hoheneck öffnet sich eine Tür. Aus dem Inneren des Zuchthauses tritt Stella in die Lebenswirklichkeit der DDR.

Die Straße vor dem Zuchthaus war menschenleer. Wenige Meter neben dem Eingang saß ein Hund.

Mit flackerndem Blick sucht Stella den entferntesten Punkt.

Ihr Blick kam jedoch am Turm der Nicolaikirche von Stollberg zur Ruhe.

Nach zehn Jahren Haft wollte sie in dieser Kirche ein christliches Gebet sprechen und gleichzeitig ihren Bruch mit dem mosaischen Glauben bestätigen.

Sie machte sich auf den Weg zur Nicolaikirche.

Sie bemerkte, dass ihr der Hund folgte, so, als hätte er auf sie vor der Gefängnistür gewartet.

Sie erinnerte sich daran, dass vor dem Sammellager Große Hamburger Straße auch immer ein kleiner Hund auf sie gewartet hatte, wenn sie im Auftrag der Gestapo unterwegs gewesen war.

Dobberke hatte einmal mitbekommen, dass sie dem Hund jeden Morgen Wurstpellen gegeben hatte. Seitdem hatte er sie nicht mehr Rattenfängerin, sondern Hundefängerin genannt.

Stella machte den kleinen Koffer auf, wickelte die belegten Brote aus dem Zeitungspapier und warf sie dem Hund zu. Der stürzte sich auf das Festmahl.

Für einen Moment fühlte Stella wieder Freude am Leben. Sie hatte diesem kleinen Hund etwas Gutes getan. Sie wollte hungern, damit der Hund satt wird.

Sie war gerührt und überwältigt von ihrer Großzügigkeit.

Ihre Gedanken kreisten jetzt wieder um die Haftzeit. Sie hatte keine Mithäftlinge bespitzelt oder verraten. Ihr war von der Erzieherin zwar das Angebot gemacht worden, für kleine Vergünstigungen Mithäftlinge auszuhorchen. Sie hatte sich jedoch dem Angebot verweigert.

Unter ihren Mithäftlingen waren NS-Täterinnen gewesen, Aufseherinnen in den KZ, wie Gerda Fahlstein, mit der sie einige Monate die Zelle geteilt hatte.

Kein Mensch war ihr in den vergangenen zehn Jahren so nahegekommen wie Gerda Fahlstein, die am meisten gefürchtete Aufseherin im KZ Ravensbrück.

Sie erinnerte sich an den Tag, an dem sie in die Zelle von Gerda verlegt worden war. Die Zellentüre schloss sich hinter ihr. Gerda und sie waren allein. Sie vermieden ersten Blickkontakt.

Gerda saß auf einem Schemel und wischte ständig nicht vorhandene Krümel von der Tischplatte. Stella legte ihre Decke auf das leere Bett und setzte sich auf die Bettkante.

Nach einigen Minuten Schweigen sagte sie: „Ich bin Stella und habe zehn Jahre."

Gerda lachte: „Ich habe 10 mal 10 Jahre, kannst du dir ausrechnen, Süße, wann ich herauskomme. Du weißt, wer ich bin?" – „Nein, nicht so direkt."

„Man nannte mich auch weißer Engel. Nein, nicht wirklich, war ein Scherz. Und du bist Stella, ich habe von dir gehört. Du hast für uns gearbeitet!"

„Was heißt, für euch gearbeitet?"

„Stell Dich nicht so blöd an! Für den Führer! Wenn du für die Gestapo gearbeitet hast, dann hast du auch den Treueeid auf den Führer geleistet, Gehorsam bis in den Tod, so wahr mir Gott helfe. Bis in den Tod! Vergessen, Süße? Der Führer war der einzige Mann in meinem Leben. Ihm habe ich Treue bis in den Tod geschworen und ich werde diesen Eid erfüllen bis in den Tod."

Gerda hatte sich am Hungerstreik der weiblichen Häftlinge in Hoheneck beteiligt. Die Frauen, die gestreikt hatten, mussten ihre Strafe bis zum letzten Tag verbüßen.

Die Wortführerinnen des Hungerstreiks hatten teilweise noch einen „Nachschlag" von einigen Jahren bekommen, für Gerda mit ihren 10 mal 10 Jahren spielte es keine Rolle.

Stella wollte nicht auffallen, sie hatte sich nicht am Hungerstreik beteiligt. Sie hatte dann auch darauf gedrungen, in eine andere Zelle verlegt zu werden.

Gerdas Führerkult ging ihr zunehmend auf die Nerven.

Führers Geburtstag am zwanzigsten April 1955 war nicht auszuhalten. Wochen vorher und die Wochen danach gab es nur ein Thema. Was wäre gewesen, wenn der Führer Gerda getroffen hätte?

Ihr hatte man immerhin fast ein halbes Jahr der Haftstrafe erlassen. Die Reststrafe wurde zwar zur Bewährung ausgesetzt, doch hatte sie nicht die Absicht, wieder mit dem Gesetz in Konflikt zu kommen.

Bereitwillig hatte sie heute auch die Verpflichtung, über die Haft zu schweigen, unterschrieben. Aber wen interessierte schon, dass die Frauen im Gefängnis im Drei-Schicht-System arbeiten mussten und dass sie wie Versuchskaninchen mit Pillen vollgestopft wurden. Sie hatte an manchen Tagen bis zu 38 Tabletten schlucken müssen. Ihr folgte eine schwarze Limousine im Schritttempo.

Sie nahm das Fahrzeug nicht wahr. Sie war mit sich beschäftigt. Nach zehn Jahren trug sie wieder ihren feschen Mantel, den sie so liebte und den sie auf dem Kurfürstendamm immer so stolz getragen hatte. Sie war in dieser Zeit stolz und mächtig gewesen, wenn sie ohne den Stern und mit dem Gestapoausweis durch die Straße gelaufen war.

Ihr Jägerhut war leider abhandengekommen. Sie hatte nichts, nur die Kleider, die sie am Leibe trug, und den Inhalt des Koffers: Socken, Unterwäsche, die Häkeldecke und eine Bibel. Die Bibel hatte sie immer als Zeichen ihres christlichen Bekenntnisses bei sich.

Stella dachte an ihre Tochter Yvonne.

Lebte ihre Tochter noch?

Bei wem hatte sie gelebt, als sie ganz allein gewesen war?

Konnte sie sich noch an ihre Mutter erinnern?

Sie war verhaftet worden, als ihre Tochter Yvonne ein halbes Jahr alt gewesen war.

Würde Yvonne sie überhaupt noch wiedererkennen?

Stella war so in Gedanken bei ihrer Tochter, dass sie die Kälte nicht spürte.

Sie war froh, dass die Schließerin, deren Namen sie nicht einmal kannte, ihr die Gefängnisunterwäsche gelassen hatte. Es war kalt und sie fürchtete sich mit ihrer nicht vollständig ausgeheilten TBC vor einer Erkältung.

Stella lief durch die fast ausgestorbenen Gassen von Stollberg, vorbei an einer „Kohlehandlung". Ein paar Häuser weiter ein HO-Milchladen. Dort standen Frauen mit Milchkannen in einer langen Schlange an. „Schlangestehen", das kannte Stella aus der Kriegszeit, „Schlangestehen" und warten und warten. Sie dachte an ihre Eltern, die in Auschwitz auch „Schlange gestanden hatten" bis sie an der Reihe gewesen waren. Die Frauen, die hier in der Schlange standen, um einen oder vielleicht zwei Liter frische Milch zu ergattern, brachten die Milch nach Hause zu ihren Kindern. Egal unter welchen Bedingungen diese Frauen lebten, sie lebten mit und für ihre Kinder.

Stella nahm die Lebenswirklichkeit der DDR war. Sie wusste, dass sich aus den vier Besatzungszonen zwei deutsche Staaten entwickelt hatten. Sie hatte sich jedoch von diesen beiden deutschen Staaten kein Bild machen können. Sie war zehn Jahre lang eingesperrt gewesen, am Leben hatte sie nicht teilnehmen können.

Im Gefängnis gab es regelmäßig politische Bildungsveranstaltungen. In den Raum passten etwa vierzig Frauen. An der

Wand hing ein Bild von Stalin. Das gleiche Bild wie in dem Gerichtssaal, in dem sie von dem sowjetischen Militärtribunal zu zehn Jahren verurteilt worden war.

Stella beobachtete zwei Arbeiter, die damit beschäftigt waren, ein Plakat von einer Häuserfront zu entfernen. Sie blieb stehen und las: „Der Sozialismus siecht!"

Ursprünglich hatte die Aufschrift: „Der Sozialismus siegt!" gelautet.

Das „siegt" musste irgendjemand dann übermalt haben. Aus dem „siegt" war ein „siecht" geworden.

Plötzlich stand ein Uniformierter hinter ihr und dröhnte: „Volkspolizei, weitergehen!"

Stella erschrak und ging sofort auf den großen Platz, der vor ihr lag.

Sie stand vor der Nicolaikirche. Aus der Entfernung machte die Nicolaikirche einen erhabenen Eindruck. Aus der Nähe sah man Einschüsse im Mauerwerk und einen notdürftig reparierten Dachstuhl. Von der einstigen Pracht des Gotteshauses war nichts mehr übrig. Im Gegenteil, man konnte den Eindruck bekommen, dass der Verfall gewollt ist.

Die Mosaikfenster waren an den kaputten Stellen mit Brettern vernagelt.

Ein Seitenschiff war abgesperrt, „wegen Einsturzgefahr".

Selbst diese baufällige Kirche vermittelte den Eindruck von Geborgenheit. Sie wusste, solange sie sich in dem „Gotteshaus" befindet, kann ihr nichts passieren. Selbst die Gestapo hatte in den Kirchen keine Verhaftungen vorgenommen. Die Verhaftungen waren grundsätzlich erst erfolgt, wenn die Zielpersonen die Kirche verlassen hatten.

Stellas Fantasie reichte nicht aus, um auf den Gedanken zu kommen, dass die SS gerade diese Vorstellung genutzt hatte, flüchtende Juden in die Kirchen zu treiben, um sie dann bei lebendigem Leibe zu verbrennen.

Außer Stella befand sich niemand in der Kirche. Es war kalt, es zog.

Sie setzte sich in die vorderste Reihe, faltete die Hände und überlegte.

Sie war hier in einer protestantischen Kirche, in der Kirche von Martin Luther.

Sie erinnerte sich an die eindringlichen Worte des hochgebildeten, vornehmen Vaters.

„Warum haben die Juden nicht auf Martin Luther gehört?“ Ihr Vater verkündete seine Theorie von der Reaktion Martin Luthers auf den ausgebliebenen Erfolg bei der Missionierung der Juden.

Er erinnerte immer wieder daran, dass Martin Luther schon Mitte des 16. Jahrhunderts zur Verfolgung und Vertreibung der Juden aufgerufen hatte.

Luther vertrat einen hemmungslosen Antisemitismus.

Luthers Judenschriften hätten maßgeblich dazu beigetragen, dass die Protestanten in Deutschland der Verfolgung der Juden über Jahrhunderte nicht entschieden entgegengetreten waren und die Novemberpogrome 1938 sogar begrüßt hatten.

Er stellte immer wieder die Frage, ob die Juden nicht selber Schuld wären.

Er hatte seine Tochter Stella deshalb im christlichen Glauben erzogen und geglaubt, so vor dem aufkommenden Antisemitismus geschützt zu sein.

Lieber Vater, welch ein Irrtum, dachte Stella. Du warst so ein kluger Mensch. Wie konntest du dich so irren?

Was wollte sie Gott sagen?

Wollte sie Gott Vorwürfe machen? Nein!

Wollte sie Gott bitten? Nein!

Gott würde sie erhören, wenn sie sich ihm auslieferte.

Sie sprach: „Lieber Gott, lass mich eine Rolle spielen, wie Jesus Christus! Ich will wie Jesus Christus sein!“

Sie glaubte, Gott überzeugt zu haben. Sie glaubte, dass nur sie die Rolle des Jesus Christus übernehmen könne.

Sie wollte Geschichte schreiben, sie wollte die Geschichte umschreiben und sich dafür opfern.

Sie schaute auf den gekreuzigten Jesus im Zentrum des Altars. Sie sah sich mit der Dornenkrone ans Kreuz genagelt, ihre Keuschheit, nur bedeckt mit einem Tuch um die Lende.

Unter der Dornenkrone quoll ihre blonde Mähne hervor.

Wie schön sie aussehen würde am Kreuz.

Sie bildete sich ein, die bewundernden Blicke auf ihrer Haut zu spüren.

Sie war verliebt in dieses Bild, Stella die Märtyrerin.

Sie schloss die Augen und sah viele Gläubige vor dem Kruzifix auf den Knien.

Sie wollte ihren Frieden mit Martin Luther schließen. Er hatte die Juden bekehren wollen, sie hatte sich bekehren lassen.

Es wurde ihr zu kalt. Es zog in der Kirche. Stella stand auf.

Sie blickte in Richtung Ausgang und wollte die Kirche verlassen.

Von ihr unbemerkt, hatte eine Frau mit einem jungen Mädchen die Kirche betreten.

Stella nahm nur das junge Mädchen wahr, schrie „Yvonne!" und stürzte sich auf das junge Mädchen und umarmte sie.

Die Mutter rief: „Was machen Sie mit meiner Tochter?" Sie versuchte Stella und das junge Mädchen zu trennen.

Stella wurde hysterisch und schrie: „Das ist Yvonne, meine Tochter, lassen Sie meine Tochter los!"

Ängstlich rief das Kind: „Mama, was will die Frau von mir? Ich kenne diese Frau nicht!"

Stella ließ das Mädchen los und stürmte unter Flüchen aus der Kirche auf die Straße.

Vorher hatte sie noch die Sammelbüchse geschüttelt, um festzustellen, ob hier Kollekte bezahlt wird. Nichts, die Sammelbüchse war leer.

Nach einigen Metern hatte sich Stella wieder gefangen und lächelte hin und wieder entgegenkommende Passanten an.

Am Bahnhof von Stollberg angekommen schaute sie auf den Fahrplan. Mit dem Zug nach Dresden fahren und dann umsteigen in den Zug nach Berlin. Sie wunderte sich darüber, dass auf dem Fahrplan stand, „Berlin, Hauptstadt der DDR".

In der Haft hatte sie mitbekommen, dass es nun zwei deutsche Staaten gab. Das Gefängnispersonal hatte immer von der BRD gesprochen. Dem deutschen Staat, in dem die Nazis wieder an der Macht waren.

Stella hatte jedoch genug von der Politik und kannte nur noch ein Ziel, ihre Tochter finden und ihrer Tochter eine gute Mutter sein.

Wie ging das, eine gute Mutter sein?

Sie erinnerte sich an ihre Eltern.

Ihr Vater, ein begnadeter Musiker und Komponist und ein sanftmütiger Mensch, der ihr jeden Wunsch erfüllte, solange er konnte. Ihre Mutter eine wunderbare Sängerin, aber eine herrische Person.

In der Zeit ihrer Kindheit waren ihre Eltern in der Berliner Gesellschaft hoch angesehen.

Sie durfte an der Seite von Henny Porten mit vier Jahren 1926 in dem Film „Rosen des Südens" mitspielen. Die Wohnung aus Kindertagen, großzügig eingerichtet mit teurem Mobiliar. Sie waren wohlhabend.

Und dann: Die Inflation und damit verbunden die völlige Verarmung. Von der Beletage in eine kleine Zweizimmerwohnung in der Xantener Straße 2. Sie überspielte die Scham über den sozialen Abstieg mit ihrem auffälligen Äußeren. Sie versuchte, für die gleichaltrigen Jungs in der Klasse unerreichbar zu erscheinen.

Für Stella galten nicht die Regeln und Maßstäbe, die für ihre Mitschüler galten. Sie genoss ihre Sonderstellung. Jeden Tag wollte sie sich beweisen, dass sie mit ihren Eskapaden und Lügen immer weiter und weiter gehen könne. Sie hatte keine Probleme, sich mit einem verliebten Mitschüler irgendwo zu verabreden und ihn dann zu versetzen.

Genüsslich begrüßte sie den Mitschüler beim nächsten Zusammentreffen mit den Worten: „Wo warst du denn, ich habe eine halbe Stunde auf dich gewartet. Mach das nie wieder mit mir!"

Der so gescholtene entschuldigte sich dann dafür, dass sie ihn versetzt hatte. Stella hatte in ihrer kleinen Welt geherrscht, wie eine Königin.

Danach die Verfolgung durch das NS-Regime. Sie bestimmte nicht mehr die Regeln der Unterwerfung der Anderen, sondern sie musste sich den Regeln der Nazis unterwerfen. Ihr kleines

Königreich zerbrach in tausend Stücke, aus der Königin wurde eine Arbeitssklavin.

Kann ihr jemand vorwerfen, dass sie nach dem Verlust ihres „Königreichs“ als Greiferin der Gestapo nach den Regeln der Nazis lebte? Kann ihr jemand vorwerfen, dass sie ihr kleines Königreich wiederhaben wollte?

Stella verfolgte diesen Gedanken nicht weiter. Sie ahnte noch nicht, dass dieser Gedanke sie den Rest ihres Lebens verfolgen würde. Stella schaute auf den Fahrplan.

An einem Schalter fragte sie, wie viel eine Fahrkarte II. Klasse nach Berlin kostet.

Sie war überrascht, dass die Fahrkarte II. Klasse nach Berlin nur 5,10 DM kostet. Mit den 150 DM, die man ihr für die zehn Jahre Zwangsarbeit ausbezahlt hatte, konnte sie doch mehr anfangen, als sie anfangs gedacht hatte.

Sie musste von dem Geld auch noch ein Geschenk für Yvonne kaufen, sie wusste nur noch nicht genau, was sie ihr schenken solle.

Vielleicht einen Hund, dann hätte Yvonne einen Freund.

„Wenn Sie von der Burg kommen, dann brauchen Sie keine Fahrkarte!“, bellte eine Stimme aus dem Fahrkartenschalter.

„Ich komme nicht von der Burg! Bitte geben Sie mir eine Fahrkarte nach Berlin, Hauptstadt der DDR!“, bellte Stella zurück.

Der Zug nach Dresden sollte um 14:10 Uhr abfahren. Jetzt war es 11:00 Uhr.

Was sollte sie auf diesem trostlosen Bahnhof denn die drei Stunden tun?

Um auf dem Bahnsteig zu warten, war es zu kalt. Für ein Essen in der Bahnhofsgaststätte wollte sie kein Geld ausgeben.

Sie war seit über fünfzehn Jahren daran gewöhnt zu hungern. Aber einen Kaffee wollte sie sich dennoch leisten.

Nachdem sie zehn Jahre lang den furchtbaren „Eichelkaffee“ hatte trinken müssen, wollte sie endlich wieder einen Kaffee trinken, der auch nach Kaffee schmeckt.

Sie erinnerte sich an ihre Festnahme vor zehn Jahren. In den Räumen der jüdischen Gemeinde hatte man vor zehn Jahren richtigen Bohnenkaffee von den Amerikanern getrunken. Die Juden hatten sie jedoch nur zuschauen lassen, wenn sie den echten Bohnenkaffee getrunken und Schokolade aus den Carepaketen gegessen hatten.

Aus dem amerikanischen Sektor war sie in den sowjetischen Sektor überstellt worden, warum, hatte sie nie begriffen.

Für einen Bohnenkaffee musste das Geld reichen.

II.

Bahnhof Stollberg

Stella sah in großen Buchstaben „MITROPA", das scheint die Bahnhofsgaststätte zu sein, dachte sie.

Auf dem Weg zu dem lange vermissten Bohnenkaffee kam sie an einem Zeitungsstand vorbei.

Sie las: „Neues Deutschland", darüber stand:

„Proletarier aller Länder vereinigt euch."

Mit großen Buchstaben darunter:

„Organ des Zentralkomitees der sozialistischen Einheitspartei Deutschlands".

„Wieder ein Sieg des Sozialismus, Fünf-Jahres-Plan vorfristig erfüllt."

Wieder ein Sieg für einen „…ismus", dachte sie.

Eine andere Schlagzeile machte sie stutzig:

„Wählt die Kandidaten der ‚Nationalen Front'."

Sie fragte den Zeitungsverkäufer, was das Neue Deutschland kostet?

„Na Geld!", antworte der.

„So genau wollte ich es nicht wissen. Ich dachte, das Neue Deutschland gibt es kostenlos."

„Heute ist Montag, da gibt es kein ‚ND'. Das Neue Deutschland kostet normal 90 Pfennig. Das Neue Deutschland von gestern kann ich Ihnen schenken."

„Das Neue Deutschland von gestern kenne ich, das will ich nicht geschenkt haben."

Der Zeitungsverkäufer schaute Stella blöde an. Sie reagierte sofort und sagte:

„Geben sie mir das Neue Deutschland von gestern. Man kann nicht nur nehmen, man muss sich auch mal was schenken lassen."

Der Zeitungsverkäufer machte sich nicht die Mühe, den Sinn dieses Satzes zu verstehen. Er reicht ihr die Zeitung von gestern und schaute sie mit einem noch blöderen Gesichtsausdruck als zuvor an.

„Mein Junge, eines musst Du mir noch verraten, was bedeutet Nationale Front?“

Jetzt strahlte das Gesicht des Zeitungsverkäufers. „Nationale Front ist das Bündnis aller Parteien und Massenorganisationen der DDR.“

„Ja und wer sind die Parteien und Massenorganisationen?“

„Die SED, die NDPD, die CDU, die LDPD, die DBP, der FDGB und die FDJ.“ „NDPD?“, fragte Stella.

„National-Demokratische Partei Deutschlands!“, antwortete der Zeitungsverkäufer.

Bevor Stella weiterfragen konnte, wandte sich der Zeitungsverkäufer ab und beendete das Gespräch mit den Worten: „Mehr weiß ich nicht!“

III.

Mitropa

Mit dem kleinen Koffer in der Rechten und dem „Neuen Deutschland“ von gestern in der linken Hand und mit einer Fülle neuer Informationen betrat Stella die Bahnhofsgaststätte „MITROPA.“

Sie setzte sich in die Nähe eines Mannes mittleren Alters. Offenbar handelte es sich um einen Gast, der häufiger diese Bahnhofsgaststätte aufsuchte, denn die Bedienung hatte sich angeregt mit ihm unterhalten.

„Können Sie mir sagen, wie spät es ist?“, fragte Stella, obwohl sie genau die Uhrzeit wusste. Der Mann dachte, über dem Eingang hängt doch eine Uhr, sie will mit mir ins Gespräch kommen. Ich brauche mich also nicht anzustrengen, um sie in ein Gespräch zu verwickeln. Er musterte Stella.

Obwohl Stella in einem erbärmlichen Zustand war, ließ sich erahnen, dass sie eine außerordentlich attraktive Frau ist.

Stella fragte den Mann: „Können sie einen Augenblick auf mein Gepäck und meine Zeitung aufpassen?“ Der Mann sagte: „Ja, selbstverständlich! Darf ich Ihnen eine Suppe bestellen?“

Sie antwortete nicht.

Wie Stella gefragt und der Gast geantwortet hatte, musste der Eindruck entstehen, dass Stella Interesse an dem Gast hatte.

Was sie nicht ahnte, der Gast lungerte auf dem Bahnhof herum, um die entlassenen Häftlinge aus Hoheneck auszuhorchen. Wenn sich eine Frau über die Haftbedingungen äußerte oder gar beschwerte, hatte sie gegen die kurz zuvor unterschriebene Verpflichtung, über die Haftbedingungen zu schweigen, verstoßen und wurde gleich wieder ins Frauengefängnis zurückgeschafft.

Die schwarze Limousine wartete auf dem Bahnhofsvorplatz.

Stella wollte sich mit dem Gast die Zeit vertreiben und wenn dabei noch eine Mahlzeit heraussprang, umso besser.

Auf dem Weg zur Toilette musste Stella daran denken, was sie schon alles für eine warme Mahlzeit getan hatte, hatte tun müssen.

Welche Erniedrigung sie für drei Kartoffeln, ein kleines Stück Fleisch und ein bisschen Gemüse ertragen hatte.

Um im Untergrund zu überleben, hatte sie sich auch schon für eine Kartoffelsuppe betatschen lassen. Kartoffelsuppen hatten bei ihrer Greifertätigkeit eine zentrale Rolle gespielt.

Als sie noch als Greiferin in Berlin unterwegs war, spielte sie die Rolle der ausgehungerten Jüdin, die darum bat, ihr eine Kartoffelsuppe auszugegeben.

So lockte sie ihre Opfer in die Gaststätten um den Kurfürstendamm, in die Nähe eines Telefons.

Ihre Opfer warteten dann geduldig auf die Kartoffelsuppe.

Während die Opfer auf die Kartoffelsuppe warteten, konnte sie unauffällig die Gestapo anrufen.

Nachdem sie die Gestapo angerufen hatte, aß sie mit ihren Opfern, fröhlich plaudernd, die Kartoffelsuppe.

So konnte sie sicher sein, dass ihre Opfer nicht flüchteten. Regelmäßig kam die Gestapo pünktlich und so rechtzeitig, dass sie keinen einzigen „Ausreißer" zu beklagen hatte.

Wenn sie auf der Straße untergetauchte Juden festnehmen wollte, liefen ihr einige weg.

Nachdem ihre Opfer abgeführt worden waren, aß sie ihren Teller selenruhig leer.

Sie rührte jedoch nie die Teller ihrer Opfer an.

Sie sagte sich, soviel Pietät muss sein.

Stella hatte sich oft, zu oft anfassen lassen. Ihr Hunger und ihre Abhängigkeit waren ausgenutzt worden und das alles nur für eine Kartoffelsuppe.

Die stolze Stella war tief gesunken.

Deshalb hatte sie auch nach ihrer Haftentlassung keinerlei Bedenken, dem Mann das Gefühl zu geben, für einen Augenblick eine attraktive Frau besitzen zu können.

Stella öffnete die Tür zur Bahnhofstoilette.

Im Vergleich zu den Fäkalkübeln in den Lagern der ersten Haftjahre und den Gemeinschaftstoiletten im Frauengefängnis war diese schäbige Bahnhofstoilette das reinste Paradies.

Sie war seit 10 Jahren das erste Mal allein und unbeobachtet auf einer Toilette. Sie hatte in den vergangenen 10 Jahren oft befürchtet, dass sie diesen Moment nie mehr erleben würde.

Ihr erster Blick galt dem Spiegel. Die Beschichtung löste sich bereits an allen vier Ecken, nur der Bereich in der Mitte konnte noch als Spiegel bezeichnet werden.

Sie schaute sich im Spiegel an und sagte vor sich hin „Spieglein, Spieglein an der Wand, wer ist die Schönste im ganzen Land?“ und antwortete laut: „Stella, wer sonst!“

Dann hauchte sie den Spiegel an, bis ihr Abbild im Nebel ihrer Atemluft verschwand. Sie schrieb mit dem rechten Zeigefinger „Yvonne“ und malte ein Herz.

Sie beobachtete, wie der Nebel und mit ihm die Schrift verschwand und ihr Gesicht im Spiegel wieder zu erkennen war.

Der Traum von der Tochter wurde von der Realität verzehrt.

Sie ging zum Fenster, welchem sie den Rücken zukehrte, als sie sich im Spiegel bewunderte.

Auf dem Fensterbrett lag Zeitungspapier, welches auf die Größe einer Postkarte klein geschnitten war.

Langsam öffnete sie das Fenster. Seit zehn Jahren war es das erste Mal, dass sie ein Fenster öffnen konnte.

Sie genoss das Gefühl der Freiheit und sog langsam die kalte Winterluft ein.

Dann wurde es doch zu kalt und sie schloss das Fenster wieder.

Obwohl sie hierzu keinen Drang verspürte, wollte sie sich auch auf die Toilette setzen. Eine vollständige Toilette mit einer Klosettbrille und einem Deckel aus Holz. Rechts neben dem Klosettbecken befanden sich die Reste einer Vorrichtung zur Aufnahme von Toilettenpapier.

Darüber klebte ein Zettel:

„Der Sozialismus siegt! Toilettenpapier bitte mitbringen.“

Endlich unbeobachtet, ohne die bösen Bemerkungen der Mithäftlinge, wollte sie wenigstens dieses Stück Privatsphäre zurückgewinnen.

Immer wenn sie sich vor den Mithäftlingen auf den Kübel gesetzt hatte, hatte sie Bemerkungen wie „Na, ob unser Püppchen eine echte Blondine ist?“ über sich ergehen lassen müssen.

Sie hatte kein Parfüm, mit dem sie ihre Attraktivität unterstreichen konnte. Sie hatte auch keinen Lippenstift, sie hatte nichts.

Sie nahm eine paar Fetzen von dem geschnittenen Zeitungspapier, rubbelte das steife Papier solange, bis es geschmeidig wurde, und stopfte es unter ihren Busen.

Selbst bei geschlossener Bluse vermittelte sie so den Eindruck praller Weiblichkeit. Wenn sie dann die Bluse um nur einen Knopf öffnete, um den Blick auf ihren gespreizten Busen frei zu machen, zog sie im Handstreich alle Aufmerksamkeit auf sich.

Die Wirkung ihrer überschäumenden Weiblichkeit konnte sie sogar noch durch eine gespielte Naivität steigern.

Sie kam zurück an den Tisch und setzte sich neben den Gast.

Der schaute ihr bewundernd in den Ausschnitt und sagte:

„Hat aber lange gedauert!"

„Ich bin eine Frau!", antwortete Stella.

„Das ist nicht zu übersehen!", balzte der Mann zurück.

„Damit Sie sich nicht langweilen, habe ich Ihnen das Neue Deutschland hiergelassen. Ich kaufe immer die Zeitung vom Vortage, das erhöht die Spannung."

Mit dieser Art der Logik konnte der Mann nichts anfangen, fragte aber auch nicht nach, um sich nicht zu blamieren.

„Was ist eigentlich die Nationale Front?", fragte Stella den Mann.

Stellas Frageeifer wurde unterbrochen. Die Kellnerin brachte die Teller mit der Kartoffelsuppe und auf einem separaten Teller zwei Scheiben Brot.

Der Mann sagte zu Stella: „Sie können meine Scheibe Brot haben."

„Oh, nein danke, mir reicht die eine Scheibe, ich habe heute schon sehr zeitig gefrühstückt."

Das hätte sie nicht sagen dürfen.

Der Mann könnte jetzt vermuten, dass sie aus dem Gefängnis gekommen sei, deshalb fügte sie schnell hinzu: „Ich bin eine notorische Frühaufsteherin, carpe diem, nutze den Tag!"

Der Mann machte eine anerkennende Kopfbewegung. Stella war beruhigt.

Offenbar hatte der Gast Gefallen an ihr gefunden, denn er lud sie nach dem Essen noch zu einem Kaffee ein.

Er streckte zwei Finger in Richtung Kellnerin, die freundlich nickte und 2 Tassen Kaffee brachte. Auf jeder Untertasse lagen 2 Stück Würfelzucker.

„Wird Milch gewünscht?"

„Nein? Ist auch keine da!"

„Ulbrichts Krönung!", sagte der Mann und lachte laut auf.

Stella schaute ihn verständnislos an, sie konnte nicht mitlachen. Wer war Ulbricht?

Was hatte „Ulbrichts Krönung" mit dem Kaffee zu tun?

Auf diesen „politischen Witz" ist sie nicht reingefallen, dann muss ich eben direkter fragen, dachte sich der Mann.

Nach dem Kaffee fragte der Gast nun völlig unvermittelt, wie es ihr denn in Hoheneck ergangen war. Stella war sofort hellwach. Blitzartig wurde ihr klar, dass dieser Mann vom ostdeutschen Geheimdienst war. Stella schaltete sofort.

Sie sagte dem Gast, dass sie ihre Tochter besucht hätte in Hoheneck, dass es der Tochter gut gehe und dass sie Gelegenheit habe, ihre Fehler zu bereuen, um ein wertvolles Mitglied der sozialistischen Gesellschaft werden zu können.

Stella bedankte sich für die Einladung. Ihr war klar, dass sie in einer gefährlichen Situation war. Hätte sie sich über die Haftbedingungen beschwert, wäre sie postwendend wieder in Hoheneck gelandet. Sie hatte miterlebt, wie Frauen wenige Stunden nach ihrer Entlassung wieder eingesperrt worden waren. Sie erinnerte sich an ihre Unterschrift bei der Entlassung, das war keine zwei Stunden her.

Der Gast wusste, dass diese Frau gerade aus der Haft entlassen worden war. Er fühlte, dass die Frau ihm überlegen war und ihn durchschaut hatte.

Er verlor schlagartig das Interesse an Stella. Er stand auf und entfernte sich vom Tisch, ohne einen Gruß.

Stella rief ihm hinterher: „Ist schon bezahlt?"

Er drehte sich um und legte 10 Mark auf den Tisch: „Stimmt so!" Stella überhörte die Beleidigung und rief die Kellnerin:

„Fräulein, die Rechnung bitte."

Stella stellte mit Genugtuung fest, dass ihre Ausstrahlung und ihr Hang, die Dinge anders darzustellen, als sie tatsächlich waren, wieder mal sehr hilfreich gewesen waren. Sie hielt in der Runde Ausschau nach einem neuen Opfer.

Sie war in Kampfeslaune, sie wollte sich mit anderen messen, egal mit wem. Sie wollte jeden Kampf gewinnen.

Die Kellnerin brachte die Rechnung und sagte: „Ich bin kein Fräulein!" „Sie können ja aus Goethes ‚Faust' zitieren: ‚Bin kein Fräulein, bin nicht schön, kann ungeleit nach Hause gehen.'"

Stella lachte laut auf.

Sie schaute auf die Rechnung, 6,50 Mark, 3,50 Mark konnte sie noch ausgeben.

Sie erinnerte sich, dass sie als Kind gerne eine heiße Schokolade getrunken hatte. Also bestellte sie bei der Kellnerin eine heiße Schokolade.

Die Kellnerin schaute sie an: „Heiße Schokolade, haben wir nicht, kenne ich nicht!"

„Was, Sie kennen keine heiße Schokolade und wissen nicht mal, was das ist? Dann können Sie doch auch gar nicht wissen, ob Sie heiße Schokolade haben oder nicht, wenn Sie die nicht kennen."

Die Kellnerin bekam einen roten Kopf.

Ein Gast vom Nachbartisch sagte:

„Die Dame meint einen Kakao."

Stella bedankte sich brav bei dem Herrn vom Nachbartisch.

Der nickte freundlich zurück.

Die Frau neben dem Mann rutschte nervös auf ihrem Stuhl hin und her.

Zwischen den beiden Frauen entspann sich unvermittelt ein Kräftemessen.

Stella bekam ihren Kakao.

Es entfuhr ihr ein laszives „Oh, der schmeckt aber gut!"

Gleichzeitig drückte sie den Busen auf den Tisch, so dass ihr die Bluse überquoll. Der Mann glotzte gebannt in Stellas Ausschnitt und der Frau entfuhr ein:

„Unerhört, diese Person! Komm, Egon, wir setzen uns an einen anderen Tisch!"

„Wir können ja auf dem Bahnsteig warten“, sagte Egon und rief die Kellnerin:

„Fräulein, bitte zahlen!“

Stella zitierte leise, aber laut genug, um von der Frau verstanden zu werden, aus Goethes „Faust“:

„Schönes Fräulein darf ich’s wagen,

Ihnen mein Geleite anzutragen.“

Die Frau rief: „Eine impertinente Person!“

Sie hatte aber nicht wirklich die Möglichkeit, sich gegen Stella zu wehren.

Stella ließ nicht locker, ihre Berliner Schnauze kehrte mit voller Heftigkeit zurück:

„Kümmern Sie sich doch um Sie sich, was geht Ihnen denn mir an?“

Das hatte gesessen. Stella stellte mit Genugtuung fest, dass auch nach 10 Jahren Haft ihre Ausstrahlung und ihre „Berliner Schnauze“ nicht gelitten hatten.

Sie stand zwar im Moment auf der untersten Sprosse der sozialen Leiter, doch sie spürte Macht und das befriedigte sie.

Sie blieb am Tisch mit der noch halbgefüllten Tasse Kakao sitzen. Sie hatte noch eine Stunde Zeit und las im Neuen Deutschland vom Sonntag, die Bahnhofsuhr immer im Auge.

Auf der ersten Seite des Neuen Deutschlands die Überschrift „Die deutsche Armee des Friedens und der Demokratie“:

Solchen Quatsch von einer Armee des Friedens wollte sie nicht lesen.

Das war schon interessanter: „Beitrag zur Entspannungspolitik“.

„Beträchtliches Unbehagen in Bonn über Volkskammervorschläge!“

Stella las: „Die breite Zustimmung der deutschen Bevölkerung zu der Verständigungsinitiative hat bei der Bonner Regierung, die die Vorschläge Otto Grotewohls kurz nach ihrem Bekanntwerden ablehnte, beträchtliches Unbehagen ausgelöst. Deshalb schickte der Bonner Kanzler jetzt seinen Londoner Botschafter, von Herwarth, zum britischen Außenminister mit dem Ersuchen, Premierminister Eden möge bei den bevorstehenden

Besprechungen mit Präsident Eisenhower die deutsche Frage nicht vergessen".

Unter „Deutscher Frage" konnte sich Stella nichts vorstellen. Sie schaute in die Runde, fand jedoch niemanden, den sie fragen konnte.

Also las sie weiter: „Wolfgang Seiffert aus dem Gefängnis entflohen." Jetzt wurde es interessant!

„Der westdeutsche Patriot Wolfgang Seiffert ist nach einer Meldung der amerikanischen Nachrichtenagentur AP am Sonntag aus der Strafanstalt Anrath entflohen."

Wolfgang Seiffert war von der Adenauer-Justiz wegen seines unermüdlichen Eintretens für die Interessen der friedliebenden Jugend Westdeutschlands Mitte vergangenen Jahres zu vier Jahren Gefängnis verurteilt worden.

Stella wunderte sich, dass man in Westdeutschland so einfach aus dem Knast abhauen kann. So langsam wird es spannend, dachte sie.

„Die KPD fordert Einstellung des Verbotsprozesses."

Sie las nur noch die letzte Zeile des Artikels, dass in irgendeinem Antrag die Einstellung des Verbotsverfahrens gegen die KPD gefordert wurde.

Jetzt kommt die Prosa, sie las: „Unser aber ist die erste deutsche Staatsarmee, die vom Volk geschaffen die demokratischen und sozialistischen Errungenschaften des Volkes schützt."

Nach der Prosa müsste eigentlich die Lyrik kommen, es wurde immer spannender.

Stella wurde aber enttäuscht, denn der nächste Artikel war keine Lyrik, sondern machte ihr Sorgen:

„Prozess vor dem Obersten Gericht Berlin (ADN)."

„Am Dienstag beginnt vor dem 1. Strafsenat des Obersten Gerichts der Deutschen Demokratischen Republik ein Prozess gegen Agenten, die im Auftrage ausländischer Geheimdienste und Westberliner Agentenzentralen auf dem Gebiete der Deutschen Demokratischen Republik in großem Umfange Spionage getrieben haben."

Jetzt begriff Stella, was „Kalter Krieg" bedeutete.

Den Artikel „Saatpflege nicht vergessen" übersprang sie, Stella kam zur Rubrik „Kulturleben".

Sie erfuhr, dass Fuschun mit seinen 740 000 Einwohnern eine Schwesterstadt von Schenjang sei. Fuschun sei die Stadt der Brennstoffe, Kohle und des Öls. In Fuschun werde die Kohle überwiegend im Tagebau gefördert. Schon vor 800 Jahren sei hier nach Kohle gegraben worden, aber die eigentliche industrielle Förderung sei nicht viel älter als 50 Jahre.

Mit Kulturleben hat die Kohleförderung von Fuschun wohl nichts zu tun, dachte sie.

Unter der Überschrift „Philosophische Konferenz über das Problem der Freiheit“ erfuhr Stella, dass die Sektion Philosophie der Deutschen Akademie der Wissenschaften zu Berlin in der Zeit vom 8. bis 10. März 1956 eine Konferenz über das Thema „Das Problem der Freiheit im Lichte des wissenschaftlichen Sozialismus“ veranstaltete.

Unter diesem Titel konnte Stella sich nun überhaupt nichts vorstellen. Sie hatte zwar eine Ahnung, was Freiheit sein könnte, was unter „wissenschaftlichem Sozialismus“ zu verstehen war, konnte sie nicht einmal erahnen.

Jetzt wurde es noch interessanter.

„Die Kette der Korruptionsskandale in Westberlin reißt nicht ab. Ein neuer Skandal wurde jetzt mit einem Prozess vor dem Moabiter Schöffengericht ans Licht der Öffentlichkeit gerückt. Angeklagt ist dort der ehemalige Leiter des Finanzamtes Hallesches Tor in Westberlin, Dr. G.“

Ein Steuerbeamter angeklagt, das ist doch schlimmer als Sodom und Gomorra, Stella las weiter.

„Am Montag begann vor der 6. Großen Strafkammer in Moabit der Prozess gegen den Margarinekönig O. und sieben seiner Komplizen. Das Gerichtsgebäude in Moabit wurde seit den frühen Morgenstunden von starken Einheiten der Westberliner Bereitschaftspolizei gesichert.“

Sie kam zu den kurzen Artikeln und las „Wegelagerer“.

„Zwei Jugendliche raubten am Sonnabend in Zehlendorf erst der 83-jährigen Mathilde von S. die Handtasche, in der sich 3 D-Mark befanden, und dann eine Dreiviertelstunde später der 67-jährigen Ruth S. in der Schützallee auch die Handtasche.“

Unter der Überschrift „Taximarder“ las sie, dass der 19-jährige Peter K. und der 21-jährige Horst R. aus Charlottenburg als Täter eines Taxiüberfalls in Siemensstadt entlarvt werden konnten.

Mit einem Meißel hatten sie dem Taxifahrer erhebliche Kopfverletzungen beigebracht.

Stella war froh, dass sie bei „Wetteraussichten“ angelangt war.

„Bei mäßigen, zeitweise böigen West- bis Nordwestwinden Übergang zu wechselnder Bewölkung mit einzelnen Schneeschauern. Tagestemperaturen bis etwa in Gefrierpunktnähe absinkend, nachts leichter Frost. 24. Januar 1956: Sonnenaufgang 8.01 Uhr, Sonnenuntergang 16.35 Uhr, Mondaufgang 18.10 Uhr.“

Stella schaute auf die Uhr, es war Zeit, auf den Bahnsteig zu gehen. Stella hoffte, dass sie ihre Fahrkarte bei einer Kontrolle vorzeigen dürfe.

IV.

Im Zug

Der Zug nach Dresden fuhr in den Bahnhof von Stollberg ein. Schwarz uniformierte Bahnpolizisten musterten die Reisenden. Zuginsassen stiegen aus und machten Plätze frei für diejenigen, die hier ihre Reise antraten, Reisende mit einem bestimmten Ziel und Reisende wie Stella, die einer ungewissen Zukunft entgegenfuhren.

Stella ergatterte im Waggon der II. Klasse einen Sitzplatz. Der Zug war gut gefüllt. Kaum war der Zug in Richtung Dresden abgefahren, packten die Reisenden ihre Brotpakte aus und stopften die belegten Brote in sich hinein.

Auf der gegenüberliegenden Sitzreihe saß ein Ehepaar mit zwei Kindern. Der Junge im Alter von etwa zwölf Jahren glotze Stella ohne Unterlass an.

Stella musste reagieren. Ihr ging dieses permanente Glotzen gegen den Strich.

Sie hatte ihre Bluse zwar hochgeschlossen, doch ihre kleinen „Schönheitsfüllungen“ hatte die Phantasie dieses frühreifen Lümmels offenbar schwer beflügelt.

Es gab zwei Möglichkeiten: Entweder blaffte Stella den Jungen an oder sie simulierte eine Ohnmacht.

Sie entschied sich für die zweite Möglichkeit, um sich die Chance zu bewahren, ein belegtes Brot zu ergattern. Sie fasste sich an die Brust, verdrehte die Augen und kippte mit dem Oberkörper nach vorn.

Sofort stützte der ihr gegenübersitzende Ehemann ihren Oberkörper, ohne zu versäumen, ihr an die Brust zu fassen.

Er rief: „Die Frau ist ohnmächtig, vielleicht ist sie schwanger.“

Die Ehefrau mischte sich ein: „Sicher ist sie schwanger, lass mich das machen, wir wechseln die Plätze.“

Unwillig verließ der Ehemann seinen Platz und überließ seiner Ehefrau die Betreuung von Stella. Wie immer spielte

Stella ihre Rolle brillant. Sie stöhnte ein bisschen und richtete sich wieder auf.

„Wenn Sie ein Glas Wasser hätten?“

„Aber selbstverständlich“, erwiderte die Ehefrau und fuhr ihren Ehemann an:

„Du hast doch gehört, ein Glas Wasser.“

Die Frau übernahm von ihrem Ehemann das Glas Wasser und reichte es Stella herüber.“

Stella säuselte und simulierte einen Schwächeanfall: „Ja, jetzt muss ich für zwei denken und essen.“

Die Frau fuhr ihren Ehemann an: „Hast du nicht gehört, die Frau muss für zwei essen! Reiche zwei belegte Brote rüber.“

Stella bedankte sich und sagte: „Es ist schon vorbei, vielen Dank!“

Sie aß genüsslich die beiden belegten Brote und dachte bei sich: Es geht doch, man muss nur wollen.

Als sie mit den beiden Broten fertig war, kam Egon aus dem Bahnhofsrestaurant an dem Abteil vorbei.

Er schaute kurz auf Stella und Stella schaute kurz zurück.

Sie erhob sich und sagte: „Ich muss einen Augenblick an die Luft und mich ein bisschen frisch machen.“

Das Ehepaar lächelte verständnisvoll und machte Platz, damit Stella bequem aufstehen konnte.

Sie folgte dem Mann aus dem Restaurant bis in den Speisewagen.

Dort angekommen bestellte sie für 50 Pfennig einen Kaffee.

Plötzlich stand Egon hinter ihr, etwas zu dicht, wie sie fand, und fragte:

„Darf ich Sie einladen, gnädige Frau?“

„Wird Ihre Frau nichts dagegen haben?“

„Nein, die schläft im Abteil.“

„Dann gerne, ich hab mir gerade einen Kaffee bestellt.“

„Bitte zwei Tassen Kaffee!“, rief Egon dem Kellner zu.

In dem Moment trat die Ehefrau in den Speisewagen. Schnell griff Stella nach der Tasse Kaffee und machte sich auf den Rückweg in ihr Abteil.

Im Weggehen vernahm sie noch das hysterische Keifen der Ehefrau.

Das war ihr aber egal, sie konnte sich sattessen und ihr wurde ein halbwegs genießbarer Kaffee ausgegeben. Sie ging zurück zu ihrem Abteil, spielte die hilfsbedürftige Schwangere, setzte sich und schloss die Augen.

„Deutsche Volkspolizei, Ausweiskontrolle!"

Stella öffnete die Augen. Sie sah vor sich zwei Uniformierte, die die Papiere des Ehepaares kontrollierten.

Einer der Volkspolizisten fragte den Ehemann, was die Familie denn in Berlin, Hauptstadt der DDR, wolle.

Die Ehefrau antwortete: „Wir wollen Verwandte besuchen."

„Name und Adresse?"

Die Ehefrau stotterte einen Namen und eine Adresse.

„Bitte zeigen Sie mal Ihr Gepäck."

Der Ehemann wuchtete einen schweren Koffer aus dem Gepäcknetz.

„Öffnen!"

Die Ehefrau überließ nun alles ihrem Ehemann, der den Koffer öffnete.

„Schau an, schau an, Meissner Porzellan und Silberbesteck und eine antike Uhr.

Da werden sich die Verwandten in Westberlin aber freuen. Das sieht nicht nach Verwandtenbesuch, sondern nach Republikflucht aus. Sie sind vorläufig festgenommen. Nehmen Sie ihr Gepäck und folgen Sie uns, die Personalausweise behalten wir."

Stella schaute dem Ehepaar und den beiden Kindern traurig hinterher.

Sie empfand so etwas wie Mitgefühl. Sie und Mitgefühl, sie war selber überrascht.

Wie kommt es denn, dass sie bei den vielen, vielen Juden kein Mitgefühl hatte und jetzt bei dieser fremden Familie etwas fühlte? Was sie fühlte, konnte sie nicht beschreiben, aber sie fühlte irgendetwas.

Sie wollte wissen, was es ist. Ihren geliebten Vater konnte sie nicht fragen. Der immer zwischen dem wahren Mitgefühl für einen Dritten und dem selbstgefälligen Mitgefühl zur eigenen Befriedigung streng unterschieden hatte.

Er hatte immer gesagt:

„Stella, hüte dich vor dem Mitleid, das nur die eigene Eitelkeit befriedigt."

Sie hatte nicht begriffen, was er damit gemeint hatte. Sie hätte ihn gerne, allzu gerne, heute befragt.

Es dauerte nicht lange und der Zug kam in Dresden an, sie musste umsteigen in den D-Zug nach Berlin.

Stella musste nicht lange warten, sie hatte Anschluss. Die Fahrt von Stollberg nach Dresden war für sie Geschichte.

Ihre Gedanken kreisten um die Frage: Was erwartet mich im Zug nach Berlin?

Die Abfahrtszeit des Zuges nach Berlin war 16:00 Uhr. Der Zug wurde in Dresden eingesetzt, so dass sie sich in Ruhe einen Sitzplatz aussuchen konnte.

Sie wollte jetzt einen Fensterplatz haben. Ihr kleines Köfferchen stellte sie auf den gegenüberliegenden Platz, weil sie sich ihren Reisenachbarn für die nächsten 4 Stunden aussuchen wollte.

Kam jemand, der ihr nicht angenehm war, so konnte sie leicht sagen: „Der Platz ist schon besetzt."

Langsam füllte sich der Zug. Sie hatte schon drei Fragesteller abgewiesen, als ein gut gekleideter Mann mittleren Alters fragte, ob der Platz frei wäre.

Stella sagte: „Ich glaube, meine liebe Freundin wird den Zug verpassen, sie kommt immer zu spät, also bitte nehmen Sie Platz."

„Vielen Dank", erwiderte der Mann, „wenn Ihre Freundin dennoch kommt, werde ich den Platz selbstverständlich räumen."

Der Mann wuchtete seinen Koffer in das Gepäcknetz und setzte sich. Zu Stella gewandt sagte er: „Dr. Rosenthal, ich bin auf dem Weg nach Berlin, um einen wissenschaftlichen Kongress vorzubereiten."

„Oh!", sagte Stella, „einen wissenschaftlichen Kongress, das ist ja interessant."

„Ja, es geht um das Thema ‚Das Problem der Freiheit im Lichte des wissenschaftlichen Sozialismus'."

Stella sagte: „Ich weiß, das ist eine Veranstaltung der Akademie der Wissenschaften im März, ich habe davon in der Zeitung gelesen."

Dr. Rosenthal schaute Stella mit großen Augen an.

„Ich weiß gar nicht, was ich sagen soll. Eine kluge und schöne Frau, ich glaube heute ist mein Glückstag!"

Mit einem Lächeln erwiderte Stella: „Ich will Ihnen nicht widersprechen!" Sie dachte aber, wenn du wüsstest, du Arschloch.

Dr. Rosenthal war nicht mehr zu bremsen. Er wollte unbedingt Stella davon überzeugen, dass nur er die Rolle der Freiheit im Lichte des wissenschaftlichen Sozialismus erklären könne und er kurz vor einer großen Ehrung stehen würde.

Stella erinnerte sich an ihren Vater, der gerne Heinrich Heine zitiert hatte, vor allem:

„Ist das Pfäfflein noch so klein, so möcht's doch gerne Päpstlein sein."

„Nach meiner Auffassung", sagte Dr. Rosenthal, „bedeutet Freiheit die Einsicht in die Notwendigkeit!"

Stella fragte ihn:

„Was ist Notwendigkeit?

Wer bestimmt die Notwendigkeit?

Wie wird die Notwendigkeit bestimmt?"

Dr. Rosenthal lebte sichtlich auf. „So viele Fragen auf einmal!"

Stella hatte begriffen, worum es ging.

Dr. Rosenthal war Sozialist, wohl eher Kommunist.

Sie war Egoist! Ein bekennender Egoist!

Bestätigt sie seine Meinung oder das, was er für seine Meinung hält, hat sie Vorteile. Vorteile, die sie in ihrer gegenwärtigen Situation unbedingt zum Überleben braucht.

Wenn sie ihm sagte, dass sie von seinem politischen Geschwafel überhaupt nichts hielte, stünde sie da, wo sie schon vor fünfzehn Jahren gestanden hatte, vor dem Nichts. Um zu überleben, musste sie sich anpassen.

Wie vor fünfzehn Jahren wollte sie sich für das Überleben entscheiden. Sie musste überleben, weil sie eine Tochter hatte. Als sie von Dobberke gezwungen wurde, für die Gestapo als Greiferin untergetauchte Juden aufzuspüren, sah sie ihr Handeln nur als Notwendigkeit zur Verhinderung des Transports der Eltern nach Auschwitz. Aus der Sicht von Dobberke war die Verfolgung der Juden auch eine Notwendigkeit. Sie war sich jedoch nie sicher, was für Dobberke wichtiger war, die

Rassenpolitik der Nazis oder die Steine und das Gold der aufgespürten Juden, die sie bei ihm abliefern musste. Den Juden sagte sie bei den Festnahmen immer: „Gib mir alles, dann hast du nichts mehr zu verlieren."

Ihr Verrat führte jedoch nicht dazu, dass sie sich frei gefühlt hätte, ganz im Gegenteil. So gesehen war schon etwas dran an der Theorie von Dr. Rosenthal.

Wenn sie Dr. Rosenthal jetzt sagen würde „für meine Einsicht in die Notwendigkeit der Verfolgung der Juden im Dritten Reich bin ich von den Russen zu zehn Jahren Arbeitslager verurteilt worden", dann würde sie mindestens eine warme Mahlzeit und die Aussicht auf ein trockenes Bett verspielen. Eine warme Mahlzeit und ein trockenes Bett waren die Annehmlichkeiten, von denen sie zehn Jahre lang geträumt hatte.

Soll Dr. Rosenthal seine Bestätigung bekommen, sie bekommt mindestens eine warme Mahlzeit und über das trockene Bett wird sie später nachdenken. Zu Dr. Rosenthal gewandt sagte sie: „Gib alles und du hast nichts mehr zu verlieren. Das meinen Sie mit dem Begriff der Freiheit"!

Dr. Rosenthal war sichtlich überrascht, weil er nicht sofort den Sinn von Stellas Worten überblickte. Sie sagte sich: Spiel das Spiel, Stella, oder gehe unter.

Mit ernster Miene sagte sie: „Dr. Rosenthal, gibt es eine Möglichkeit, den Begriff der Notwendigkeit positiv zu besetzen? Wissen Sie, Notwendigkeit, das klingt so nach, das muss sein oder es bleibt ja nichts weiter übrig. Das klingt so nach notwendigem Übel. Wenn man etwas als notwendig ansieht, dann impliziert das, es könnte ja auch besser und angenehmer sein.

Dr. Rosenthal wiederholte anerkennend: „Impliziert …" Stella fuhr fort:

„Kann es bei der Definition der Freiheit nur um Pflichten gehen und nicht um Rechte? Also gibt es für den Begriff der Notwendigkeit einen Begriff, der positiv besetzt ist? Ich will ein Beispiel geben: Freiheit ist die Überzeugung von der notwendigen Anpassung der individuellen Interessen an die Interessen der Volksgemeinschaft."

Dr. Rosenthal schaute bei dem Wort „Volksgemeinschaft“ wieder leicht irritiert.

„Äh! … an die Interessen der sozialistischen Gesellschaft, man sagt ja auch Volkspolizei, Polizei des Volkes.“

Dr. Rosenthal war begeistert: „Darf ich Sie ‚Frau Kollegin‘ nennen? Darf ich Ihren Gedanken ergänzen: Um die notwendigen Interessen, nein, besser, objektiv notwendigen Interessen der sozialistischen Gesellschaft.“

Dr. Rosenthal war von seinen eigenen Worten sichtlich gerührt, er verfiel in einen fast weinerlichen Ton. Es fehlte nicht viel und er hätte angefangen zu heulen. Er ergriff Stellas Hand und sagte:

„Genossin, wir bauen hier in der DDR das neue, das gute Deutschland auf. Wenn die Arbeiter und Bauern ihre Pflichten als Rechte begreifen, sind sie frei. Wenn man nicht bereit ist, alles zu verlieren, um alles zu gewinnen, dann wird man nichts erreichen.“

„Das ist zwar ein Gedanke, den ein dekadenter bürgerlicher Philosoph, ein gewisser Sartre, vertritt, aber deshalb muss der Gedanke nicht gleich völlig falsch sein. Wissen Sie, es gibt beim dialektischen Materialismus den Grundsatz der ‚Negation der Negation …‘ Ich sehe schon, das wird jetzt sehr theoretisch. Kurz gesagt: Ich bin bereit, alles zu verlieren, um alles zu gewinnen. Und Sie?“

Stella dachte, ich habe schon alles verloren, ich habe nur Hunger und würde gerne einen Schnaps trinken, also quatsch nicht so viel und lass’ uns in den Speisewagen gehen.

Sie sagte jedoch im Hochgefühl der Überlegenheit: „Mein lieber Dr. Rosenthal, Sie dürfen mich Genossin nennen, darauf müssen wir aber einen trinken.“

Bevor sie das Abteil verlassen konnten, wurden die Fahrkarten kontrolliert.

Stella reichte dem Kontrolleur stolz ihre Fahrkarte und dachte bei sich, Dr. Rosenthal hätte gestaunt, wenn ich anstelle der Fahrkarte, die Entlassungspapiere aus dem Gefängnis Hoheneck vorgezeigt hätte. Wenn sie dann noch Heinrich Heine zitiert hätte, „Die Blume der Freiheit blüht nur im Kerker!“, wäre alles aus gewesen.

Der hätte geglotzt wie die Kuh, wenn's blitzt.

Stella konnte nicht umhin, sich selbst für ihre Klugheit zu loben.

Dr. Rosenthal war nun sichtlich darum bemüht, Stella zu schmeicheln, er ließ keine Gelegenheit aus, ihr an die Schulter und den Arm zu fassen.

Sie nahmen im Speisewagen Platz. Dr. Rosenthal war sehr am körperlichen Kontakt mit Stella interessiert. Sein Interesse galt offensichtlich nicht mehr irgendwelchen politischen Phrasen, sondern er signalisierte, dass er sich konkrete Vorstellungen über den Austausch von Körperflüssigkeiten mit Stella machte.

Stella spielte das Spiel mit, ohne Dr. Rosenthal vorschnell die Bestätigung seiner Wünsche zu signalisieren.

Sie spielte ihr Spiel, wie sie es schon oft gespielt hatte. Sie war jedoch nie erfolgreich gewesen, nie hatte das Spiel ihre tote Seele zum Leben erwecken können.

Dr. Rosenthal war nicht unsympathisch. Penetrant muss nicht unsympathisch bedeuten, aber es war egal, ob er ihren Körper und ihre tote Seele bewirbt oder nicht.

Stella war an Alkohol nicht mehr gewöhnt. Bei der Gestapo hatte es immer was zu saufen gegeben, da hatte sie noch mithalten können.

In den zehn Jahren ihrer Haft hatte sie die zwanghaften Versuche ihrer Mithäftlinge erlebt, aus einem Kartoffel-Wasser-Gemisch unter Zugabe von Brot ein alkoholisches Getränk zu brauen. Hierzu war versucht worden, einen Gärungsprozess zu erzeugen. Dieses saure Gesöff hatte sie jedoch immer verschmäht. Für kurze Zeit hatte der Kartoffelschnaps wohl eine Wirkung gehabt, aber einige Stunden nach dem Besäufnis war ausgiebig gekotzt worden.

Im Speisewagen gab es Wodka. Sie musste vorsichtig sein, besser Dr. Rosenthal war besoffen, sie musste einen klaren Kopf behalten.

Den dritten Wodka schüttete sie unauffällig aus, ebenfalls den vierten.

Dr. Rosenthal war jedoch auch nicht so trinkfest, wie er glaubte, und war nach vier Wodkas leidlich angetrunken.

Nun kümmerte sich Stella rührend um ihn, er war willenlos. Er war nicht total abgetreten, aber so besoffen, dass Stella ihn wie ein Werkzeug hin- und herschieben konnte.

Sie fragte ihn: „Sag mal, Doktorchen, wo schlafen wir denn heute?"

Dr. Rosenthal tat geheimnisvoll und antwortete mit einem blöden Grinsen: „Na bei mir, in der Friedrichstraße. Ich habe dort ein Zimmer reserviert."

„Und wie ist die Adresse?"

„Die habe ich auf einem Zettel aufgeschrieben, ich vertraue dir, Genossin."

„Du kannst mir vertrauen, Genosse", sagte Stella und griff ihm fest in den Schritt.

Dr. Rosenthal verdrehte die Augen. Von diesem Augenblick an folgte er ihr wie ein Hündchen.

Der Zug fuhr gegen Abend in den Ost-Bahnhof im sowjetischen Sektor von Berlin ein.

Dr. Rosenthal wuchtete seinen Koffer aus dem Gepäcknetz und sortierte seine Krawatte.

Stella überlegte, wie sie Dr. Rosenthal elegant loswerden könne.

Sie hatte nie die Absicht, in Ostberlin zu bleiben. Sie wollte in den amerikanischen Sektor, um endlich als NS-Opfer anerkannt zu werden und eine Entschädigung zu kassieren. Die Juden in Westberlin würden nicht wieder, wie 1946, über sie herfallen und ihr die Haare abschneiden und sie verprügeln.

Dr. Rosenthal lallte: „Genossin, ich muss dir was gestehen. Ich werde von meiner Frau am Bahnhof abgeholt."

Stella spielte die Enttäuschte: „Das ist aber schade, ich hatte mir das anders vorgestellt."

„Ich auch, ich kann es aber leider nicht ändern."

Er sagte „Leben Sie wohl!" und ging zum Ausgang.

Stella nahm ihr Köfferchen und überlegte, was sie mit dem „Neuen Deutschland" machen sollte.

Liegen lassen, die Druckerschwärze hatte sie sich schon zwei Mal von den Händen gewischt, oder mitnehmen? Sie entschied sich fürs Mitnehmen.

Auf dem Bahnsteig musste sie sich erst mal orientieren.

Dr. Rosenthal rauschte in schnellen Schritten an ihr vorbei, ohne sie noch zu beachten.

Hinter ihm tippelte eine kleine fette Frau in schnellen Schritten, die immer rief: „Nicht so schnell, nicht so schnell!"

Stella stieg in die S-Bahn nach Potsdam-Hauptbahnhof ein und setzte sich. Im hinteren Teil des Waggons standen zwei schwarz Uniformierte der Bahnpolizei.

Nachdem der Zug angefahren war, setzen sich die beiden in Bewegung und fingen an, einzelne Fahrgäste zu kontrollieren. Sie fragten die Fahrgäste, wo sie hinwollten. Stella erinnerte sich an das Verbot, durch den Westsektor zu fahren, und sagte sich, nur nicht „Bahnhof Zoo" sagen.

Sie hoffte, dass sie nicht gefragt wird. Gut, dass sie das Neue Deutschland mitgenommen hatte. Sie faltete die Zeitung auf und begann demonstrativ zu lesen. Als die beiden auf ihrer Höhe waren, blickte sie auf und lächelte die beiden an.

Die Uniformierten lächelten freundlich zurück und gingen an ihr vorbei.

Der Zug hielt an, die beiden Uniformierten stiegen aus. Stella hörte aus dem Lautsprecher:

„Letzter Bahnhof im demokratischen Sektor der Hauptstadt der Deutschen Demokratischen Republik."

Der Zug setzte sich wieder in Bewegung. Nach einigen Stationen fuhr der Zug im Bahnhof Zoo ein.

V.

Bahnhof Zoo

Die S-Bahn hielt, Stella stieg aus.

Ein Mann auf dem Bahnhof blickte auf die Zeitung in Stellas Hand und sagte: „Kommunist, wah!"

Stella warf die Zeitung in den nächsten Papierkorb.

Stella verließ den Bahnhof Zoo. Auf dem Vorplatz angekommen stellte sie fest, es hatte sich kaum was verändert.

Die Trümmer waren geräumt und ein paar neue Häuser hinzugekommen. Furchtbare Architektur, seelenlose Kästen.

1946 hatte sie das letzte Mal den Bahnhof Zoo gesehen. Berlin war zu der Zeit die Stadt der Schieber und Spekulanten gewesen, in dieser Zeit hatten es manche zu Reichtum und Ansehen gebracht, sie war nicht dabei gewesen.

Einige Überlebende dieses Wirtschaftssystems lungerten noch am Bahnhof Zoo herum. Auf einer kurzen Strecke von 50 Metern wurde sie drei Mal gefragt:

„Zigaretten?" – „Uhren?" – „Geld wechseln?"

Hinter ihr ging plötzlich laute Musik an. Sie drehte sich um und sah vier junge Männer, die um einen Kasten standen, aus dem Musik dröhnte.

Sie hörte: „one o'clock, two o'clock, three o'clock, rock."

Die jungen Männer machten zu der Musik ruckartige Bewegungen.

Kurzentschlossen ging Stella zu der Gruppe und fragte: „Was ist das für eine Musik?"

Der Kleinste von den vier antwortete: „Das ist Rock 'n' Roll, Oma! Haste mal 'ne Mark, Oma?"

„Ne Bubi, hab nur große Scheine!"

„Woher weißt du, dass ich Bubi bin?"

„Na, weil Du wie Bubi aussiehst, noch nicht ganz trocken hinter den Ohren, wie gestern aus dem Ei geschlüpft."

Die drei jungen Männer lachten: „Eins zu null für unsere Oma."

„Wie teuer sind denn eure Perücken?"

Die Haare waren kunstvoll frisiert und voller Pomade. Den Hinterkopf schmückte eine besonders kunstvolle Anordnung der Haare. Die „Ente", wie Stella später erfuhr.

Die Jungs machten einen schwer gekränkten Eindruck: „Die sind echt, die Haare. Schmalztolle mit Ente!"

„Was?", rief Stella „sieht eher aus wie Entenschmalz mit Tolle!"

„Jungs, wir sehen uns später!", sagte sie, nahm ihren kleinen Koffer und ging lachend davon.

Stella wusste, sie war wieder zu Hause in ihrem Berlin, in dem Berlin mit Herz und großer Schnauze.

Ob Aschinger noch an derselben Stelle ist, wie damals? Sie lief in Richtung Kudamm.

Vor einer Wechselstube blieb sie stehen. „4 Ostmark für 1 DM" stand auf einem Schild zu lesen.

Sie hatte noch 144 Ostmark. Sie rechnete, das sind 36 DM, nicht viel, aber es musste reichen.

An ihren Schatz in Liebenwalde würde sie so schnell nicht herankommen. In den nächsten Wochen musste sie aber einen Weg finden, um nach Liebenwalde zu fahren und die Steine abzuholen. Sie würde dann die Steine herunterschlucken und so nach Westberlin schmuggeln. Bis dahin müsste sie sich einschränken.

Was werden die Steine jetzt wert sein?

Sie erinnerte sich genau daran, wem sie welche Steine bei den Festnahmen abgenommen hatte.

Sie beruhigte ihr Gewissen damit, dass sie sich sagte: Wenn sie die Steine nicht an sich genommen hätte, dann hätte Dobberke die Steine bekommen. Da war es schon gerechter, wenn sie die Steine verwahrte. Dobberke hatte sich mit der Bemerkung gebrüstet, er sei wie Aschenputtel, nur umgekehrt: „Die Guten ins Kröpfchen, die Schlechten ins Töpfchen."

Sie kam an einem Schaukasten mit einem Filmplakat vorbei. Sie sah dort einen Aufkleber „Prädikat besonders wertvoll", darunter „1:1".

Sie dachte: Aha! da kann ich ohne den Wechselkurs für Ostmark hier ins Kino gehen.

Noch ein paar Schritte und sie hatte Aschinger erreicht.

Eine Erbsensuppe 1 DM inklusive Brötchen.

Direkt hinter Stella hielt ein Auto. Der Fahrer, ein großgewachsener, schlanker Mann stieg aus, lief um das Auto und öffnete die Beifahrertür.

Er reichte einer auffällig geschminkten Blondine die Hand und sagte:

„So, da wären wir, bei Aschinger trifft sich um diese Zeit die große weite Welt!"

Der Mann war so mit der Blondine beschäftigt, dass er Stellas Koffer übersah. Er stolperte über den Koffer, konnte sich aber an der Blondine festhalten.

Er drehte sich um und machte einen Schritt auf Stella zu.

„Entschuldigung, gnädige ...!"

Sein anfängliches Lächeln wandelte sich in eine versteinerte Miene. Hinter ihm krähte die Blondine: „Komm endlich, ich habe Hunger!"

„Geh schon mal vor, such dir einen Platz und bestell zwei Bier."

Wieder zu Stella gewandt: „Erinnern Sie sich?"

Stella antwortete: „Ja, ich erinnere mich!"

Der Mann holte sein Portemonnaie heraus und gab Stella 100 DM.

„Dafür, dass Sie meine Mutter und unseren jüdischen Untermieter vor zwölf Jahren nicht an die Gestapo verraten haben! Ich darf mich vorstellen, von Stocki."

Stella schaute auf den 100-DM-Schein. Als sie wieder aufschaute, war der Mann schon weggegangen.

In der Tür drehte er sich noch einmal um und grüßte freundlich in Richtung von Stella.

100 Meter weiter stand sie vor dem Café Kranzler.

Reinzugehen wagte sie nicht. Die Angst, erkannt zu werden, war zu groß. Sie fand sich auch in diesem Moment in ihrem Aufzug nicht schön genug für einen großen Auftritt.

VI.

Stasizentrale

Vor der herrschaftlichen Villa Oberseestraße 30, im Stadtteil Hohenschönhausen, wartete seit zehn Minuten ein Wagen mit laufendem Motor. Der Fahrer schaute ununterbrochen auf die Eingangstür des Hauses. Er wusste, dass sich die Eingangstür wie an jedem Morgen um 7.30 Uhr öffnen und Genosse Oberst Krause im Marschschritt auf das Dienstfahrzeug zugehen würde. Dennoch ließ er die Eingangstür nicht aus den Augen. So wohnt man als Oberst des MfS, dachte er.

Im Haus saß eine kleine Familie am Frühstückstisch in einer geräumigen Küche. Bevor der Familienvater den letzten Schluck Kaffee ausgetrunken hatte, stand die Frau auf und kam mit einer Uniformjacke zurück.

Der etwa 8-jährige Junge hatte bereits sein blaues Halstuch umgebunden, welches ihn als Jungpionier auswies. Er stand auf, als der Vater die von der Mutter gehaltene Uniformjacke anzog. In der Uniform machte der Vater einen mächtigen Eindruck, er wirkte wie ein Riese.

Mit Blick auf den Jungen sagte Oberst Krause wie jeden Morgen: „Weißt du, warum du Erich heißt?"

„Ja", antwortete der Junge, „weil der Genosse Minister auch Erich heißt und mein Patenonkel ist."

„Ja, wer wir sind und was wir sind, verdanken wir Onkel Erich."

„Ja und Onkel Erich verdankt alles dem Arbeiter- und Bauernstaat."

Oberst Krause lenkte das Gespräch auf ein anderes Thema.

Er sagte zu Erich: „Bald gibt es die Möglichkeit für den Klassenfeind aus Westberlin, in die Hauptstadt der Republik zu reisen. Das stellt uns vor gewaltige Aufgaben. Die Pionierkontrollposten erfüllen da eine wichtige propagandistische Aufgabe. Ich erwarte von dir einen festen Klassenstandpunkt. Du wirst Verantwortung übernehmen für unseren Staat."

Oberst Krause skandierte: „Seid bereit!"

Erich nahm militärische Haltung an und antwortete: „Immer bereit!"

Oberst Krause öffnete die Haustür, gab seiner Frau einen flüchtigen Kuss und trat vor das Haus. Die Frau schloss mit einem traurigen Blick die Haustür hinter ihm. Sie hörte stumm ihrem Sohn Erich zu, der nicht mehr mit einem politischen Vortrag über den Frontstadtsumpf in Westberlin aufhören wollte.

Um ihn zu unterbrechen, sagte sie: „Du hast die Note Eins verdient."

„Bei den Pionieren gibt es keine Noten, wir bekommen eine Auszeichnung oder einen Orden, wenn wir gut sind."

Der Fahrer des Dienstwagens sprang aus dem Wagen und öffnete die hintere Wagentür. Nachdem Oberst Krause Platz genommen hatte, schloss er die Wagentür und fuhr los.

„Was gibt es Neues, Genosse Leutnant?"

Der Fahrer antwortete: „Es gibt nur positive Nachrichten. Die Einführung des Prinzips der Einheitlichkeit von Wirtschafts- und Sozialpolitik im vergangenen Jahr hat bereits nach kurzer Zeit zu großartigen Erfolgen geführt."

„Schön, schön!"

Oberst Krause blickte nicht auf die grauen Straßen und die traurigen Gestalten, die sich auf den Straßen Ostberlins bewegten. Er schluckte die Bemerkung: Honecker wird mit seiner Einheitlichkeit von WiSoPo genauso scheitern wie Ulbricht mit seiner Parole vom Überholen ohne Einzuholen und seinem NÖSPL. Er wollte den Genossen Leutnant nicht verwirren. Der gehörte noch nicht zu der Nomenklatura, in die er durch einen Zufall aufgestiegen war.

Er dachte daran, wie seine Karriere angefangen hatte. Es war etwa vor fünf Jahren gewesen, als er, damals Leutnant, eine alte Akte gesucht hatte.

Er ging in das Archiv im Keller der Dienststelle in der Normannenstraße. In den Gängen standen massive Aktenwagen.

Alle Räume des Kellers waren doppelt versiegelt. Im Archiv gab es einen Bereich, der streng geheim und nur dem Minister zugänglich war. Als er an der Eingangstür zum streng geheimen Bereich vorbeiging, stellte er fest, dass die zwei Siegel gebrochen waren. Ihm war sofort klar, dass etwas nicht in Ordnung war und er handeln musste.

Er verbarrikadierte die Eingangstür mit einigen Aktenwagen, so dass sich die Tür nicht mehr von innen öffnen ließ.

Schnell lief er zur Eingangskontrolle vom Archiv: „Meldung über Vorkommnis im Archiv, Bereich Minister."

Es dauerte keine 3 Minuten und der Minister kam schwer keuchend im Archiv an und fragte: „Was ist los? Meldung machen."

„Genosse Minister, im streng geheimen Bereich Siegel gebrochen."

Mielke rannte weiter zum Archiv, blieb dann stehen und brüllte: „Sichern, haben Sie eine Waffe Genosse Leutnant?"

„Nein."

Aus dem Archiv drangen Geräusche.

Mielke befahl: „Weiter!"

Vor der verbarrikadierten Tür angekommen, stellte er fest, dass von innen versucht wurde, die Aktenwagen zur Seite zu drängen.

Mielke glotzte völlig außer Atem auf die verbarrikadierte Tür. Er war nicht in der Lage zu reagieren.

Der Leutnant brüllte: „Auf Befehl des Ministers!"

Mielke krähte: „Auf meinen Befehl!"

Der Leutnant brüllte weiter: „Alle, die sich im Raum befinden, den rechten Arm mit den Waffen durch den Türspalt!"

Langsam schoben sich zwei Arme mit zwei Dienstwaffen durch den Türspalt.

Die Waffen wurden vom Leutnant abgenommen. Beide Pistolen waren schussbereit, geladen und gesichert.

Der Genosse Minister hatte sich wieder erholt und befahl: „Hände so bleiben, Dienstausweise mit der anderen Hand rausreichen."

Langsam wurden zwei Dienstausweise durch die Tür geschoben.

Der Leutnant reichte Mielke die Dienstausweise. Der Minister schaute auf die Dienstausweise und sagte: „Die Nummer 1 braucht eine Lektion!"

Der Minister Mielke nahm den Leutnant zur Seite und sagte: „Genosse Major, Sie haben nichts gehört und nichts gesehen, melden Sie sich um 12.00 Uhr im Konferenzsaal, wegtreten."

Der Leutnant wusste nicht, was den Minister veranlasst hatte, ihn vom Leutnant zum Major zu befördern. In seinem „Geheimarchiv" musste es jedenfalls ganz wichtige Papiere geben, die im Verhältnis von Mielke und der Nummer 1, dem Genossen Honecker, eine wichtige Rolle spielten. Seine weiteren Beförderungen und seine besondere Bevorzugung durch den Minister Mielke bestätigten seine Vermutung. Seit diesem Tage genoss er die besondere Fürsorge des Ministers Mielke. Der Dienstwagen fuhr um 7.50 Uhr vor den Schlagbaum der Stasizentrale in der Normannenstraße und konnte ohne Halt passieren.

In einem Saal in der Stasizentrale sammelten sich wie immer montags, pünktlich um 8.00 Uhr, die Frauen und Männer der Abteilung VI zum wöchentlichen Morgenapell.

Oberst Krause betrat den Saal:

„Morgen, Genossen Kämpfer!"

„Morgen, Genosse Oberst!"

„Der Genosse Minister hat festgestellt: Der Klassenkampf verschärft sich! Oberstes politisches Ziel ist die internationale Anerkennung der DDR. Der politische Gegner kann die Hallstein-Doktrin nicht mehr halten und befindet sich in der politischen Defensive."

„In der kapitalistischen BRD wurde der Radikalenerlass verkündet. Das bedeutet: Fortschrittliche Kräfte werden vom öffentlichen Dienst der BRD ferngehalten bzw. aus dem öffentlichen Dienst entfernt, um Platz zu schaffen für die reaktionären Kräfte."

„Die Abteilung Agitation und Propaganda hat bereits alle Maßnahmen ergriffen, um eine Kampagne gegen den Radikalenerlass in der BRD zu unterstützen. Unsere Stipendiaten an den Universitäten der BRD", im Saal war ein heiteres Raunen zu vernehmen, „werden die Kampagne tatkräftig unterstützen."

„Besondere Verdienste bei der Anwerbung von Stipendiaten des MfS, wohlgemerkt Stipendiaten an den Universitäten der BRD und Westberlins, haben sich die Genossen Leutnant Kiesbach und Unterleutnant Schreier erworben. Die Genossen vortreten. Die verdienten Genossen werden mit einer Geldprämie von je 100 Mark ausgezeichnet."

Die verdienten Genossen dankten für die Auszeichnung mit den Worten:

„Ich diene der Deutschen Demokratischen Republik."

Sie machten zackig auf dem Absatz kehrt und traten zurück in das Glied der angetretenen Gruppe von MfS-Mitarbeitern.

Mit ernster Miene fuhr Oberst Krause fort:

„Die Partei- und Staatsführung betreibt die internationale Anerkennung der DDR und den Abschluss von Verträgen mit der kapitalistischen BRD. In diesem Zusammenhang wird eine große Amnestie zum Geburtstag der Republik vorbereitet. Das Viermächteabkommen über Westberlin vom 03. September 1971 und die Anerkennung der Oder-Neiße-Friedensgrenze durch die BRD sind großartige Erfolge der Friedenspolitik der Warschauer-Pakt-Staaten und der Partei- und Staatsführung der Deutschen Demokratischen Republik."

„Das Viermächteabkommen über Westberlin wird mit der Unterzeichnung des Viermächteschlussprotokolls in Kraft treten. Dann werden die Westberliner einen Antrag stellen können auf Erteilung eines Tagesvisums, welches zu Besuchsreisen in der Republik berechtigt."

„Genossen, die Amnestie und die Reiseregelung für Westberliner stellt das Ministerium vor große Aufgaben. Der Befehl des Ministers lautet: Den Klassenstandpunkt festigen, die Wachsamkeit erhöhen, dem Klassenfeind keine Chance geben."

„Von außerordentlicher Wichtigkeit ist auch die diplomatische Anerkennung der Deutschen Demokratischen Republik durch die arabischen Staaten. Wie wir alle wissen, hat die imperialistische Politik der USA im Nahen Osten die Spannungen verschärft. Der Staat Israel, die Speerspitze der imperialistischen USA im Nahen Osten, plant die Ausweitung des Staatsterritoriums auf ganz Jerusalem. Damit führt diese aggressive Politik zur

Erhöhung der Spannungen gegenüber den arabischen Staaten. Ägypten und Syrien haben die diplomatische Anerkennung der Deutschen Demokratischen Republik von einer entsprechenden Unterstützung der PLO abhängig gemacht."

„Genossen, wer glaubt, dass wir durch die Vernichtungspolitik von Nazideutschland gehindert sind, gegen die imperialistische Politik Israels Front zu machen, ist in unseren Reihen fehl am Platz. Es geht darum, mit allen Mitteln die Befehle der Partei und Staatsführung zu befolgen."

„Genossen, wenn der Befehl kommt, die Öfen wieder anzuheizen, dann erwartet der Minister, dass wir die Öfen wieder anheizen. Im Klassenkampf gibt es keine Sentimentalitäten, im Klassenkampf heißt es: er oder ich!"

„Gibt es noch irgendwelche Fragen?"

Schweigen.

„Genossen, habt ihr mich verstanden? Ich höre!"

Es war ein dumpfer Chor zu vernehmen:

„Ich diene der Deutschen Demokratischen Republik!"

„Das wollte ich hören!", brüllte der Oberst.

„Dieses Planziel ist unbedingt mit allen tschekistischen Mitteln zu verfolgen. Leutnant Kiesbach, Tscheka?"

„Im Dezember 1917 gegründete Geheimpolizei in Sowjetrussland, Gründer Felix Dserschinski."

Der Oberst war mit der Antwort offenbar zufrieden, er korrigierte Sowjetrussland nicht.

„Sie haben jetzt die ehrenvolle Aufgabe, den Kampfauftrag der Partei zu erfüllen!"

„Ich habe noch einen bewährten Neuzugang in unserer Abteilung zu begrüßen.

Vor zwei Jahren wurde die Genossin Unterleutnant Weber an die Hochschule für Staat und Recht in Eiche/Golm delegiert. Sie hat dort studiert und das Studium erfolgreich mit Auszeichnung absolviert und zum Thema ‚Moderne Vernehmungstechniken und die Destabilisierung von Agenten kapitalistischer Staaten' promoviert. Im Auftrage des Ministers für Staatssicherheit, Genosse Erich Mielke, befördere ich die Genossin Dr. Weber zum Leutnant."

Genossin Dr. Weber nahm Haltung an: „Ich diene der Deutschen Demokratischen Republik.“

Oberst Krause verschwand mit auffällig federndem Schritt durch die Tür.

Er hatte die Genossin Weber zwei Jahre lang nicht gesehen. Aus dem „Mauerblümchen“ war eine außerordentlich attraktive junge Frau geworden.

Er nahm sich vor, Genossin Dr. Weber im Auge zu behalten.

VII.

Moabit-Wiederaufnahme

Am 27. April 1972 schloss um 8:30 Uhr die Protokollführerin des Schwurgerichts beim Landgericht Berlin das Besprechungszimmer auf. Das Besprechungszimmer war ein schmuckloser Raum, dessen Mobiliar lediglich aus einem großen Tisch und sechs Stühlen bestand.

An der Wand hing ein Bild des Bundespräsidenten Gustav Heinemann.

Ihr erster Blick richtete sich auf den leeren Aschenbecher. Sie nahm eine Packung Zigaretten aus ihrer Handtasche und entzündete ihre Frühstückszigarette. Direkt hinter ihr betrat der vorsitzende Richter der Kammer das Besprechungszimmer.

„Offiziell habe ich ja mit dem Rauchen aufgehört, aber heute möchte ich doch eine rauchen."

Mit dem Ton des Bedauerns sagte die Protokollführerin: „Entschuldigung, ich kann auch die Zigarette ausmachen."

„Rauchen Sie ruhig weiter, Frau Engel, es kommen unruhige Zeiten auf uns zu. Ein Uraltverfahren hat uns wieder eingeholt. Sie waren damals 1957 nicht dabei, als wir die Jüdin, die ihre Glaubensbrüder an die Gestapo verraten hat, wegen Beihilfe zum Mord verurteilt haben."

„Entschuldigung, Herr Vorsitzender, wie Sie wissen, ist mein Mann Rechtsanwalt und der hat mir erzählt, dass Beihilfe zum Mord für die NS-Täter bereits 1969 verjährt ist und sämtliche Verfahren wegen Beihilfe zum Mord eingestellt wurden."

Der Vorsitzende Richter schaute die Protokollführerin lange an. Es dauerte einen Augenblick, bis er antwortete.

„Frau Engel, Sie wissen, dass ich Sie sehr schätze, ich kann sagen, dass ich Sie auch sehr mag. Ich schätze auch ihren Mann. Den mag ich aber nicht, weil er vorlaut ist und erst denkt, nachdem er gesprochen hat. Er kann Ihnen alles erzählen, was er will. Sie haben jedoch zu schweigen über das, was hier im

Beratungszimmer gesprochen wird. Sie wissen ja, das richterliche Beratungsgeheimnis."

„Ich kann ihnen sagen, dass Sie Recht haben. Nach dem gültigen Recht können Beihilfetaten zu NS-Verbrechen wegen Verjährung nicht mehr verfolgt werden.

Das ist der Wille des Gesetzgebers. Wir als Richter sind dem Gesetz verpflichtet.

Eine Verjährung kann auch unterbrochen werden. Auch wenn eine Tat nach fünfzehn Jahren verjährt, kann diese Tat noch abgeurteilt werden, wenn die Verjährung unterbrochen war. Habe ich Sie überzeugt, Frau Engel?"

„Ja, Herr Vorsitzender, selbstverständlich."

„Dann würde ich vorschlagen, dass wir dieses Gespräch vergessen, Frau Engel."

Kurze Zeit nach diesem Gespräch trafen die übrigen Richter der Kammer ein.

Als Letzte kamen die beiden Schöffen in das Beratungszimmer.

Von ihrem äußeren Erscheinungsbild konnten die beiden Schöffen nicht unterschiedlicher sein.

Der eine Herr Stresemann, ein Fleischer mit einem hochrotem Kopf, und der andere Herr Haug, ein Lehrer mit einer hervorstechenden Nase und abstehenden Ohren.

Der Vorsitzende Richter informierte die Kollegen der Spruchkammer über die anstehenden Termine. „Wir beginnen wie immer mit den Beschlüssen und verhandeln dann die Sache Scheuer, die Schießerei in der Tiefgarage."

„Es sind sieben Zeugen geladen, das könnte den ganzen Tag dauern."

Richter, Beisitzer und Schöffen betraten den Gerichtssaal. Sie setzten sich kurz, um sich sofort wieder zu erheben.

Der Vorsitzende Richter erklärte:

„In der Strafsache Stella Ingrid Isaaksohn, verehelichte Schellenberg, geborene Goldschlag, verkündet das Gericht folgenden Beschluss: Der Beschluss über die vorläufige Einstellung des Verfahrens vom 30. Oktober 1963 wird aufgehoben. Termin zur Hauptverhandlung vor dem Schwurgericht bei dem Landgericht Berlin wird bestimmt auf den 21. September 1972. Zu dem Termin werden die Angeklagte und die in der Anklageschrift genannten Zeugen geladen."

„Zur Begründung: Der 5. Strafsenat des Bundesgerichtshofs hat mit Urteil vom 17. Oktober 1958, Geschäftszeichen 5 StR 296/58, für Recht erkannt: Auf die Revision der Staatsanwaltschaft und der Angeklagten wird das Urteil des Schwurgerichts in Berlin vom 29. Juni 1957, soweit es die Angeklagte verurteilt hat, samt Feststellungen aufgehoben."

„Die Sache wird in diesem Umfang zur neuen Verhandlung und Entscheidung – auch über die Kosten der Rechtsmittel – an das Schwurgericht zurückverwiesen. Im Revisionsurteil hatte der BGH klargestellt, dass Straftaten, durch die höchstpersönliche Rechtsgüter verschiedener Personen verletzt werden, nicht als im Fortsetzungszusammenhang stehend angesehen werden. Jede einzelne Tat muss auch einzeln geprüft, entschieden und ein Strafmaß festgesetzt werden. Für jede einzelne Tat muss eine Einzelstrafe festgelegt und aus den Einzelstrafen eine Gesamtfreiheitsstrafe gebildet werden."

„Der Gesundheitszustand der Angeklagten hat sich nach 14 Jahren Unterbrechung des Verfahrens so weit gebessert, dass sie 5 Stunden am Tage, zwei Mal in der Woche verhandeln kann. Die Gründe für die vorläufige Einstellung sind somit entfallen. Der Ladungsbeamte wird angewiesen, der Jüdischen Gemeinde zu Berlin Terminsnachricht zu übersenden."

„Außerhalb des Protokolls – Frau Engel, also bitte nicht mitschreiben – sei darauf hingewiesen, dass die Verjährungsfrist von Beihilfetaten bei 15 Jahren liegt. Durch eine Gesetzänderung, die vom Deutschen Bundestag verabschiedet wurde, ist die Höchststrafe für Beihilfe auf 15 Jahre festgesetzt worden. Entsprechend beträgt die Verjährungsfrist von Beihilfetaten auch 15 Jahre. 1969 war somit die Beihilfe zum Mord eigentlich verjährt. Im vorliegenden Fall wurde jedoch die Verjährung unterbrochen, so dass die Tat auch nach Ablauf der Verjährungsfrist verfolgt werden kann."

Der Schöffe Haug fragte den Vorsitzenden höflich:

„Darf ich dazu etwas sagen?", der Vorsitzende nickte zustimmend.

„Vor einem Jahr war ich Schöffe in dieser Kammer in dem Verfahren gegen die SS-Angehörigen und bin den Berufsrichtern gefolgt und habe ebenfalls einem Freispruch der SS-Männer zugestimmt. Ich bin heute zu dem Schluss gekommen, dass dies ein Fehler war. Ich hätte niemals diesem Freispruch zustimmen dürfen. Heute ist mir klar, warum in diesem Verfahren so viele Verhandlungstage anberaumt und so viele Zeugen befragt wurden. Ich kann es nicht mehr mit meinem Gewissen vereinbaren, als Schöffe tätig zu sein. Auf der einen Seite werden NS-Täter vom Vorwurf der Beihilfe zum Mord an Tausenden von Juden freigesprochen und auf der anderen Seite wird eine Jüdin wegen Beihilfe zum Mord angeklagt, weil sie den freigesprochenen NS-Tätern diese Juden zugeführt hatte.

Der Hauptangeklagte Bovensiepen wurde herzkrank. Nach ein paar Wochen wurde das Verfahren gegen ihn wegen Verhandlungsunfähigkeit eingestellt. Dann tauchte er, wie Phoenix aus der Asche, als Entlastungszeuge für seinen mitangeklagten SS-Kameraden wieder im Verfahren auf. Mein Vater war Sozialdemokrat, er war im KZ Buchenwald und ist an den Folgen der Misshandlungen im KZ gestorben. Ich bitte um Entschuldigung, aber ich kann meine Unterschrift nicht mehr guten Gewissens unter ein Fehlurteil setzen."

Der Vorsitzende war außer sich:

„Herr Schöffe, wie können Sie das Urteil vom 7. April 1971 als Fehlurteil bezeichnen? Das Schwurgericht Moabit hat im Verfahren gegen die Angeklagte auf Seite 40 des Urteils vom 29.06.1957 festgestellt, dass sich die Angeklagte, gerade weil sie Jüdin ist, über das Unerlaubte ihrer Handlungen im Klaren war. Sie musste, wie alle anderen ihrer Rassegenossen, das ihnen angetane Unrecht als solches empfunden haben. Die Angeklagten im NS-Verfahren 1971 mussten hingegen annehmen, dass sie auf Grund von Erlassen, Anordnungen oder Befehlen zu ihrer Tätigkeit berechtigt gewesen sind. Das ist doch wohl ein Unterschied!"

„Nein, ist es nicht!", widersprach der Schöffe Haug.

„Die Angeklagten im NS-Verfahren 1971 hatten alle einen Treueeid auf Hitler geschworen. Treue bis in den Tod, so wahr ihnen Gott helfe. Damit sind sie schuldig, genauso schuldig wie ihr Führer."

Der Vorsitzende lächelte milde und dachte sich, mal sehen, ob sich der Radikalenerlass auf diesen Kommunisten anwenden lässt. Ich werde dafür sorgen, dass dieser Lehrer keine Kinder mehr unterrichtet, sage aber:

„Ich darf Sie bitten, Ihr Amt als Schöffe niederzulegen. Sie werden schriftlich bestätigen, dass Sie befangen sind und die Kammer wird dies mit Bedauern zur Kenntnis nehmen. Ich entbinde Sie bereits jetzt von allen Pflichten als Schöffe in diesem Verfahren. Frau Engel kümmern Sie sich bitte um einen anderen Schöffen."

VIII.

Misstrauensvotum

Zur selben Zeit als das Schwurgericht seinen Beschluss verkündete, fand im Deutschen Bundestag das konstruktive Misstrauensvotum gegen Bundeskanzler Willy Brandt (SPD) statt.

In der Nacht vom 26. April auf den 27. April 1972 hatte Rainer Barzel schlecht geschlafen. Ihm war durch den Kopf gegangen, welche Erklärungen er als zukünftiger Bundeskanzler der Bundesrepublik Deutschland abgeben würde.

Er musste in jedem Fall davon ablenken, dass 1970 Erich Mende und zwei weitere Abgeordnete der FDP zur CDU übergetreten waren, denen am 29. Februar 1972 Hupka von der SPD gefolgt war. Dieser wahlunabhängige Zuwachs an Stimmen hatte ihm die verfassungsmäßige Möglichkeit verschafft, Willy Brandt zu stürzen.

Willy Brandt befand sich in einem Dämmerzustand, unfähig sich auf die Situation am kommenden Tag einzustellen.

Kurt-Georg Kiesinger eröffnete die denkwürdige Bundestagssitzung, nach welcher die Demokratie der Bundesrepublik eine andere wurde.

Nach dem Austausch von parlamentarischen Unhöflichkeiten und dem Scheitern des Misstrauensvotums machten Gerüchte über Bestechung die Runde. Der Bundestagsabgeordnete Julius Steiner gab im Juni 1973 zu, sich bei der Abstimmung enthalten zu haben. Dafür habe er von Karl Wienand, dem Vertrauten von Herbert Wehner, dem Vorsitzenden der SPD-Bundestagsfraktion, 50.000 DM erhalten.

Nach dem Ende der DDR stellte sich heraus, dass das Ministerium für Staatssicherheit (MfS) unter dem Decknamen „Unternehmen Brandtschutz“ an der Bestechung beteiligt gewesen war, weil, so Erich Honecker, eine Regierung Brandt „für uns alle angenehmer sei, als eine Regierung unter Leitung von Barzel und Strauß“.

Zwei Tage vor der Abstimmung soll DDR-Chefunterhändler Michael Kohl seinem Verhandlungspartner Egon Bahr angeboten haben, von DDR-Seite Stimmen zur Rettung von Brandt zu kaufen. Bahr soll das Angebot abgelehnt haben.

Dennoch hatte die DDR die Bestechung unter dem Decknamen „Unternehmen Brandtschutz“ in die Wege geleitet. Unwidersprochen blieben die Behauptungen: Steiner habe von Wienand und von der DDR kassiert und außer ihm soll auch Leo Wagner (CDU) vom MfS mit 50.000 DM bestochen worden sein.

In der Nacht vom 27. April auf den 28. April 1972 hatte Rainer Barzel gar nicht geschlafen. Willy Brandt hingegen hatte in dieser Nacht gut geschlafen.

IX.

Ehewohnung

Stellas Ehemann, Klaus Schellenberg, hörte den ganzen Tag Nachrichten. Nach jeder neuen Nachricht über das gescheiterte Misstrauensvotum gegen Willy Brandt teilte er Stella eine neue Verschwörungstheorie mit.

Brandt war nach seiner Auffassung ein Vaterlandsverräter, weil er im Zweiten Weltkrieg nicht wie er Soldat der Wehrmacht gewesen war. Er war der Auffassung, dass Brandt die deutschen Interessen mit seiner neuen Ostpolitik verraten würde. Er murmelte so etwas wie „Brandt an die Wand".

Stella interessierte sich jedoch nicht für die Ereignisse im Deutschen Bundestag, sie interessierte sich überhaupt nicht für Politik. Ihre Lebensperspektive wurde allein von dem Gedanken an ihre Tochter Yvonne bestimmt.

Das seit vierzehn Jahren schwebende Verfahren vor dem Schwurgericht in Moabit interessierte sie auch nicht. Es würde wieder einen neuen Untersuchungstermin geben, in dem wieder festgestellt werden würde, dass sie weiterhin verhandlungsunfähig ist, so wie sie es in den letzten vierzehn Jahren in unregelmäßigen Abständen erlebt hatte.

X.

Stasizentrale

Der Saal I in der Stasizentrale war festlich geschmückt. Hinter dem Rednerpult hing an der Wand ein großes Porträt von Erich Honecker. Daneben zwei Fahnen, eine rote und eine schwarz-rot-goldene mit dem Staatswappen der DDR, Hammer und Zirkel.

Oberst Krause und seine Abteilung VI waren in Feierlaune.

Sie erwarteten Minister Mielke und starrten gebannt auf die Tür zum Saal.

Mielke trat ein, ihm folgte Markus Wolf.

Mielkes erster Blick galt der Genossin Dr. Weber, die in der ersten Reihe der Mitarbeiter der Abt. VI stand.

„Morgen, Genossen!“

Die Genossen der Abteilung VI erwiderten: „Guten Morgen, Genosse Minister“.

Auch Markus Wolf bewegte stumm die Lippen. Was für einen Außenstehenden nach einer Höflichkeitsfloskel aussah, war für den Eingeweihten ein Zeichen höchster Verachtung.

Markus Wolf trug seine komplette Ordenssammlung, im Volksmund auch „Buntmetallladen“ genannt, an der Paradeuniform mit der Aura eines Kriegsveteranen der Roten Armee.

Erich Mielke hingegen brauchte die Uniform, um überhaupt wahrgenommen zu werden, nur seine kreischende Stimme forderte Respekt ein.

Ihm wurde ein Doppelmord an Berliner Polizeibeamten nachgesagt. Deswegen verurteilt worden war er jedoch nicht. Er hatte sich der Verhaftung durch Flucht in die Sowjetunion entzogen. Über die Ermittlungsakten und die Tatwaffe gab es die wildesten Spekulationen, bis hin zu dem Gerücht, dass Erich Mielke beides in einem Panzerschrank verwahrte.

Jedenfalls genoss Erich Mielke den Ruf, über Leichen zu gehen.

Über Mielke zu lachen war praktisch Selbstmord, über seine Witze nicht zu lachen, ebenfalls.

„Das ‚Unternehmen Brandtschutz' war erfolgreich", kicherte Mielke.

Außer Markus Wolf kicherten alle Versammelten mit.

„Der Genosse Generalsekretär, der Genosse Honecker und die Genossen Waffenbrüder in Moskau haben schon zum Erfolg gratuliert. Weiter so!"

Mielke sprach weiter: „Für besondere Verdienste bei der Durchführung des ‚Unternehmens Brandtschutz' erhält der Genosse Mielke den vaterländischen Verdienstorden in Gold."

Markus Wolf baute sich vor Mielke auf.

Er überragte Mielke um eine Kopflänge. Markus Wolf streckte sich, um noch größer zu erscheinen, und Mielke streckte sich ebenfalls, konnte jedoch mit der Körperstreckung von Wolf nicht mithalten.

Wolf heftete Mielke den Orden an dessen Uniform.

Bevor Mielke das Ritual der Ordensverleihung mit den Worten „Ich diene der Deutschen Demokratischen Republik!" protokollgerecht hätte beenden können, rief Wolf: „Ein dreifaches Hurra!"

Der Saal brüllte zurück: „Hurra, Hurra, Hurra!"

Wolf flüsterte in Richtung Mielke: „Ich diene der Deutschen Demokratischen Republik."

… und Mielke laut: „Ich diene der Deutschen Demokratischen Republik!"

Mit einem kurzen Blick auf die Genossin Dr. Weber verließ Mielke sichtlich gerührt den Saal. Außer ihm hatten alle Anwesenden mitbekommen, dass Wolf ihn wieder mal ordentlich vorgeführt hatte und Mielke hatte es nicht einmal gemerkt.

Markus Wolf lobte die Beteiligung des Ministeriums für Staatssicherheit (MfS) an der Bestechung. Dass Steiner doppelt kassiert hatte, von Wienand und von der DDR, sei ein Kollateralschaden. Wolf erinnerte daran, dass mit Devisen in Zukunft sparsamer umgegangen werden muss. Derartige Doppelzahlungen müssten die Ausnahme bleiben.

Nach dieser Belehrung ließ Wolf die Mitarbeiter des MfS wegtreten. In seinem Dienstzimmer angekommen, forderte Mielke die Kaderakte von Genossin Dr. Weber an.

XI.

Lubjanka

In der Moskauer KGB-Zentrale am Lubjanka-Platz standen in einem Konferenzsaal drei Offiziere an einem runden Tisch vor vier holzgeschnitzten Stühlen.

Eine der Stuhllehnen war höher als die der anderen drei.

Dass in dem kleinen Konferenzsaal ein starker Tabakgeruch im Raum stand, störte die Anwesenden nicht. Die Tür ging auf und es trat ein älterer Offizier im Generalsrang in den Saal. Die Uniform war voller Orden. Er war einen Kopf kleiner als die drei anderen Offiziere, aber sein Blick verriet unbarmherzige Durchsetzungskraft.

Als er sich auf den Stuhl mit der höheren Lehne gesetzt hatte, sagte er: „Guten Morgen, Genossen!"

Die drei übrigen Offiziere antworteten: „Guten Morgen, Genosse General."

„Bitte nehmt Platz, Genossen."

Die drei Offiziere nahmen ihre Plätze ein.

Nacheinander zündeten sie sich jeder eine Zigarette an, sie schauten genüsslich auf die Glut vor ihrer Nase.

Auf dem Tisch standen eine Flasche Wodka und vier Gläser. Weiter befanden sich auf dem Tisch ein Korb mit Brot und ein Teller mit fettem Speck, vier Scheiben.

Der General wandte sich den Offizieren zu und sagte:

„Als ich meinen Dienst in der ruhmreichen Roten Armee antrat, habe ich jeden Tag, ja, ich kann sagen jede Minute, von dem geträumt, was Sie jetzt hier vor sich auf dem Tisch stehen sehen. Ich war dem Genossen Stalin dankbar, wenn ich am Tage drei Scheiben Brot hatte. Wenn ich nur eine Scheibe Brot hatte, oder auch kein Brot, war ich dennoch dem Genossen Stalin dankbar, dass ich in der Roten Armee dienen durfte."

„Ich hatte die Ehre, dass mich Genosse Stalin zum Dienst beim NKWD gerufen hatte. Ich habe erlebt, wie deutsche Emigranten im Hotel Lux versorgt wurden. Viele von denen hatten nicht begriffen, welche Opfer die Völker der Sowjetunion brachten, um sie zu versorgen. Viele von ihnen hatten unsere Sache verraten und wurden zur Rechenschaft gezogen. Sie haben unser Brot gegessen und sie haben unseren Wodka getrunken und trotzdem sind sie Genosse Stalin in den Rücken gefallen."

„Über einen von ihnen werden wir gleich reden. Jetzt stärken wir uns erst einmal und wir wollen nicht vergessen, dass Millionen während des großen vaterländischen Krieges von einer solchen Mahlzeit geträumt haben. Greift zu, Genossen!"

Jeder der anwesenden Offiziere brach ein Stück Brot aus dem Laib, goss sich ein Glas Wodka ein und nahm ein Stück fetten Speck.

Nach 5 Minuten war das Frühstück beendet. Einer nach dem anderen sagte: „Gut!"

Einer der Offiziere drückte eine Klingel, die unter dem Tisch angebracht war. Die Tür ging auf und ein Unteroffizier brachte einen Stapel Akten herein und legte sie vor dem General auf den runden Tisch, welcher auf dem Stuhl mit der höheren Lehne saß.

Dieser zog aus dem Stapel Akten einige Akten hervor und las genüsslich vor:

„Akte Weiß, Helmut: Jüdischer Schriftsteller, KPD-Mitglied, wurde zu zehn Jahren Gulag verurteilt, nachdem ihn Wehner 1937 dem NKWD wegen eines ‚schädlichen Buchs' angezeigt hatte."

„Akte Diamant, Max: Von Wehner angezeigt als ‚entschiedener Trotzkist, gefährlich und konspirativ'. Anstelle von Max wurde sein Vater Michail 1937 verhaftet, der kam ums Leben."

„Akte Kreis Wollenberg-Laszlo, Prag: Wehner zeigte beim NKWD an, dass siebzehn Personen in Verbindung zum Kreis Wollenberg-Laszlo in Prag stehen."

„Akte Flieg, Leo: Wurde von Wehner am 13. Dezember 1937 denunziert, am 20. März 1938 vom NKWD verhaftet, der ‚Spionage' und ‚Mitgliedschaft in einer konterrevolutionären terroristischen Organisation' beschuldigt und vom Obersten Gericht der UdSSR am 14. März 1939 zum Tod verurteilt."

„Akte Eberlein, Hugo: Hugo Eberlein wurde 1938 der Prozess gemacht. Ankläger stützt sich auf das von Wehner gelieferte Beweismaterial."

„Akte Birkenhauer, Erich: Dem früheren Sekretär von Ernst Thälmann wird von Wehner eine Mitschuld an der Verhaftung des KPD-Vorsitzenden unterstellt. Birkenhauer wurde nach vier Jahren Haft zum Tode verurteilt und erschossen."

„Akte Wilde, Grete und Brückmann, Georg: Beide Mitglieder der Kommunistischen Internationale (Komintern), hatten Wehner denunziert. Wehner verteidigte sich seinerseits, indem er ihnen ‚Verstöße gegen die Wachsamkeit zum Schutze der Sowjetunion' und gegenüber ‚feindlichen Elementen' sowie eine ‚ungewöhnlich liberale Haltung gegenüber stark verdächtigen Personen' vorwarf. Beide endeten im Gulag."

„Ich hatte als Angehöriger des NKWD Dienst im Hotel Lux. Ich kannte Herbert Wehner persönlich. Er hatte uns in schwierigen Zeiten geholfen, Verräter zu erkennen und auszuschalten. Später ist er selber zum Verräter an unserer Sache geworden. Heute ist er ein einflussreicher Politiker in Westdeutschland und für uns ein wichtiger Gesprächspartner. Er tritt für die Entspannung ein und ich bin sicher, dass er seine Fehler eingesehen hat. Die Waffenbrüder in Berlin haben die Abwahl von Bundeskanzler Brandt verhindert. Diese Angelegenheit ist in unserem Sinne erledigt, die Akten können also wieder ins Archiv. Herr Wehner weiß, dass wir die Akten haben. Das reicht."

Der General ließ sich noch ein Glas Wodka einschenken und forderte die drei übrigen Offiziere auf, das Gleiche zu tun. Er erhob das Glas und sagte:

„Auf Genosse Stalin, auf die glorreiche Rote Armee." Er stand auf und verließ ohne Gruß das Konferenzzimmer.

XII.

Bombenanschlag

Es war der 19. Mai 1972. Im Axel-Springer-Hochhaus an der Kaiser-Wilhelm-Straße in Hamburg herrschte rege Betriebsamkeit. Im Haus hielten sich über 2.000 Mitarbeiter auf. Die Terroristen der RAF forderten die Staatsmacht der Bundesrepublik Deutschland heraus. Straßensperren, Personenkontrollen und schwer bewaffnete Polizei bestimmten das Bild, welches in der Presse wiedergegeben wurde.

In den Redaktionsräumen der deutschen Tageszeitungen wurde heiß darüber diskutiert, welche Berichterstattung über die RAF und deren Aktivitäten verantwortungsvoll und geboten ist. Im dritten Stock des Axel- Springer-Hochhauses begann mittags die große Redaktionskonferenz. Es war ein Schreiben der RAF aufgetaucht. Einer der Redakteure las vor:

„Der bewaffnete Kampf hat begonnen. Es bedarf nur noch eines Funken, in die gludernde Lod, äh, gludernde Glut, äh, lodernde Flut, jetzt langsam: lodernde Glut und das System bricht in sich zusammen wie ein Kartenhaus."

Es war 15:40 Uhr.

Ein lauter Knall, Fensterscheiben klirrten, dann Schreie … „schnell einen Arzt, einen Arzt …"

Im Flur des Hochhauses brach Feuer aus. Die Sprinkleranlage ging an.

Dann eine zweite Explosion. Die Panik steigerte sich.

Später stellte sich heraus, dass noch vier weitere Sprengsätze von den RAF-Terroristen im Haus platziert worden waren, die jedoch von den Einsatzkräften der Polizei entschärft werden konnten. Die Rundfunksender unterbrachen ihre Sendungen mit der Meldung:

„Im Axel-Springer-Hochhaus an der Kaiser-Wilhelm-Straße in Hamburg sind mehrere Bomben explodiert. Ein Bekennerschreiben liegt noch nicht vor.“

Erst am 22. Mai 1972 veröffentlichte die RAF ein Bekennerschreiben, in dem sich die RAF dafür entschuldigte, dass sich unter den Opfern der Anschläge Arbeiter und Angestellte befanden. Um jedoch von der eigenen Schuld abzulenken, wurde der Verwaltung des Springerhauses vorgeworfen, das Gebäude nicht rechtzeitig geräumt zu haben. Die selbst ernannte Avantgarde der Arbeiterklasse hatte sich selber ins Abseits gebombt.

Weitere Ziele der RAF waren im Mai 1972 Quartiere der US-Armee, das Landeskriminalamt in München, die Polizeidirektion in Augsburg und der Pkw eines Bundesrichters. Im Mai 1972 starben in der Bundesrepublik vier Menschen durch Anschläge der RAF, 41 Menschen wurden teilweise schwer verletzt.

Es folgte eine Serie von Banküberfällen.

XIII.

Stasizentrale

An einem großen viereckigen Tisch saßen fünf Stasileute.

An der schmalen Kopfseite des Tisches saß Oberst Krause in Uniform. Er eröffnete die Sitzung.

Oberst Krause schilderte die Lage in Westdeutschland und Westberlin und erklärte:

„Die Stunde null rückt näher, der Klassenfeind ist in die Defensive gedrängt. Der ‚bunte' Haufen der Anarchos hat einen Fehler gemacht! Jetzt sind die auch noch intern aneinandergeraten. Bader streitet mit der Meinhoff und macht ihr schwere Vorwürfe. Wir mussten unseren Kontaktmann von der Gruppe abziehen – vorerst. Wir müssen damit rechnen, dass Mitglieder der Gruppe in ein paar Tagen festgenommen werden."

„Ich darf Marx zitieren: ‚Wenn eine Idee die Massen ergreift, dann wird sie zur materiellen Gewalt.'"

„Dann wirft man jedoch keine Bomben auf die werktätige Bevölkerung! Unsere Anarchos reden zwar immer von Marx, verstehen ihn aber nicht. Sie verhalten sich wie unerzogene Kinder, ohne Klassenstandpunkt!"

„Die Philosophen haben die Welt nur unterschiedlich interpretiert … na, Genossen?"

Und die je zu zweit an der Längsseite des Tisches sitzenden Offiziere der niederen Ränge im Chor: „Es kommt darauf an, sie zu verändern. Wir, Schild und Schwert der Partei der Arbeiterklasse verändern die Welt!"

Oberst Krause grinste, die versammelten Stasileute hämmerten begeistert auf den Tisch. „Es geht also darum, aus dem Anarchohaufen eine revolutionäre Bewegung zu schmieden. Hierzu sind ab sofort die Kontakte zur PLO zu nutzen. Die erfahrenen Kämpfer der PLO sind bereit, ihre Kenntnisse den westdeutschen Anarchos zur Verfügung zu stellen und mit ihnen zusammenzuarbeiten. In der gegenwärtigen politischen Situation ist jedoch äußerste Vorsicht geboten. Die Verhandlungen mit der BRD über den Grundlagenvertrag dürfen auf keinen Fall gestört werden."

„Wir werden also den Gedanken- und Erfahrungsaustausch der Bader-Meinhoff -Gruppe und der PLO mit tschekistischen Methoden unterstützen. Genosse Werner: Das heißt ...?"

„Konspirativ! Genosse Oberst."

„Jawoll!"

Oberst Krause informierte darüber, dass die „Quelle" im Justizapparat von Westberlin Informationen darüber geliefert hatte, dass das Verfahren gegen die Greiferin, Stella Goldschlag, nach 15 Jahren jetzt wieder aufgenommen wurde.

Oberst Krause berichtete darüber, dass der Minister ihn angewiesen hatte, einen Maßnahmenplan zu entwerfen, wie die Wiederaufnahme dieses NS-Verfahrens zu propagandistischen Zwecken gegen die Klassenjustiz in der Frontstadt Westberlin verwendet werden konnte.

Er beklagte sich darüber, dass das Urteil vom 7. April 1971 mit den Freisprüchen von zwei Gestapoleuten im Bovensiepen-Verfahren nicht genutzt wurde.

Das Ergebnis des Prozesses mit den Freisprüchen mangels Beweises entsprach zwar den Vorstellungen des Ministers, doch über die lange Verfahrensdauer mit 96 Verhandlungstagen und der Aufbietung von 240 Zeugen hatte sich das öffentliche Interesse verloren.

Eine geschickte Strategie der Westberliner Klassenjustiz. Lange Verfahrensdauer und ein unendliches Heer von Zeugen schafften den Eindruck eines rechtsstaatlichen Verfahrens. Von Anfang an war das Verfahren jedoch als eine Rehabilitierungsveranstaltung für NS-Täter gedacht gewesen. Dem Hauptangeklagten Bovensiepen war mal für ein paar Tage etwas schlecht geworden und schon war das Verfahren gegen ihn eingestellt worden. Wie durch ein Wunder war dann seine Genesung erfolgt. Sodann hatte er vor Gericht als Entlastungszeuge seiner ehemaligen Mitangeklagten auftreten können. Sein Antrag auf Haftentschädigung war mit der Begründung abgelehnt worden, dass er mit an Sicherheit grenzender Wahrscheinlichkeit verurteilt worden wäre.

Die angeklagten NS-Verantwortlichen des Sammellagers in der Hamburger Straße kamen auch nur davon, weil Stella nicht ausgepackt hatte und ihre Rolle als Entlastungszeugin perfekt gespielt hatte.

Politisch-strategisch bestand von Seiten des MfS kein Interesse an einer Verurteilung der SS-Männer von der Gestapo. Der Freispruch hätte politisch genutzt werden müssen.

„Da hat uns die braune Justiz in Westberlin aber einen Strich durch die Rechnung gemacht. Selbst Schnitzler wollte das Thema nicht mehr im ‚Schwarzen Kanal' bringen. Ist doch klar, wenn 96 Tage verhandelt und 240 Zeugen gehört werden, dann glaubt jeder, dass das Gericht an der Wahrheitsfindung interessiert ist. Wir wissen: Alles Theater, um die Kulisse zu beruhigen, wenn der Freispruch verkündet wird."

Oberst Krause forderte den Leutnant Schlei auf, Vorschläge zu unterbreiten, wie das Verfahren gegen Stella Goldschlag gesteuert werden konnte.

Stella musste verurteilt werden, damit das Verfahren politisch genutzt werden konnte. Nur mit einer Verurteilung von Stella war aus diesem Verfahren noch politischer Nutzen zu ziehen. Die Westberliner Justiz musste auf die Anklagebank. Nazitäter freigesprochen, jüdisches Opfer verurteilt.

Die Kritik an einer Verurteilung von Stella musste in Westberlin geortet werden. In diesem Zusammenhang könnten dann doch noch die Freisprüche der Gestapotäter thematisiert werden.

Oberst Krause trug vor, dass es auf die Zusammensetzung des Gerichts ankommt und auf die Verteidigung im Strafverfahren.

Die Stasi müsste in die Lage versetzt werden, auf die Verteidigung Einfluss zu nehmen. Er berichtete darüber, dass insbesondere die Verteidigerkollektive in Westberlin, die sich auf die Vertretung von Terroristen und linken Straftätern spezialisiert hatten, an Kontakten zum MfS interessiert wären.

Er schlug deshalb vor, Einfluss auf die Wahl des Verteidigers zu nehmen und diesen Verteidiger gegebenenfalls mit Informationen und Archivmaterial zu versorgen.

Oberst Krause wandte sich an Leutnant Schlei und forderte ihn auf zu berichten, welches Material über die Besetzung der Richterschaft in Westberlin in den Archiven existiert.

Leutnant Schlei berichtete darüber, dass umfangreiches Aktenmaterial über die Richterschaft in Westberlin und deren Tätigkeit im Dritten Reich existiert. Es lägen viele Personalakten aus der NS-Justizverwaltung vor und es gäbe auch viele Dissertationen von Juristen der Bundesrepublik und Westberlins aus der NS-Zeit.

Es gäbe auch die Möglichkeit, eine derartige Dissertation nachträglich zu produzieren. Es sei dem MfS auch bekannt, welche Akten durch Kriegseinwirkung verloren gegangen waren. Im Grunde könnte man jedem Westberliner Richter zu einer NS-Dissertation verhelfen.

Eine leichte Heiterkeit machte sich in der Runde breit.

Wenn man also die Besetzung des Gerichts kennen würde, könnte man durchaus einen Richter mit brauner Vergangenheit liefern.

„Das hatten wir bereits bei Heinrich Lübke praktiziert. Ein Bundespräsident als Baumeister des KZ Auschwitz, das war eine propagandistische Meisterleistung von Albert Norden. Das hat den Ultras im Westberlin lange quer im Magen gelegen", sagte Oberst Krause.

Lübke war in einer Firma als Bauzeichner beschäftigt gewesen, die Massenunterkünfte in Leichtbauweise in den unterschiedlichsten Größen für den Reichsarbeitsdienst und die Wehrmacht geplant und gebaut hatte. Blaupausen der Pläne waren offenbar zum Bau der Baracken in Auschwitz genutzt worden.

Da hatte Albert Norden, ein schlauer Jude, gezeigt, was er kann. Wie aus dem Nichts hatte er den Bauzeichner Lübke zum „KZ-Baumeister" befördert, als jener Bundespräsident geworden war.

Die „Kartoffelkäfer-Aktion" war hingegen nicht das Gelbe vom Ei gewesen. Den Amerikanern vorzuwerfen, sie würden mit ihren Flugzeugen über den landwirtschaftlichen Betrieben der DDR Kartoffelkäfer freisetzen, war nicht seine beste Idee gewesen.

Das Archiv der Stasi verfügte jedenfalls über eine Reihe von Mitteln, die zu dem gewünschten Ergebnis führten.

Genosse Werner, zuständig für die Westberliner Medien, müsste dann die Informationen nur in der gewohnten Weise in den geeigneten Medien platzieren.

Oberst Krause wollte die Sitzung mit dem Hinweis darauf, dass in vier Wochen schriftlich Bericht zu erstatten sei, schließen, da meldete sich Frau Leutnant Dr. Weber zu Wort: „Die Jüdin Stella Goldschlag war eine ‚Greiferin' der Gestapo und hat zwischen 1946 bis 1956 eine zehnjährige Strafe wegen Beihilfe zum Mord in unserem Gewahrsam verbüßt, sie hat 300 Juden an die Gestapo verraten."

Oberst Krause: „Was, 300 Juden und nur zehn Jahre? Der … der Heinrich … na, Sie wissen schon, hat für die Denunziation von zwanzig Juden 1950 in Dresden die Todesstrafe bekommen."

„Dann wurde die Goldschlag nochmal 1957 in Westberlin vom Schwurgericht Moabit zu zehn Jahren verurteilt. Im Neuen Deutschland vom 30. Juni 1957 wurde über den Fall berichtet."

Oberst Krause verkündete die Anweisung zur Bildung der Arbeitsgruppe „Stella". Er erteilte der Genossin Dr. Weber den Auftrag, die vorhandenen Akten über Stella auszuwerten.

„Bei dieser Aktenauswertung sind unbedingt die Zuständigkeiten bei der Aktenverwaltung und Aktenverwertung zu beachten."

Bevor er die Sitzung schließen konnte, bekam er einen Anruf aus dem Vorzimmer von Mielke.

„Leutnant Dr. Weber unverzüglich beim Minister melden."

Oberst Krause dachte: Das ging aber schnell.

XIV.

Ehewohnung

Stella und ihr Ehemann Klaus saßen seit einer halben Stunde schweigend vor dem Frühstück. Ein Brotkorb, ein Margarinebecher, etwas Wurst und Käse, ein Glas Marmelade und zwei Becher mit Kaffee ohne Untertassen. Der Kaffee war kalt.

Stella legte bereits am frühen Morgen besonderen Wert auf ihr Äußeres. Sie setzte sich nie ungeschminkt zu den Mahlzeiten an den Tisch.

Anders ihr Ehemann Klaus, der sich gehen ließ, seit sie die Scheidung eingereicht hatte. Stella hatte es bereits vor einigen Jahren aufgegeben, ihm Manieren beizubringen. Er hatte die Ehe und sich selbst aufgegeben. Deshalb hatte er der Scheidung zugestimmt und bestätigt, dass die Trennung schon vor Jahren vollzogen worden war.

Bis vor einigen Jahren waren sie noch gemeinsam in den Offiziersclubs der Alliierten aufgetreten. Klaus hatte Klavier gespielt und sie Lieder gesungen, vornehmlich Lieder von Friedrich Holländer.

Anfang der sechziger Jahre, kurz nach dem Mauerbau, war das Interesse an ihr noch groß gewesen. Alle waren der Meinung gewesen, dass sie gut singen kann.

Sie konnte sich noch genau daran erinnern, wie sie vor einer großen Gesellschaft ihr Lieblingslied „Wenn ich mir was wünschen dürfte" gesungen hatte. Sie war so gut gewesen, dass sich die Gäste gar nicht hatten beruhigen können. Viele der Gäste waren nach der Veranstaltung zu ihr gekommen und hatten sie beglückwünscht.

Vor zehn Jahren war ihr Ehemann noch eine respektierte Persönlichkeit gewesen. Er war Geschäftsführer in einer Immobilienverwaltung gewesen. Er hatte nicht schlecht verdient, aber offenbar nicht genug, um ein Häuschen kaufen zu können. Obwohl die Grundstückspreise nach dem Mauerbau in den Keller gegangen waren, hatte er es nicht geschafft, ihr ein richtiges Heim zu kaufen.

Die Auftritte mit ihm bereiteten ihr viel Freude. Sie wurden so etwas wie eine Entschädigung dafür, dass sie sich ihren Lebenstraum nicht erfüllen konnte. Sie hätte alles dafür gegeben, um in Amerika auf der Bühne stehen zu dürfen.

Wenn sie sich mit Marlene Dietrich verglich, dann befiel sie Traurigkeit. Warum Marlene Dietrich und nicht ich, befragte sie das Schicksal.

Die eine wurde in einem drittklassigen Varieté in Charlottenburg von dem berühmten Regisseur Josef von Sternberg entdeckt. Der machte aus einer unbekannten Hinterhofsängerin erst den „Blauen Engel" und dann einen gefeierten

Weltstar. Der ganze Unterschied zu Marlene Dietrich: Sie war Jüdin, Marlene nicht.

Im Gegensatz zu Marlene Dietrich hatte sie doch viel bessere Voraussetzungen. Vater Musiker, Mutter Sängerin, sie selbst mit vier Jahren schon ein Kinderstar. Ihr Weg auf die Bühnen der Welt war vorgezeichnet. Das Leben war nicht gerecht zu ihr.

Sie wollte jedoch nicht undankbar sein. Die Zeit, in der sie bei den „Amis" im Harnack-Haus in Dahlem singen durfte, war eine schöne Zeit. Im amerikanischen Offiziersclub mussten sie auch nicht befürchten, von jüdischen Mitbürgern erkannt zu werden.

Sie durften bei einer Veranstaltung der „Amis" vor dem regierenden Bürgermeister Brandt singen. Der Höhepunkt des Abends war ihr Lied, das Lied ihres Lebens. Sie sah sich in ihrem roten Kleid, welches die Phantasie aller Männer beflügelte, ohne aufdringlich zu sein. Sie hatte Klasse, die Klasse einer wahren Diva. Ihr wahres Leben war jedoch nicht die große Bühne, ihr Leben war eine erbärmliche Küche, der sie zu entfliehen suchte, in dem sie die Augen schloss. Sie begann zu singen:

„Man hat mich nicht gefragt, als ich noch kein Gesicht,
ob ich leben wollte oder lieber nicht,
jetzt gehe ich allein, durch eine große Stadt,
und ich weiß nicht, ob sie mich lieb hat oder nicht.

Ich schaue in die Stuben durch Tür und Fensterglas,
und ich warte und ich warte auf etwas.
Wenn ich mir was wünschen dürfte
käm ich in Verlegenheit,
was ich mir denn wünschen sollte,
eine schlimme oder gute Zeit.

Wenn ich mir was wünschen dürfte,
möchte ich etwas glücklich sein,
denn wenn ich gar zu glücklich wär,
hätt ich Heimweh nach dem Traurigsein.

Wenn ich mir was wünschen dürfte,
Käm ich in Verlegenheit,
Was ich mir denn wünschen sollte,
eine schlimme oder gute Zeit.

Wenn ich mir was wünschen dürfte,
möchte ich etwas glücklich sein.
Denn wenn ich gar zu glücklich wär,
hätt ich Heimweh nach dem Traurigsein.

Brandt hatte Tränen in den Augen.

Sie wollte mit ihm weinen, sie konnte es nicht.

Jetzt saß sie in einer kleinen Küche, die einfach eingerichtet war. Zu einfach, fand Stella, nur die notwendigsten Einrichtungsgegenstände waren vorhanden.

Alles war auf die Bedürfnisse von zwei Personen zugeschnitten. Der Kühlschrank war bereits zwölf Jahre alt. Im Jahre 1960 war das kleinste und billigste Modell ausgewählt worden. Vor ein paar Jahren hatte es im Elektroherd einen Kurzschluss gegeben und der Herd hatte entsorgt werden müssen. Der Vermieter hatte dann einen Ersatzherd angeboten, der Stella jedoch nicht gefallen hatte.

Stella wünschte sich einen modernen Herd. Der kostete jedoch etwa 1000 DM.

Der Vermieter war nur bereit, einen billigen Herd zur Verfügung zu stellen. Klaus Schellenberg wollte die Differenz von 700 DM nicht aus der eigenen Tasche bezahlen und dann beim Auszug um den Abstand feilschen oder dem Vermieter den Herd beim Auszug schenken. Als Interimslösung wurde dann ein Tischherd mit zwei Kochplatten angeschafft.

Die beiden Kochplatten des Tischherds ließen sich nicht gleichzeitig mit den höchsten Leistungsstufen betreiben. Jedes Mal, wenn Stella beide Platten gleichzeitig mit der höchsten Leistungsstufe betrieb, „flog" die Sicherung raus.

Sie musste eine Platte ausstellen, um die zweite Platte in der höchsten Leistungsstufe betreiben zu können. Dieser Umstand löste jedes Mal eine heftige Reaktion bei Stella aus.

Besonders heftig reagierte Stella, wenn sie sich an einer der Platten verbrannt hatte.

Dann baute sie sich vor ihrem Mann auf und beschimpfte ihn als „Versager" und „Lusche".

An dem zu weich oder zu hart gekochten Frühstückseiern hatten sich vor Jahren bissige Streitereien entzündet. Das war dann soweit gegangen, dass Stella sich geweigert hatte, ihrem Ehemann Klaus das Frühstücksei zu kochen.

Da bekam Ehemann Klaus, der aus Prinzip die Übernahme von „Hausfrauenpflichten" ablehnte, eben kein Frühstücksei mehr. Das wiederum hatte dazu geführt, dass Klaus sich zum Frühstück nicht mehr „fein machte", sondern sich so an den Tisch setzte, wie er aufstand.

Dieses Provisorium war in den letzten Jahren jeden Morgen ein Thema zwischen Stella und ihrem Mann gewesen. Es war aber nicht der einzige Grund für das Scheitern der Ehe.

Im finalen Stadium aller Auseinandersetzungen kam Stella immer wieder auf ihre Tochter Yvonne zurück. Sie warf ihrem Mann vor, dass er nichts unternehme, um Yvonne zu finden, weil er dann ja für eine größere Wohnung sorgen müsse, wenn Yvonne bei ihnen einzieht.

In die kleine Zweizimmerwohnung könne Yvonne nicht einziehen, sie müsse unbedingt ein eigenes Zimmer haben.

Mit dem Sarkasmus, der ihm in dieser Ehe das Überleben sicherte, antwortete er dann immer, dass sich Stella mit Yvonne das Schlafzimmer teilen könne, weil er sowieso immer im Wohnzimmer schlafe.

Da sie ohnehin nie Besuch bekämen, wäre das doch eine gute Lösung.

Stella verweigerte sich ihrem Mann, weil er sich nicht bemühte, Yvonne zu finden.

Und der Mann bemühte sich nicht Yvonne zu finden, weil sie sich ihm verweigerte.

Dieser Konflikt führte dazu, dass Stella bei jeder sich bietenden Gelegenheit ihren Mann attackierte.

Klaus hatte sich daran gewöhnt, bei den Auseinandersetzungen die Flucht auf die Toilette anzutreten. Die Toilette war der einzige Ort in der Wohnung, an dem er vor den Angriffen von Stella sicher war. Vor dem Gebrüll konnte er sich schützen, indem er sich die Ohren zuhielt.

Um wenigstens den Konflikt um die Küche zu entspannen, hatte Klaus einen kleinen Tisch und zwei Hocker in die Küche gestellt. So müssten sie nicht mehr im Wohnzimmer essen und die Wohnung würde nicht mehr nach Essen riechen.

Weil sie nun eine Sitzecke in der Küche hatten, wäre auch kein Platz mehr für einen Küchenherd. Regelmäßig lobte er sich und seine Idee, aus der kleinen Küche eine „schnucklige“ Wohnküche gemacht zu haben.

Auf dem Tisch lag die Häkeldecke, die für Stella ausgesprochen wichtig war.

Sie hatte die Decke aus Hoheneck mitgebracht.

Stella hatte sich angewöhnt die Häkeldecke vom Küchentisch zu entfernen, wenn sie in schlechter Stimmung war. Im Laufe von Streitereien mit dem Ehemann hatte Stella ein Ritual entwickelt.

Sie nahm die Häkeldecke vom Tisch, rollte sie zusammen und verwahrte sie in ihrem Nachttischschrank im Schlafzimmer.

Dieses Ritual war für ihren Ehemann die Botschaft, dass sie nicht mit ihm reden will.

Breitete Stella hingegen die Häkeldecke wieder aus, signalisierte sie ihrem Mann, sie sei wieder ansprechbar.

Auf der Häkeldecke lag ein Brief vom Schwurgericht Moabit. Beide starrten auf den Brief.

In den letzten Jahren hatte das Gericht lediglich mitgeteilt, dass ein neuer Termin zur Untersuchung des Gesundheitszustandes angeordnet worden war, um die Verhandlungsfähigkeit von Stella festzustellen.

So ging das nun schon 14 lange Jahre, obwohl das Landesinstitut für gerichtliche und soziale Medizin schon einige Male bestätigt hatte, dass keinerlei Aussicht bestünde, dass Stella ihre Verhandlungsfähigkeit wiedererlangen könnte.

Die letzte Untersuchung am 23. März 1972 beim Landesinstitut für gerichtliche und soziale Medizin war jedoch anders als die vorherigen verlaufen. Der Arzt, Prof. Dr. R., hatte lediglich gefragt, wie sie sich fühle, und als sie antwortete, dass sie sich gut fühle, hatte er den Aktendeckel zugemacht und gesagt: „Dann sind Sie jetzt auch für ein paar Stunden am Tag verhandlungsfähig."

Stella öffnete den Brief, ihre Vermutung wurde bestätigt.

Das Gericht ließ durch die Geschäftsstelle mitteilen, dass der Beschluss über die vorläufige Einstellung des Verfahrens aufgehoben sei und das Gericht einen Termin am 21. September 1972 zur Hauptverhandlung ankündigte.

Stella war mitten im Scheidungsverfahren ihrer dritten Ehe mit Klaus Schellenberg.

Auch die dritte Ehe von Stella war gescheitert, was sie jedoch nicht sonderlich schmerzte, weil sie bereits von Herrn Karl Gärtner ein Eheversprechen hatte.

Sie hatte Schellenberg nach dem Urteil von 1957 geheiratet in der Hoffnung, dass er ihr hilft, Yvonne zu finden. Aber Schellenberg war nicht einmal nach Israel gefahren und hatte auch sonst keine Erkundigungen über den Aufenthaltsort von Yvonne eingeholt.

Herr Schellenberg war Rheinländer. Als sie sich kennen gelernt hatten, war er eine Frohnatur gewesen. Stella hatte es ohne größere Anstrengungen fertig gebracht, aus einem fröhlichen Menschen einen verbitterten alten Mann zu machen. Obwohl Herr Schellenberg jünger war als Stella, fühlte er sich wie ein Hundertjähriger an ihrer Seite.

Sie schaute ihren Ehemann an und sagte: „Unfähig, absolut unfähig."

Klaus schaute sie an und fragte weinerlich: „Was meinst du, Stella?"

„Was werde ich wohl meinen, es ist doch außer dir keiner mehr hier? Ist doch dieser Mensch nicht in der Lage, meine Tochter zu finden, die sicherlich nicht auf dem Mond lebt."

„Ich hab Dir hundertmal gesagt, fahr nach Israel und schalte dort einen Privatdetektiv ein. Was hat der feine Herr gemacht? Nichts! Was soll ich davon halten? Mein Lieber, dein Verhalten war nicht gerade ein Liebesbeweis. Ich hatte immer wieder gesagt, sprich mit dem Amtsvormund, der weiß sicherlich, wo Yvonne steckt."

Klaus wehrte sich verzweifelt: „Glaubst du ernsthaft, dass dir der Amtsvormund die Adresse von Yvonne gegeben hätte, wenn der die Adresse überhaupt wusste? Du hattest doch selber erzählt, wie schlecht sich alle dir gegenüber verhalten haben, als du 1956 aus der SBZ gekommen bist und dein Kind sehen wolltest."

„Ja, Yvonne war in einem Kinderheim im Ostsektor. Ich habe sie dort nur kurz sehen dürfen. Sie stand in einem Zimmer und wusste gar nicht wer ich bin. Die verantwortliche Erzieherin hatte auch nicht zu Yvonne gesagt, dass ich ihre Mutter bin. Sie hatte so getan, als ob ich eine Fremde wäre. Und als ich dann Yvonne in den Arm nehmen wollte, hat sie geschrien: ‚Lassen Sie das Kind los, gehen Sie und kommen Sie erst wieder, wenn Sie mit dem Vormund gesprochen haben.' Im Rausgehen hatten sie mir verboten, jemals wieder das Kinderheim zu betreten. Es war furchtbar."

„Alle Juden in Berlin haben gegen mich gehetzt und Lügen verbreitet. Kein Wunder, dass ich seit dieser Zeit Yvonne nicht mehr wiedergesehen habe."

„Aber Stella, warum fragst du nicht einfach ihren Vater, den Meissl in München? Vielleicht hat sie sich bei dem gemeldet?"

Stella schaute Klaus tief in die Augen und dachte: du Arschloch, sagte aber: „Alles wird gut, wenn wir erst geschieden sind.

Ich will meine Tochter wiederhaben. Sie ist mein ‚Ein und Alles'. Sie ist mein Leben."

Stella steigerte sich in einen hysterischen Zustand und brüllte: „Ich will meine Tochter! Ich will meine Tochter!"

Ihr hysterischer Anfall war genauso schnell verflogen, wie er gekommen war.

Klaus hatte sich nie an die cholerischen Anfälle von Stella gewöhnen können. In solchen Situation war es besser, nicht zu reagieren.

Nach einer halben Stunde lächelte Stella ihn wieder an und konnte sich an nichts erinnern. Den Umstand, dass das Verfahren nach fünfzehn Jahren wieder aufgenommen wurde, beunruhigte sie jedoch nicht sehr.

Es gefiel ihr, wieder im Mittelpunkt zu stehen, sie war wieder wer! Ihren letzten großen Auftritt hatte sie im vergangenen Jahr vor Gericht gehabt, als sie über die beiden angeklagten SS-Männer hatte aussagen sollen.

Sie kannte die beiden SS-Männer nicht. Lediglich aus Erzählungen wusste sie, dass einer von ihnen in der Großen Hamburger Straße die Transporte nach Auschwitz zusammengestellt hatte. Das erste Mal war sie jedoch in die große Hamburger Straße gekommen, als die beiden SS-Männer bereits versetzt worden waren. Aber diese Details interessierten das Gericht nicht. Sie wurde nicht gefragt, über welchen Zeitraum sie berichten könne. Die Fragen waren ganz allgemein gehalten. Das Gericht fragte nur, ob sie bestätigen könne, dass sie mit eigenen Augen gesehen hatte, dass die Angeklagten Transporte zusammengestellt hätten. Wahrheitsgemäß verneinte sie diese Frage. Sie fügte jedoch nicht hinzu, dass sie die Angeklagten noch niemals gesehen hatte. Sie wollte sich beim Gericht beliebt machen und außerdem hatten die beiden Angeklagten ihr nie etwas getan. Auf die Idee, dass ihre Befragung als Zeugin nur den Zweck hatte, die Angeklagten zu entlasten, kam sie nicht.

Sie hoffte auf verständnisvolle Richter. Immerhin hatte sie im Verfahren gegen die Gestapoleute im Sinne eines Freispruchs ausgesagt. Sie war bei der SS, also bei denen beliebt gewesen, die im Lager die wirkliche Macht gehabt hatten. Die Kandidaten für Auschwitz konnten ihr nicht helfen.

Sie setzte sich an den Tisch und schrieb an Landgerichtsdirektor H.:

Sehr geehrter Herr Landgerichtsdirektor!
Hierdurch danke ich Ihnen für Ihre werte Benachrichtigung und erlaube mir, Ihnen Folgendes höflichst mitzuteilen. Auf ein Mandat des damaligen Verteidigers Herrn Dr. P. möchte ich verzichten. Ich bitte Sie gütigst, mir wegen der Auswahl des Verteidigers etwas Zeit zu lassen. Da ich mich nicht uneingeschränkt auf die eventuelle Handlungsweise des Verteidigers verlassen möchte, sondern vielmehr ein Maximum an Objektivität betreffend der Beurteilung meines Falles anstrebe.
Gegebenenfalls nehme ich Ihr Angebot eines Pflichtverteidigers dankend an. Ich hoffe, dass ich Ihnen baldigst einen Anwalt benennen kann. Mir ist selbst an einer Bereinigung dieser unangenehmen Angelegenheit gelegen, da sie mich Jahre hindurch nervlich und gesundheitlich belastet. In diesem Zusammenhang möchte ich noch um eine ruhige Verhandlungsführung bitten, da ich mich bei der letzten Verhandlung ständig durch unnötige, hochgespielte Szenen und Störversuche von Seiten der Zeugen bedroht fühlte.
Außerdem möchte ich verhindern, dass meine jetzt 27-jährige Tochter, die in Israel in einer leitenden Stellung tätig ist, in irgendeiner Form dadurch Repressalien ausgesetzt wird. Für Ihr gütiges Verständnis bedanke ich mich im Voraus herzlich und grüße Sie
Hochachtungsvoll
Ingrid Schellenberg

Als sie fertig war, schickte sie Klaus Schellenberg zum Briefkasten.

Zuvor sprach sie nochmal ein Reizthema an.

Klaus Schellenberg hatte sich von seiner Ehefrau scheiden lassen, um Stella heiraten zu können.

Das Landgericht Berlin hatte festgestellt, dass er am Scheitern der Ehe schuld gewesen war. Das Gericht hatte ihn dazu verpflichtet, an die Ehefrau Unterhalt zu zahlen.

Seit dieser Zeit bekam die geschiedene Ehefrau 350 DM monatlich an Unterhalt. Stella waren diese Zahlungen von jeher ein Dorn im Auge.

Ihre Befürchtung, dass sie bei der jetzt anstehenden Scheidung leer ausgeht, hatte ihr der Scheidungsanwalt schon bestätigt. Sie hatte ihrem Ehemann vorgeschlagen, die Geschiedene mit einer Einmalzahlung abzufinden. Es gab jedoch sehr unterschiedliche Vorstellungen über die Höhe der Abfindungszahlungen und so hatte diese Idee bisher noch nicht realisiert werden können. Stella hatte sich informiert und erfahren, dass der Unterhaltsanspruch bei Neuverheiratung wegfällt.

Sie pflegte dann immer zu sagen: „Sie ist nicht hübsch und auch nicht hässlich, sie ist hübsch-hässlich. Sie hat keine Chance, einen Mann zu finden."

Klaus Schellenberg presste bei den Gesprächen immer die Lippen aufeinander, so dass sich sein Mund in einen schmalen Strich verwandelte und schwieg. Dann dachte er immer, dass es besser für ihn gewesen wäre, mit der Sängerin Stella neben der Ehe ein Verhältnis zu unterhalten. Die Trennung zwischen Pflicht und Kür wäre für ihn besser gewesen und vor allem preiswerter.

Stella hatte ihn jedoch vor die Wahl gestellt, entweder sie oder ich. Als Stella einmal zu ihm gesagt hatte „gib mir alles, dann hast du nichts mehr zu verlieren", hatte er sich für Stella entschieden.

Stella war kalt, unnahbar, aber unwahrscheinlich geheimnisvoll gewesen. Von ihr war ein Reiz ausgegangen, den er heute nicht mehr beschreiben konnte. Sie hatte in ihm den Beschützerinstinkt geweckt. Er hatte ihr Ritter, ihr Held sein wollen. Halb im Spaß verglich er Stella mit der sagenhaften Medusa.

Wenn er Stella ein Kompliment hatte machen wollen, dann hatte er immer gesagt: „Es gibt keine Frau auf der Welt, die so wunderbar lügen kann wie du."

Und Stella hatte immer geantwortet: „Du bist eben ein Glückspilz."

Das war jetzt alles vorbei. Die schüttere Romantik war der Leere gewichen.

Klaus blieb als Abwechslung nur die Tageszeitung, die er jeden Morgen auf dem Tisch liegen ließ. Stella warf dann die Zeitung unter Flüchen in den Müll.

Stella setzte zu dem täglichen Ritual an, hielt jedoch inne, als sie die Überschrift las: „Besuchsreisen von Berlinern in die DDR möglich". Sie setzte sich auf den Platz von Klaus und las.

„Wenn das Viermächteabkommen über Berlin vom 3. September 1971 mit der für den 3. Juni 1972 vorgesehenen Unterzeichnung des Viermächte-Schluss-Protokolls in Kraft tritt, können die Westberliner einen Antrag auf Erteilung eines Visums für Besuchsreisen in die DDR stellen. Einzelheiten des Verfahrens sind noch nicht bekannt, es soll jedoch nach nicht bestätigen Meldungen in der Nähe des Bahnhof Zoo ein Besucherbüro eröffnet werden, in dem die Anträge auf das Visum abgegeben werden können."

Stella dachte: Dann kann ich nach Liebenwalde fahren und die Steine abholen. Stella lachte und sagte zu Klaus: „Schatz, kann ich die Zeitung behalten?"

Er antwortete grimmig: „Ja, wenn es sein muss."

XV.

Anwaltskanzlei

In der Belziger Straße 30 in Schöneberg befand sich in einer riesigen Altbauwohnung mit Stuck, Parkett, Kronleuchtern und Schiebetüren die Anwaltskanzlei Dr. Koch und Partner. In Kreisen der Berliner Justiz hieß diese Kanzlei auch Dr. Koch und Verbrecher. Diese Bezeichnung, die jedoch nur hinter vorgehaltener Hand ausgesprochen wurde, war gleichwohl eine Anerkennung für die hohe Qualität und den Erfolg der anwaltlichen Tätigkeit.

Die Anwälte der Kanzlei zeichneten sich besonders dadurch aus, dass sie sich grundsätzlich mit der Staatsanwaltschaft und den Gerichten anlegten.

Jedes Strafverfahren, insbesondere die Verfahren mit politischem Hintergrund, wurden mit unzähligen Befangenheits- und Beweisanträgen geführt.

Bekannt war diese Kanzlei dadurch geworden, dass sich Rechtsanwalt Dr. Koch als Ausdruck seiner systemkritischen Haltung geweigert hatte, der Aufforderung des Vorsitzenden Richters zu folgen, einen „Weiß-Langbinder" anzulegen.

Dr. Koch hatte festgestellt, dass er Rechtsanwalt sei und kein Anstreicher.

Es hatte ein Wort das andere gegeben und eine Weile gedauert, bis der Vorsitzende Richter hatte klarstellen können, dass er mit einem „Weiß-Langbinder" eine weiße Krawatte meint.

Als Dr. Koch den Vorsitzenden gefragt hatte, ob diese Bezeichnung einer Krawatte als „Weiß-Langbinder" aus der Zeit des Preußischen Allgemeinen Landrechts stamme und in welcher Rechtsordnung er eigentlich unterwegs wäre, war die Situation eskaliert.

Ein Eklat war jedoch dadurch vermieden worden, dass der Angeklagte dem Verteidiger seine Krawatte ausgeborgt hatte.

Alle Anwälte dieser Kanzlei legten besonderen Wert darauf, ihre systemkritische Haltung auch in ihrem Äußeren zum Ausdruck zu bringen. Der systemkritische Ansatz der Kanzlei war ebenso in der Küche zu spüren, Geschirr wurde grundsätzlich nicht abgespült. In der Küche stapelte sich daher das ungewaschene Geschirr bis zum nächsten Termin der Putzfrau, die einmal die Woche in der Kanzlei das Geschirr abwusch.

Jeden Tag wurde in der Anwaltskanzlei heiß über den antiimperialistischen Kampf und den proletarischen Internationalismus gestritten. Es war die Zeit, in der die STAMOKAPS die linke Szene mit den abenteuerlichsten Theorien beherrschten. Bei den Tagesbesuchen wurde der Zwangsumtausch genutzt, um die Buchläden in Ostberlin nach preiswerter politischer Lektüre aus dem Staatsverlag der DDR abzugrasen. Besonders beliebt war das Buch „Der staatsmonopolistische Kapitalismus", die „Bibel" der STAMOKAPS in der SPD. Für 25 Ostmark konnten mehr Bücher gekauft werden, als ein einzelner Student überhaupt schleppen konnte. Die politischen Broschüren des Staatsverlags der DDR konnten mit einem erheblichen Profit von den Büchertischen der K-Gruppen an der Freien Universität verkauft werden.

Die Umsetzung der marxschen These „wenn eine Idee die Massen ergreift, wird sie zur materiellen Gewalt", scheiterte jedoch mangels Masse.

Wer jedoch die marxsche Mehrwerttheorie erklären konnte, dem war die einhellige Anerkennung der interessierten Studentenschaft sicher.

Dr. Koch erlangte mit seinen angelesenen Kenntnissen über den staatsmonopolistischen Kapitalismus besondere Aufmerksamkeit und Anerkennung.

Er war eine Zeit lang die „graue Eminenz" unter den STAMOKAPS in der SPD.

Eine innige Feindschaft verband ihn mit einem „Fluchtossi", der an der Freien Universität Jura studierte und ihn bei jeder sich bietenden Gelegenheit mit den Schulkenntnissen über den historischen und dialektischen Materialismus düpierte. Dr. Koch wurde diese Begegnung mit dem verlorenen Sohn des sozialistischen Bildungssystems der DDR zunehmend lästig und er schloss sich erst einer trotzkistischen und dann der K-Gruppe „Marxisten-Leninisten“ an.

Mit den ehemaligen Mitgliedern der Studentengruppierung „Marxisten-Leninisten“ des Fachbereichs Rechtswissenschaften der Freien Universität Berlin, Stanislav Tschekov und Oliver Schenk, gründete Dr. Koch ein Anwaltskollektiv.

Seither diskutierten die drei über die Rolle der Verteidigung im antiimperialistischen Kampf vor dem Kriminalgericht in Moabit.

Zwei Anwälte des Kollektivs hatten um 9:00 Uhr zu Bürobeginn noch saubere Kaffeebecher aufgespürt und verteidigten die Kaffeebecher bis in den Abend.

Stanislav Tschekov, ein schmaler, schlaksiger Typ, Oliver Schenk hingegen bewegte sich ständig im Grenzbereich zwischen Übergewicht und Fettleibigkeit.

Auf den Fluren der Juristischen Fakultät der Freien Universität wurden die beiden auch Dick und Doof genannt, wenn sie gemeinsam am Büchertisch der „Marxisten-Leninisten“ für ihre revolutionären Ideen warben.

Die Solidarität untereinander ging nicht so weit, dass einem Kollegen eine saubere Kaffeetasse gegönnt wurde.

Dr. Koch, der dritte Anwalt, betrat die Küche und suchte verzweifelt einen sauberen Kaffeebecher. Mit spitzen Fingern zog er einen Kaffeebecher aus dem Geschirrberg und spülte ihn aus.

Sein Blick fiel auf ein Geschirrhandtuch, welches wohl schon einige Wochen in Gebrauch war. Er dachte sich, wenn ich das in die Ecke stelle, bleibt es stehen.

Keiner der Anwälte sagte ein Wort, weder über den Geschirrberg noch über das dreckige Handtuch. Sauberkeit und Hygiene in der Küche galten als kleinbürgerlich und dekadent. Die Beschäftigung der Putzfrau hatte einen hohen Stellenwert, weil sie Ausdruck war für die Solidarisierung mit der ausgebeuteten Arbeiterklasse.

Als Dr. Koch nach einer etwas aufwändigen Prozedur aus dem halbwegs sauberen Kaffeebecher trinken konnte, berichtete er darüber, dass der Kriminalfall Stella Goldschlag, der 1963 vorläufig eingestellt worden war, nun wieder aufgegriffen wurde.

„Stella Goldschlag wurde 1957 zu zehn Jahren Zuchthaus verurteilt. Das Urteil wurde jedoch 1958 von dem BGH aufgehoben, weil das Schwurgericht einen kardinalen Fehler gemacht hatte. Ich habe das Urteil des BGH in meiner Dissertation ‚Die Verhinderung der Verfolgung von nationalsozialistischen Verbrechen in der Bundesrepublik Deutschland' ausführlich erörtert. Daher kenne ich auch den Fall der Stella Goldschlag. Das Schwurgericht hatte im Urteil von 1957 Fortsetzungszusammenhang angenommen bei Straftaten gegen verschiedene Personen. Es hätte jedoch für jede einzelne Tat jeweils Einzelstrafen auswerfen und eine Gesamtfreiheitsstrafe bilden müssen."

Die beiden Anwälte, die mit der Gnade des rechtzeitigen Eintreffens die beiden sauberen Kaffeebecher ergattert hatten, schauten den Kollegen erstaunt an.

„Gar nicht so dumm, der Trick vom BGH!", feixte Dr. Koch, „als politischer Mensch muss ich natürlich fragen, warum das deutsche Strafrecht kein Massenverbrechen bei Völkermord kennt?"

Rechtsanwalt Schenk mischte sich ein: „Ergibt sich die juristische Preisfrage: Wer hatte bis 1969 mehr Chancen davonzukommen, der mit den zehn oder der mit den zehntausend Morden an den Juden?"

Dr. Koch dozierte weiter: „Laut BGH handelt es sich um zehn oder auch zehntausend verschiedene Rechtsgüter, wenn zehn oder auch zehntausend Personen getötet werden. Da nach dem BGH kein Fortsetzungszusammenhang angenommen werden darf, sind Morde und auch die Beihilfe zum Mord, ebenso jeder Fall, gesondert zu behandeln. Für jeden einzelnen Fall wären dann der Tatbestand, die Rechtswidrigkeit und die Schuld gesondert zu prüfen."

„Es gäbe zehn Einzelfälle mit zehn Einzelstrafen und aus diesen zehn Einzelstrafen wäre eine Gesamtfreiheitsstrafe zu bilden. Mit anderen Worten: Je mehr Fälle ermordeter Juden angeklagt werden, desto größer die Chancen für die Mordgehilfen von der Gestapo und der SS, mit einem Freispruch davonzukommen."

„Das war 1958. Da konnte der BGH nicht ahnen, dass ein ehemaliger Nazijurist mit einer breiten Blutspur aus dem Bundesjustizministerium einen noch viel besseren Dreher finden würde. Der hat einfach dafür gesorgt, dass Beihilfe zum Mord an Juden nach 1969 nicht mehr angeklagt werden konnte, weil Beihilfehandlungen bei Mord grundsätzlich nach fünfzehn Jahren verjähren sollten."

„Seit 1958 wurde das Verfahren wegen Verhandlungsunfähigkeit der Angeklagten Stella Schellenberg unterbrochen."

Anwalt Schenk sagte: „Ich bin zwar nicht bibelfest, aber die Frau muss Christus begegnet sein, der sie nach vierzehn Jahren wieder gesund gemacht hat. Nach vierzehn Jahren Verhandlungsunfähigkeit ein Wunder der Genesung, da steckt was anderes dahinter, da wollte jemand unbedingt eine Verurteilung. Demnächst gräbt die Justiz noch die Leichen aus, um sie in Schauprozessen vor Gericht zu stellen."

Rechtsanwalt Dr. Koch berichtete weiter:

„Ein NS-Verfahren gegen Gestapoangehörige in Moabit wurde am 7. April 1971 mit Freisprüchen der Angeklagten geschmeidig beendet. 98 Verhandlungstage und etwa 240 Zeugen machten den Eindruck eines sorgfältig geführten Verfahrens. Die Freisprüche müssen auf die Angeklagten wie eine Befreiung gewirkt haben. Die Kosten für die Verteidiger hat großzügig die Staatskasse übernommen."

„Es gab kein öffentliches Interesse mehr an dem Verfahren. Selbst die Ostpresse und Schnitzler hatten das Urteil nicht mehr wahrgenommen, perfekte Regie, perfektes Ergebnis. ‚Wo sich euch die Rechte beugen, ist euer Vaterland.' Nicht von mir, aber trotzdem gut, Tucholsky über deutsche Richter."

„Die Verteidiger in diesem Verfahren hatten sich an den 98 Verhandlungstagen eine goldene Nase verdient. Pflichtverteidiger des angeklagten Bovensiepen war übrigens Dr. S. Stella Goldschlag war eine gute Entlastungszeugin für die angeklagten Gestapoleute. Aus welchen Gründen auch immer, sie versuchte nicht, die Angeklagten hinter Gitter zu bringen. Man konnte fast den Eindruck haben, dass sie sich mit den Angeklagten solidarisierte."

„Die Anwälte waren ratlos und konnten sich auf das Verhalten von Stella keinen Reim machen. Merkwürdig, eine Jüdin sagt zugunsten von NS-Tätern aus. Sie wussten nicht, dass Stella einen Treueeid auf den Führer geschworen hatte, als sie in die Dienste der Gestapo getreten war und sich auch weiterhin an den Eid gebunden fühlte."

Nachdem Dr. Koch über die jüdische Greiferin Stella Goldschlag berichtet hatte, war er sich mit den Kollegen Tschekov und Schenk einig, dass sie diesen Fall unbedingt an Land ziehen müssen.

Dieser Fall eigne sich besonders, den neofaschistischen Kräften der Bundesrepublik Deutschland und Westberlin den Spiegel vorzuhalten und die nationalsozialistischen Machenschaften nach Kriegsende zu entlarven.

Sie wollten die Bundesrepublik Deutschland als Unrechtsstaat entlarven und eine revolutionäre Situation schaffen.

„Die „M" (Meinhoff) wird begeistert sein, wenn sie von unserem Plan hört. Das ist vielleicht die Chance, ein Mandat der inhaftierten RAF-Führer zu ergattern."

Es drängte Dr. Koch an die Nahtstellen der proletarischen Revolution. Es wurde also beschlossen, die zuständige Geschäftsstelle abzuschöpfen, um die polizeiliche Meldeanschrift von Stella herauszubekommen.

Alle drei klammerten sich fest an die Kaffeebecher und gingen in ihre Arbeitszimmer mit dem herrlichen Stuck, dem Eichenparkett und den wunderbaren Kronleuchtern.

Die Solidarität der Anwälte untereinander endete nicht nur bei dem Kaffeebecher, auch bei der Verteilung der Mandate. Das könnte ein interessanter Fall werden, ein Fall, der von der revolutionären Szene wahrgenommen wird. Da, wo es darum ging, an die Spitze der Bewegung zu gelangen, musste für sich selbst geklotzt und nicht kollektiv gekleckert werden.

XVI.
Moabit

Im Kriminalgericht Moabit wurden die vorbereitenden Maßnahmen ergriffen, um das Verfahren Stella Goldschlag aus dem Jahre 1957 wieder anzuschieben. Die alten Akten wurden wieder abgestaubt, in neue Aktendeckel verpackt, sie bekamen ein weiteres ergänzendes Aktenzeichen und wurden dem zuständigen Gericht übergeben. Zum Berichterstatter und zum aktenführenden Bearbeiter wurde der Richter Dr. Möller ausgewählt. Dr. Möller war bereits 1957 bei dem Verfahren vor dem Schwurgericht dabei gewesen und kannte die Akten noch. Er musste sich also nicht noch einmal neu in den Prozessstoff einarbeiten, sondern brauchte nur noch sein Gedächtnis aufzufrischen. Dr. Möller hoffte, dass das Verfahren in Zukunft auch so glatt ablaufen würde wie im Jahre 1957.

Um eine geschmeidige Prozessführung zu ermöglichen und die Sache möglichst an wenigen Verhandlungstagen abzuwickeln, müsste man mit der Verteidigung reden.

Dr. Möller schaute in die Akte und stellte fest, dass Stella Schellenberg, geborene Goldschlag, keinen aktuellen Verteidiger hatte. Dann bliebe abzuwarten, ob sie sich überhaupt noch einen Verteidiger nimmt.

Die einfachste Lösung wäre natürlich, wenn die Angeklagte ein umfassendes Geständnis ablegen würde, dann könne man sich die ganzen lästigen Zeugenvernehmungen sparen. Zwar hatte Stella in dem Verfahren gegen SS-Standartenführer Bovensiepen und die anderen Gestapoleute ausgesagt, aber sie hatte von nichts gewusst, wie immer. Eigentlich konnte sie in diesem Verfahren kein Geständnis ablegen. Das würde ja heißen, dass sie doch etwas wusste und dann hätte sie unter Eid eine Falschaussage gemacht. Konsequenz wäre: Rechtlicher Hinweis und Anklage wegen Meineid. Das würde sie unter keinen Umständen riskieren. Aber mit einem Pflichtverteidiger könnte man dennoch Einiges bewirken. Das Schwurgericht hätte nach dem Urteil des BGH von 1958 für jede einzelne Tat jeweils Einzelstrafen auswerfen und eine Gesamtfreiheitsstrafe bilden müssen. Das war ein genialer juristischer Schachzug des BGH gewesen, der jedoch dieses Verfahren verzögern würde, wenn jeder einzelne Fall geprüft werden musste. Es ging hier jedoch nicht darum, unter den Gestapoleuten juristische Wohltaten zu verteilen, es ging darum, die Jüdin Goldschlag rechtskräftig zu verurteilen, und das endgültig und schnell.

XVII.

Stasizentrale

Genossin Dr. Weber saß in einem kleinen Bürozimmer. Auf ihrem Schreibtisch stapelten sich die Ordner der vergilbten Akte Stella.

Sie öffnete den Band 1.

Alter Aktenstaub und ein modriger Geruch drangen in ihre Nase. Sie holte ein kleines Fläschchen Parfüm aus der Jackentasche, „Chanel No. 5". Es lohnte sich, für das Ministerium für Staatssicherheit zu arbeiten, die Mitarbeiter des Ministeriums wurden hervorragend versorgt. Die männlichen Mitarbeiter konnten sich ein feines Rasierwasser kaufen, „Tabac", etwas ganz Besonderes. Jetzt roch sie nicht mehr den Aktenmief, sondern einen betörenden Duft. Sie wollte sich nicht eingestehen, was sie wirklich riechen wollte, das hätte ihren Klassenstandpunkt gefährdet.

Auf dem Aktendeckel war vermerkt:

„Stella Isaaksohn, geb. am 10. Juli 1922
Hoheneck vom Februar 1950 bis Juli 1951,
vom Juli 1954 bis Januar 1956."

Sie suchte gezielt nach den Ausführungen des Sachverständigenkollektivs.

Die organisatorischen Maßnahmen der Erzieher und Gruppenleiter interessierten sie nicht.

Endlich fand sie im Bd. 6. der Akten das, was sie suchte.

Sie begann mit dem Protokoll vom 3. Juli 1954.

Auf dem Vorblatt des eigentlichen Protokolls war die Verabreichung von Psychopharmaka vermerkt. Aha, dachte Dr. Weber, ihr wurden „Glücklichmacher" gegeben, bringt den Patienten in den Zustand der Plauderlaune.

Sie las weiter: „Protokoll der therapeutischen Befragung vom 3. Juli 1954."

„Vorstellung bei der Therapeutin:

Ich bin hier, um Ihnen zu helfen. Damit ich Ihnen helfen kann, sollten Sie meine Fragen ausführlich und wahrheitsgemäß beantworten.

Frage: Wie war Ihre Kindheit?

Antwort: Ich hatte eine glückliche Kindheit. Meinen Vater habe ich über alles geliebt. In seiner Nähe habe ich mich unangreifbar und mächtig gefühlt, ich habe ihn vergöttert. Als 1933 die Nazis an die Macht kamen, musste ich zusehen, wie mein Vater ohnmächtig und hilflos der neuen Situation gegenüberstand.

Frage: Woran lag es denn, dass Ihr Vater in eine derart verzweifelte Lage kam?

Antwort: Wir waren Juden!

Frage: Und wenn Sie nicht Juden gewesen wären?

Antwort: Dann wäre alles normal gewesen.

Frage: Wollten Sie, dass alles normal ist?

Antwort: Ja, das will doch jeder!

Frage: Und Ihr Vater war nicht in der Lage, die Familie zu retten?

Antwort: Ja, wenn wir früh genug nach Amerika ausgewandert wären, dann hätte uns das nicht passieren können.

Frage: Also trägt der Vater die Verantwortung für das, was danach geschah?

Antwort: Nein, die Verantwortung haben die Juden getragen.

Frage: Nicht die Nazis?

Antwort: Nein, die Juden. In dieser Zeit hat mein Vater seine Autorität verloren.

Frage: Wer hatte denn in dieser Zeit Autorität? Die, die schwarze Uniformen anhatten?

Keine Antwort!“

Genossin Dr. Weber überschlug genervt einige Seiten. Ihr gefiel nicht, dass die Befragung nicht zielführend war, ohne Struktur, ohne Bezug zum Vernehmungssubjekt.

Nach drei weiteren Seiten „Gelaber“ – endlich!

„Frage: Sie sind bei der Gestapo gefoltert worden?

Antwort: Gefoltert? Ich bin geschlagen worden, man hat mich mit dem Tode bedroht. Gleich wirst du erschossen! Ich habe gehungert. Die Gestapo wollte von mir wissen, wo der Passfälscher Schönhaus ist. Ich konnte ihnen ja nichts sagen, ich wusste ja nicht, wo er ist. Wenn ich gewusst hätte, wo Schönhaus ist, dann hätte ich es natürlich gesagt, um die Folter zu beenden.

Frage: Sie haben sich dann verpflichtet, für die Gestapo nach untergetauchten Juden zu suchen. Was hat Sie dazu gebracht?

Frage: Ist es richtig, einem Hungernden Brot zu klauen, wenn Ihnen vorher Brot geklaut wurde?“

Antwort: Ja, auch ich hatte Hunger!

Frage: Was hat Sie dazu gebracht, untergetauchte Juden der Gestapo auszuliefern?

Antwort: Zuallererst wollte ich meinen Eltern helfen, ich wollte nicht, dass sie nach Auschwitz kommen. Sie sollten in Berlin bleiben, bei mir. Meine Eltern wurden aber abtransportiert nach Theresienstadt und dann nach Auschwitz, wo sie umgebracht wurden.“

Dr. Weber schaute auf die Uhr, 13.15 Uhr, Zeit zum Mittagessen. Die Kantine war im 12. Stock.

Sie verschloss das Zimmer im 11. Stock und lief die eine Treppe bis zum 12. Stock. Wie immer war die Kantine um die Mittagszeit gut besucht.

Sie holte sich ein Tablett und ließ sich einen Salat und einen Kaffee geben.

Auf den Salat streute sie etwas Salz. Pfeffer suchte sie vergebens. Weil sie das Pfefferproblem kannte, hatte sie immer eine kleine Tüte Pfeffer in der Tasche. Die Frage nach einem Hauptgericht verneinte sie.

Auf dem Weg zu einem freien Tisch verfolgten sie die Blicke der Mitarbeiter des MfS.

Offenbar hatte es sich herumgesprochen, dass sie unverheiratet und alleinerziehend war. Für die männlichen Mitarbeiter ein Grund, auf sich aufmerksam zu machen, in der Hoffnung auf ein Lächeln oder eine weitergehende Aufmerksamkeit.

Die weiblichen Mitarbeiter trieb der pure Neid an.

Genossin Dr. Weber hatte einen festen Freund und kein Interesse an irgendwelchen Freundschaften am Arbeitsplatz und Stutenbissigkeit war ihr fremd.

Sie setzte sich an den freien Tisch, aß ihren Salat, trank einen Kaffee und ging wieder an ihren Arbeitsplatz.

Der Salat mit dem Einheitsdressing und der Kaffee hatten wie immer keinerlei Geschmack. Ihr mitgebrachter Pfeffer hatte den Salat erst als solchen wahrnehmbar werden lassen.

Genossin Dr. Weber las weiter in den Akten.

„Frage: Warum haben Sie dann nicht aufgehört mit der Greifertätigkeit?

Antwort: Ich weiß es nicht. Ich hatte zwar viele Vorteile, aber das war es nicht.

Frage: Was war es dann?

Keine Antwort.

Frage: Leisteten Sie, als Sie sich bereit erklärten, für die Gestapo tätig zu werden, einen Treueeid auf Hitler?

Keine Antwort.

Frage: War Hitler die Autorität, die Sie wiedergefunden haben und deren Verlust Sie bei Ihrem Vater so sehr bedauert haben?

Wieder eine längere Pause.

Antwort: Ja, das kann sein. Wenn wir keine Juden gewesen wären, dann hätten meine Eltern überlebt.

Frage: Haben Sie ein Gefühl der Macht verspürt, als Sie die Juden verhaftet und ihnen Geld und Schmuck abgenommen haben?

Antwort: Das kam selten vor und außerdem mussten wir alles im Lager an Dobberke abgeben. Da blieb für uns nicht viel übrig.

Frage:	Wollen Sie damit sagen, dass die Festgenommenen Geld und Schmuck abliefern mussten?
Antwort:	Ja, die konnten ohnehin nichts mehr damit anfangen. Und wenn einer Schmuck und Geld nicht freiwillig herausgegeben hat? Na, dann hat er eins aufs Maul bekommen. Ein bisschen Prügel hat noch niemandem geschadet.
Frage:	Wie würden Sie Ihre Rolle einschätzen? Hatten Sie Macht?
Antwort:	Ja, ein bisschen Macht hatte ich schon.
Frage:	Hat Ihnen das gefallen, Macht zu haben?
Antwort:	Ich weiß nicht.
Frage:	Wurden Sie in der Gestapohaft vergewaltigt?
Antwort:	Ich wurde häufig vergewaltigt. Immer wenn Dobberke betrunken war, kam er und hat mich vergewaltigt.
Frage:	Hat er Sie auch geschwängert?
Antwort:	Ja, ich habe das Kind verloren.“

Am Schluss des Protokolls war unter „Auswertung“ nachzulesen:

„Die Strafgefangene Isaaksohn ist in einem jüdischen, bürgerlich-konservativen Haushalt aufgewachsen. Sie ist vom mosaischen Glauben zum christlichen Glauben übergetreten.

Sie ist unpolitisch und extrem egoistisch. Sie neigt dazu, Sachverhalte so darzustellen, wie es ihr opportun und nützlich erscheint. Sie hat keinen erkennbaren politischen Standpunkt. Mit den Ideen des Sozialismus kam sie bisher nicht in Berührung. Deshalb konnte nicht festgestellt werden, ob sie bereit ist, sich einen Klassenstandpunkt zu erarbeiten.

Sie ist leicht zu beeinflussen, insbesondere wenn sie auf diese Weise ihren Egoismus befriedigen kann.

Die Strafgefangene Isaaksohn ist offenbar von der Gestapo physisch gefoltert worden. Unter dem Eindruck der Folter musste sie offenbar einen Treueeid auf Hitler schwören. Ob sie sich an den Treueeid heute noch gebunden fühlt, muss geprüft werden.

Die Strafgefangene Gerda Fahlstein hatte nach eigenem Bekunden als Angehörige des weiblichen SS-Personals ein Treueeid auf Hitler geschworen.

Sie bekennt sich auch heute noch zu diesem Treueeid. Ein Zusammenschluss der beiden Strafgefangenen könnte Erkenntnisse darüber bringen, wie die Strafgefangene Isaaksohn aktuell zu dem Treueeid steht.

Nach 6–8 Wochen soll eine Mitarbeiterin des Ministeriums, getarnt als Strafgefangene, mit den beiden zusammengeschlossen werden. Es ist zu erwarten, dass die Mitarbeiterin Erkenntnisse über die politisch-ideologische Einstellung der Strafgefangenen Isaaksohn abschöpfen kann. Besondere Kenntnisse über spezielle Vernehmungsmethoden der Gestapo hat die Befragung nicht ergeben. Es ist aber davon auszugehen, dass derartige Methoden angewandt wurden.

Sehr wahrscheinlich ist, dass die Strafgefangene Isaaksohn die Anwendung dieser Methoden aufgrund ihrer extrem egoistischen Persönlichkeit überhaupt nicht mitbekommen hat."

Dr. Weber las die Empfehlung: „In die Zelle zu Gerda Fahlstein verlegen und weiter beobachten."

Plötzlich wurde die Tür von dem kleinen Dienstzimmer aufgerissen, im Türrahmen stand Erich Mielke.

Leutnant Dr. Weber machte Meldung:

„Genosse Minister, Leutnant Dr. Weber bei der Durchsicht der Akten Stella Isaaksohn."

Mielke sog den Duft des Parfüms Chanel No 5 ein. Er gierte nach einer Berührung der Taille dieser Frau.

Er wollte, er musste die Frau besitzen, oder er würde sie vernichten. „Ich habe Ihnen ein Angebot gemacht."

„Ich bitte um Entschuldigung, Genosse Minister. Ich diene der Deutschen Demokratischen Republik und nicht einer Person mit Ihren egoistischen Interessen."

Wortlos drehte sich Mielke um. Im Fistelton der äußersten Erregung kreischte er: „Sie halten sich ab sofort zur Verfügung und denken Sie an Ihre Tochter."

Genossin Dr. Weber war wie gelähmt. Sie wusste, dass sie in der Situation war, in die sie die Delinquenten des MfS mit ihren wissenschaftlichen Methoden bringen musste. Musste sie oder wollte sie die armen Teufel in eine ausweglose Situation bringen? Sie hatte sich im eigenen Spinnennetz verfangen. Sie saß in der Falle. Die Opfer ihrer wissenschaftlichen Vernehmungsmethoden hatten noch die Chance, sich dem MfS anzudienen. Sie hatte keine Chance mehr. Was konnte Mielke ihr vorwerfen?

Sie fand die Frage selber naiv.

Erstes Semester an der Hochschule für Staat und Recht. Wo kein Verbrechen war, musste ein Verbrechen erfunden werden. Was der Apparat mit den politischen Gegnern machte, das machte Mielke jetzt mit ihr, welch eine Ironie.

Für die Rückbesinnung auf den kategorischen Imperativ von Kant war jetzt keine Zeit mehr.

Die Tochter! Wenn sie verhaftet und inhaftiert würde, dann litte die Tochter über Jahre. Wenn sie sich umbrachte, dann würde es der Tochter gut gehen. Mielke würde die Tochter als Ausdruck seiner humanistischen Gesinnung adoptieren. Es klopfte an der Tür. Genossin Dr. Weber öffnete das Fenster und sprang aus dem 11. Stock.

XVIII.

Zeitungsredaktion

In der Redaktion der Berliner Zeitung „Der Abend“ saß der Gerichtsreporter Ferdinand Kroh an seinem Schreibtisch und schaute auf eine Pressemeldung. Ferdinand Kroh las: „Das Verfahren gegen die ‚Greiferin‘ Stella Schellenberg, geborene Goldschlag, wird fünfzehn Jahre nach der Aufhebung des Urteils des Schwurgerichts Moabit durch den Bundesgerichtshof wieder aufgenommen. Stella Goldschlag hatte von 1943 bis 1945 etwa 300 Juden in Berlin aufgespürt und an die Gestapo verraten. Von den 300 Fällen kommen 30 Fälle zur Anklage.“

Als junger Reporter hatte er darüber berichtet, dass die Generalstaatsanwaltschaft beim Kammergericht Berlin seit 1963 gegen Angehörige des Reichssicherheitshauptamtes ermittelt. Im Ergebnis dieser Ermittlungen hatte am 9. November 1969 vor dem Schwurgericht Moabit der Prozess gegen den ehemaligen Chef der Berliner Gestapo, SS-Standartenführer Bovensiepen und seine Untergebenen SS-Sturmbannführer Dr. V. und SS-Untersturmführer G begonnen.

Ferdinand Kroh wunderte sich, dass am ersten Verhandlungstag nur wenige Zuhörer im Gerichtssaal waren, immerhin ging es um die Aufarbeitung von NS-Verbrechen des Reichssicherheitshauptamtes. Den Angeklagten wurde vorgeworfen, durch Rat oder Tat wissentlich und aus niedrigen Bewegründen den nationalsozialistischen Machthebern Hitler, Göring, Goebbels, Himmler, sowie den damals führenden Angehörigen des Reichssicherheitshauptamtes Heydrich, Kaltenbrunner, Müller, Eichmann u. a., zu der von diesen grausam und aus niedrigen Beweggründen gemeinschaftlich begangenen vorsätzlichen Tötung von mindestens insgesamt 30.000 jüdischen Menschen aus Berlin Hilfe geleistet zu haben.

Kroh hatte sich vorgenommen, jeden Verhandlungstag zu nutzen, um die Zeugenaussagen jüdischer Überlebender für sein

Buchprojekt über den jüdischen Widerstand gegen die Nazis zu protokollieren. Er wollte alles wissen über den Holocaust und zwar von den Zeitzeugen. Den Titel des Buchs hatte er bereits. „David kämpft“ sollte auf dem Cover stehen und sein Name.

Als sich jedoch das Verfahren durch das ganze Jahr 1970 schleppte, konnte er nicht mehr zu den Verhandlungsterminen gehen, ohne seine Anstellung beim „Abend“ aufs Spiel zu setzen.

Die Urteilsverkündung am 7. April 1971 versäumte er ebenso wie den großen Auftritt des Angeklagten B. am 15. September 1970. Der bekam während der Hauptverhandlung einen Herzinfarkt. Das Gericht stellte daraufhin das Verfahren gegen B. ein. B. erholte sich jedoch wieder und durfte dann als Entlastungszeuge des Mitangeklagten Dr. V. aussagen.

Als Kroh das Urteil des Schwurgerichts vom 7. April 1971 in die Hände bekam, stellte er fest, dass über 90 Verhandlungstage anberaumt waren und etwa 240 Zeugen gehört wurden. Er erfuhr zu seiner Überraschung, dass die beiden Angeklagten nach diesem Gerichtsmarathon freigesprochen wurden.

Er hatte bei der jüdischen Gemeinde angerufen und um eine Stellungnahme zu den Freisprüchen gebeten. Der angekündigte Rückruf erfolgte jedoch nicht. Später erfuhr er, dass bereits seit 1969 an einer Publikation über das Bovensiepen-Verfahren und die Deportationen der Juden aus Berlin geschrieben wurde.

Ferdinand Kroh dachte nun „Stella Goldschlag“, nie gehört! Um mehr zu erfahren muss er in Zeitungsarchiven recherchieren.

Er wusste sofort, das ist die Story meines Lebens. Er hatte schon vieles gehört über das NS-Regime und den Holocaust. Aber dass eine Jüdin Juden verrät und das in einem solchen Ausmaß, hätte er nie für möglich gehalten. Er musste an die Akten ran, die alten Akten aus dem Jahre 1957. Und vor allem, er musste an die Frau ran und, wenn möglich, sie interviewen.

XIX.

Yvonne

Ferdinand Kroh machte sich einen „Waschzettel“. Was wusste er bisher von Stella und was musste er noch von Stella wissen? Aus alten Zeitungsartikeln hatte er erfahren, dass Stella eine Tochter hatte, die am 7. Oktober 1945 in Liebenwalde geboren worden war.

Was war mit der Tochter? Wo hatte die Tochter während der Haftzeit bis 1956 gelebt? Vor allem, wo lebte die Tochter jetzt? Eine Beantragung der Akteneinsicht in die Prozessakten in Moabit während des laufenden Verfahrens war aussichtslos.

Ihm kam jedoch eine Idee. Als Stella 1956 aus der Haft in der SBZ entlassen worden war, hatte sie ein „Notaufnahmeverfahren“ im Notaufnahmelager in Marienfelde durchlaufen müssen. Hier gab es mit Sicherheit die Informationen, die er brauchte. Stella hatte nach ihrer Haftentlassung in Zehlendorf gewohnt. Es musste eine Akte im Sozialamt des Bezirksamtes Zehlendorf geben.

Er sollte Recht behalten. Er erfuhr, dass Stellas Tochter Yvonne Meissl 1946 in einem Kinderheim im sowjetischen Sektor von Berlin aufgewachsen war. Später hatte ihr amtlich bestellter Vormund Pflegeeltern in Westberlin gefunden, bei denen sie gelebt hatte, bis sie volljährig geworden war.

Als sie volljährig war, ging sie nach Israel. Sie diente in der Armee als Krankenschwester an vorderster Front im Sechs-Tage-Krieg 1967.

Er musste sie unbedingt finden und zum Prozess nach Berlin einladen. Sein spontaner Gedanke war, nach Israel fahren, um Yvonne zu suchen. Aber wo sollte er mit der Suche anfangen?

Er wusste zwar ihren Namen und ihr Geburtsdatum. 1945 geboren, also heute 27 Jahre alt und wahrscheinlich verheiratet. Nein, seine Suche musste in Deutschland beginnen.

Aus den Akten des Notaufnahmeverfahrens ergab sich, dass die Pflegeeltern im Bezirk Wedding in der Badstraße wohnten, zuständig war demnach das Amtsgericht Wedding.

Er griff zum Hörer und ließ sich mit der Vormundschaftsabteilung des Amtsgerichts Wedding verbinden.

Auf seinen Anruf meldete sich eine freundliche Frauenstimme mit den Worten:

„Amtsgericht Wedding, Vormundschaftsabteilung, was kann ich für Sie tun?"

So viel Freundlichkeit war Kroh von der Berliner Verwaltung nicht gewöhnt. Er nutzte die Gelegenheit und sagte: „Es geht um Leben und Tod! Mein Name ist Kroh, ich bin Journalist beim Abend."

Am anderen Ende der Leitung: Schweigen.

Au, dachte er, da habe ich wohl ein bisschen übertrieben.

„Ganz so schlimm ist es nicht, aber doch sehr dramatisch. Ich suche nach den Pflegeeltern und dem amtlich bestellten Vormund von Yvonne Meissl, geboren am 7. Oktober 1945 in Liebenwalde."

„Wenn Sie keine Vollmacht von der betroffenen Person oder von Angehörigen haben, kann ich Ihnen keine Auskünfte geben", klang es kühl am anderen Ende der Leitung.

„Kann ich nicht einmal vorbeikommen?", bettelte Kroh.

„Wenn Sie meinen, Geschäftszeiten von 9:00 bis 13:00 Uhr, Sprechtag ist Dienstag, Zimmer 217, also im zweiten Stock."

Kroh dachte, das ist ja schon die halbe Miete, da muss ich sofort hin, er fragte nach, ob er bereits morgen um 9:00 Uhr seine Aufwartung machen dürfte.

„Oh, ein vornehmer Herr, aber bitte keine Blumen mitbringen. Wir dürfen keine Geschenke annehmen."

Am nächsten Morgen stand Kroh im Amtsgericht Wedding vor den Zimmer 217. Er schaute auf seine Uhr und wartete, bis es genau 9:00 Uhr wurde.

Er klopfte an die Tür. Aus dem Inneren des Zimmers hörte er eine Frauenstimme: „Bitte eintreten, Herr Kroh!"

Er öffnete die Tür und erblickte eine Frau mit einer ausladenden Haarpracht, dunklen Augen und knallroten Lippen.

Kroh wusste, dass diese Frau ihn einfach wegschicken könnte, sie könnte jedoch auch die Dienstvorschriften großzügig auslegen. Seine einzige Chance.

„Weisen Sie sich erst mal aus und erzählen Sie."

Kroh zog seinen Journalistenausweis und eine Visitenkarte hervor und reichte diese über den Schreibtisch.

„Nehmen Sie den Stuhl und setzen Sie sich bitte."

Die Beamtin machte sich Notizen und reichte den Ausweis wieder zurück: „Und was wollen Sie von dem amtlich bestellten Vormund?"

„Ganz ehrlich?", fragte Kroh.

„Ja, ganz ehrlich!", antwortete sie.

Die Stimme und die Art zu sprechen machten Kroh neugierig. Er verdrängte jedoch den Gedanken an diese Frau.

Er war hier, um etwas über Stellas Tochter zu erfahren. „Es geht um die Tochter einer Jüdin, die in einigen Wochen vor Gericht gestellt wird. Als die Tochter ein halbes Jahr alt war, wurde die Mutter verhaftet und von einem russischen Militärgericht zu zehn Jahren Zwangsarbeit verurteilt."

Die Beamtin zog die Augenbrauen hoch und sagte: „Schlimme Sache und jetzt?"

Kroh schaute sie lange an: „Ganz ehrlich?"

Sie schaute lange zurück: „Ja, ganz ehrlich, anders ist bei mir auch nichts zu erreichen!"

„Ich suche die Tochter und will versuchen, sie zu überreden, zu dem Prozess nach Berlin zu kommen. Ich glaube, dass es für die Mutter, die jetzt vor Gericht steht, im Übrigen das dritte Mal, wichtig ist, ihre Tochter wiederzusehen."

„Wie heißt noch mal die Tochter?"

„Yvonne Meissl, geboren am 7. Oktober 1945", antwortete Kroh beflissen.

Die Beamtin ging zu einem Aktenschrank und fing an, in alten, schon leicht vergilbten Karteikarten zu blättern.

„Ich habe sie! Yvonne Meisel, geboren am 7. Oktober 1945." Kroh sprang auf und sagte: „Das ist sie! Das ging aber schnell!"

„Langsam, langsam junger Mann, nicht so stürmisch, sitzen bleiben."

Kroh setzte sich wieder auf den Stuhl.

„Die Pflegeeltern Sarah und Natan C. sind nicht mehr registriert, vermutlich bereits verstorben. Der damals amtlich bestellte Vormund für Yvonne ist bereits in Pension, lebt aber noch. Der Vormund brachte sie 1946 in ein Kinderheim nach Ostberlin, nachdem ihre Mutter inhaftiert worden war. Kurz vor dem Mauerbau hat er dann Yvonne nach Westberlin gebracht und sie den Pflegeeltern anvertraut. Ich weiß nicht, was aus Yvonne geworden wäre, wenn er sich nicht so sehr um sie gekümmert hätte. Er hält heute noch Kontakt zu ihr. Er wird sich bei Ihnen melden oder auch nicht. Wenn er sich tatsächlich bei Ihnen melden sollte, dann rufen Sie mich an."

Die Beamtin schob Kroh einen Zettel über den Tisch, auf dem eine Telefonnummer stand. Kroh stand auf, machte einen Diener und reichte der Beamtin die Hand.

„Ich rufe Sie an, auch wenn er sich nicht meldet."

Mit einem Lächeln sagte die Beamtin: „Shalom!"

Kroh schoss das Blut in den Kopf. Er öffnete die Tür und bevor er diese wieder hinter sich schloss, drehte er sich noch einmal um und sagte mit einer Verbeugung: „Shalom!"

Als er wieder auf dem Flur des Amtsgerichts Wedding stand, dachte er, eine Jüdin! Warum hat sie die Karteikarte so schnell gefunden?

Kroh fuhr zurück in die Redaktion. Vom Chefredakteur bekam er unter „eilt, sofort erledigen" den Auftrag, einen Zwanzigzeiler zu schreiben über einen Banküberfall in Zehlendorf.

Er hatte noch nicht die erste Zeile geschrieben, da klingelte an seinem Platz das Telefon.

Eine Stimme sagte: „Hier Eisenberg. Ich grüße Sie, Herr Kroh."

Kroh antwortete automatisch: „Ich grüße Sie auch!"

„Sie suchen eine junge Dame, hat man mir gesagt."

Kroh war sonst bekannt für seine flotten Sprüche, aber diesmal verzichtete er auf eine flapsige Bemerkung, weil er wusste, dass es der amtlich bestellte Vormund von Yvonne war.

„Ja!", sagte er, „ich suche die Tochter einer traurigen Mutter."

Der Anrufer fragte: „Kennen Sie Schiller?"

„Ja, Schiller kenne ich!" antwortete Kroh.

„Kennen Sie das klassische Zitat aus Schillers Räuber?"

„Ja, kenne ich! Dem Manne kann geholfen werden."

„Yvonne hatte geheiratet, sie hat einen Sohn und lebt in Tel Aviv. Ich werde sie heute Abend anrufen. Sie wird sich bei Ihnen melden oder auch nicht. Ich überlasse es ihr. Ich weiß, wie sehr sie wegen ihrer Mutter gelitten hat und auch heute noch leidet. Als sie nach Israel gegangen ist, hat sie jeden Gedanken an die Mutter verworfen, das ist aber lange her. Sobald ein Jude erfahren hatte, dass Yvonne die Tochter von Stella war, musste sie sich anhören, dass ihre Mutter eine Mörderin ist."

„Das arme Kind ist durch die Hölle gegangen. Ob sie jetzt bereit ist, mit ihrer Mutter Frieden zu schließen, kann ich nicht sagen. Ich habe ihre Mutter nie persönlich kennen gelernt, aber durch Überlebende und in der Zeitung von der bösen Geschichte gelesen. Lassen Sie bitte die Finger von Yvonne, wenn Sie es nicht ehrlich meinen."

„Wenn Yvonne Ihnen wirklich zuhört und Sie dann einen Fehler machen, stürzen Sie Yvonne in einen Abgrund. Wenn es überhaupt eine Chance zur Versöhnung von Mutter und Tochter gibt, dann nur eine einzige. Ich wünsche Ihnen viel Herz und viel Glück, Sie werden es brauchen. Wenn es Ihnen gelingt, Tochter und Mutter wieder zusammenzubringen, dann haben Sie etwas Unmögliches möglich gemacht.

Dass ich überhaupt anrufe, haben Sie einer bemerkenswerten Fürsprecherin zu verdanken. Und wenn ich Ihnen noch einen guten Rat geben darf, von Mann zu Mann. Versuchen Sie nicht die Festung Massada zu stürmen. Auf Wiederhören!"

Kroh musste noch die 20 Zeilen über den Banküberfall in Zehlendorf schreiben. Er hatte praktisch keine Zeit mehr bis zur Abgabe.

Der Chefredakteur erwartete eine zündende Schlagzeile von ihm. Bekannt war durch Videoaufnahmen, dass die weibliche Geisel nicht die Möglichkeit der Flucht aus der Bank genutzt hatte, sondern dem Geiselnehmer ein Glas Wasser gebracht hatte. Er überlegte und hatte eine Idee für die Schlagzeile.

„Weibliche Geisel in Bankräuber verliebt? Blödsinn!"

„Geisel solidarisiert sich mit Bankräuber!"

Das war besser. Er spekulierte, dass die Geisel mit dem Bankräuber Mitleid bekommen und so ihr Helfersyndrom befriedigt hatte. Der Chefredakteur redigierte den Artikel nicht mehr, der so, wie von Kroh geschrieben, in Druck ging. Am nächsten Morgen erwartete Kroh ein heiliges Donnerwetter. Der Chefredakteur begrüßte ihn mit dem Worten: „Wer hat Ihnen denn ins Hirn geschissen?"

Kroh wusste, es brennt und wie es brennt. Seine einzige Chance war die Flucht nach vorn. Aber wo war „vorn" in dieser Situation? Er erinnerte sich an eine Verflossene, die über Täter-Opfer-Beziehungen promoviert hatte. Vielleicht könnte die ihm helfen.

In seinem Telefonbuch hatte er noch die Nummer von Helga. Wie hieß sie doch gleich? Ja, Burger, Helga Burger.

Er wählte die Nummer. Es meldete sich: „Dr. Burger."

„Hier ist Kroh!"

„Grüß Dich, du Gauner, dich gibt's auch noch, was willst du?"

„Die Täter-Opfer-Beziehung."

„Ach, schau an! Auf einmal interessierst du dich für das Thema. Bisschen spät, mir zum summa cum laude zu gratulieren. Und wie kommt der Sinneswandel?"

„In Zehlendorf gab es einen Banküberfall, bei dem sich eine Geisel sehr merkwürdig verhalten hat. Anstatt zu flüchten, ist die Geisel in der Bank geblieben und hat dem Bankräuber ein Glas Wasser gebracht."

Dr. Burger: „Das habe ich ja immer gesagt, die Täter-Opfer-Beziehung. Die Identifizierung mit dem Angreifer. Das neunte Kapitel in dem Buch von Anna Freud ‚Das ich und Abwehrmechanismen', 1936 veröffentlicht. Willst du es lesen? Du kannst es dir gerne ausborgen, aber nur wenn du mir 100 DM als Pfand gibst, ansonsten will ich 20 DM pro Stunde für eine Beratung haben. Das ist ein Sonderpreis für einen geizigen Hund, Schweinehund. Wenn ich bei Gericht als Sachverständige tätig bin, bekomme ich ein Mehrfaches."

Kroh antwortete: „Mit allem einverstanden. Sag mal, du bist Sachverständige mit der Lizenz zum Wahrsagen?"

Dr. Burger überhörte diese Unverschämtheit und sagte: „Gut, dann komm morgen bei mir vorbei, du weißt ja, wo ich wohne und bringe 100 DM mit."

„Ich zahle dir 100 DM, wenn du mir einen Text schreibst, der erklärt, warum die Geisel nicht geflüchtet ist, sondern dem Bankräuber ein Glas Wasser gebracht hat, der sich dafür auch noch gestenreich bedankt hat.“

„Okay, mache ich, kannst du dir morgen abholen.“

Am nächsten Tag holte sich Kroh den Text ab und gab Frau Dr. Burger die 100 DM. Auf besondere Nettigkeiten wurde wechselseitig aufgrund von Ereignissen der Vergangenheit verzichtet. Kroh entschuldigte sich jedoch förmlich für die „Wahrsagerin“.

Am nächsten Tag legte Kroh dem Chefredakteur den Text vor, mit den Worten:

„Hier ist die Begründung dafür, dass es bei dem Bankraub in Zehlendorf eine besondere Täter-Opfer-Beziehung gab. Das Opfer hat sich mit dem Täter identifiziert, alles wissenschaftlich belegt.“

Kroh schwafelte von einem tiefenpsychotraumatologischen Zustand. Danach könne während einer Geiselnahme das Opfer in eine unbewusste Beziehung zum Täter treten, so wie ein Kleinkind existentiell auf die Zuwendung seiner Eltern angewiesen ist.

Der Chefredakteur sagte: „Interessant, zeigen Sie mal her, da bin ich aber gespannt!“ Zwei Tage später rief der Chefredakteur Kroh in sein Zimmer und sagte: „Alle Achtung, da habe ich was dazugelernt. Aber diesen wissenschaftlichen Schnickschnack verstehen unsere Leser nicht. Die haben den Scheiß sowieso schon vergessen und sind geil auf die nächste Sensation. Also vergessen wir die ganze Angelegenheit. Hier ist der Text, stecken sich den hintern Spiegel oder sonst wohin.“

Kroh dachte sich, wieder mal mit dem Schrecken davongekommen.

So konnte er sich wieder auf die Suche nach Yvonne konzentrieren. Er selber konnte nicht aktiv werden, er musste auf den Anruf von Yvonne warten. Und er wusste nicht, ob dieser Anruf jemals kommen würde.

Am nächsten Tag rief er, wie versprochen, die nicht mehr ganz junge Dame im Amtsgericht Wedding an.

„Hallo, hier Kroh!“

„Das reimt sich ja, sind Sie ein Poet?"

„So habe ich mich noch nie gesehen. Ja, nicht der arme Poet von Spitzweg. Wenn, dann ein moderner Poet. Darf ich Sie zu einem Kaffee einladen? Es bietet sich für zwei Feingeister das Literaturcafé ‚Wintergarten' in der Fasanenstraße 26 an", antwortete Kroh.

„Ist das nicht zu romantisch?", fragte sie lachend.

Mit melodischer Stimme säuselte Kroh: „Es kann nicht romantisch genug sein." „Jetzt bin ich aber überrascht, ein romantischer Poet. Einladung angenommen, kommenden Samstag um 17:00 Uhr im Literaturcafé in der Fasanenstraße 26."

Kroh antwortete: „Ich werde da sein! Verraten Sie mir noch Ihren Namen."

„Am Samstag!", lachte sie.

Kroh bog mit seinem Käfer am Samstag gegen 16:30 Uhr vom Kurfürstendamm in die Fasanenstraße ein. Es war also noch genügend Zeit, um einen Parkplatz zu suchen. Er hatte Glück, dass eine Parklücke direkt vor dem Cafè frei wurde. Nun war er zu früh da.

Er schlenderte deshalb zum Kudamm und schaute sich die Geschäfte an. Er blieb vor einem Laden stehen. An dem Schaufenster stand „An- und Verkauf von Gold". Er sah sich die Auslagen an und ihm fiel auf, dass in dem Laden eine Menora, ein siebenarmiger Kerzenleuchter stand. Er sagte sich, dieses Geschäft wird von einem Juden betrieben. Bis 17:00 Uhr hatte er noch eine Viertelstunde Zeit. Er ging also in den Laden und sagte freundlich: „Guten Tag."

Ein freundlicher Herr begrüßte ihn und fragte, ob er kaufen oder verkaufen wolle.

Kroh sagte zu ihm: „Ich suche eine kleine Aufmerksamkeit, für eine jüdische Frau."

Der Mann sagte zu ihm: „Da sind Sie bei mir richtig, wie viel wollen Sie ausgeben?" Kroh sagte: „Bis zu 100 DM."

„Gut!", sagte der Mann und legte ihm eine Kette mit einem kleinen Davidstern auf den Tisch, „macht genau 99,99 DM."

Kroh musste lachen: „Und für wen soll der Pfennig sein?"

„Das müssen Sie entscheiden." In dem Moment trat aus dem hinteren Teil des Ladens ein junges Mädchen an den Ladentisch.

„Papa, ich muss noch mal was besorgen!“ Sie lächelte den Mann hinter dem Ladentisch so liebevoll an, dass diesem nichts weiter übrig blieb, als zu antworten: „Geh schon, ich kümmere mich um alles.“ Und schon war das junge Mädchen wieder im hinteren Teil des Ladens verschwunden.

Kroh sagte: „Ihre Tochter soll den Glückspfennig bekommen. Sie ist wunderschön und der Pfennig soll ihr alles Glück der Welt bringen.“ Kroh packte die Kette mit dem kleinen Davidstern in seine Tasche und gab dem freundlichen Herrn die 100 DM. Er verabschiedete sich mit einer Verbeugung und mit dem Wort „Shalom“.

Kroh schaute auf die Uhr, 16:55 Uhr, eine gute Zeit, nicht zu früh und nicht zu spät.

Er ging die Treppe zum Literaturcafé hinauf, öffnete die Tür und hielt nach einem freien Tisch Ausschau. Er vergewisserte sich durch einen Blick in das Café, dass seine Verabredung noch nicht eingetroffen war und nahm an einem freien Tisch Platz.

Wenige Minuten nach seinem Eintreffen öffnete sich die Tür und es trat die Beamtin aus dem Amtsgericht Wedding ein. Kroh hätte sie kaum wiedererkannt. Die nicht unattraktive Beamtin hatte sich in eine jüdische Schönheit verwandelt. Volles schwarzes Haar und ein Augenpaar wie zwei glühende Kohlen. Kroh stand auf und begrüßte sie mit einer angedeuteten Verbeugung. Die Beamtin aus dem Amtsgericht Wedding stellte sich vor und sagte zu Kroh: „Sara Goldberg.“

Kroh wurde plötzlich eines klar, diese Sara Goldberg wusste genau Bescheid. Mit einem überlegenen Lächeln fragte sie Kroh: „Überrascht?“

Kroh fragte zurück: „Ehrlich?“

Sie sagte zu ihm: „Sie kennen mich doch!“

Kroh sagte: „Überrascht wäre untertrieben!“

Sara Goldberg lachte und sagte: „Na, dann ist ja alles gut!“

Kroh lächelte verlegen zurück: „Bevor ich es vor lauter Aufregung vergesse, ich hab Ihnen was mitgebracht.“ Er zog die Kette mit dem kleinen Davidstern aus der Tasche.

„Das ist aber lieb, wo haben Sie die Kette denn her?“

„Den habe ich in dem Laden nebenan gekauft.“

Sara nickte und sagte: „Ja, das sind wunderbare Menschen."

Kroh befand sich plötzlich in einem Zustand der Verwirrung. Mit Mühe kämpfte er sich in die Realität zurück und fragte: „Was möchten Sie trinken?"

„Ich nehme einen ganz normalen Kaffee."

Kroh sagte: „Ich auch! Noch etwas zum Kaffee?"

„Ja, ein bisschen Gebäck wäre nicht schlecht, ein paar Kekse."

Kroh war froh, dass er überhaupt wieder in der Lage war, einen zusammenhängenden Satz zu sprechen.

Die Vorstellung, wie diese Begegnungen, wenn überhaupt denkbar, vor über 30 Jahren abgelaufen wären, schnürte ihm die Kehle zu. Er war drauf und dran, sich auf den Boden zu werfen und zu heulen.

Er lebt jedoch nicht im Jahr 1942, sondern im Jahr 1972. Er fühlte keine Schuld, aber fühlte eine Verantwortung, die es ihm ermöglichte, mit dieser Frau auf gleicher Augenhöhe zu sprechen. Er war seinem Schicksal dankbar, dass er seine Verantwortung auch durch konkrete Handlungen leben und erleben konnte und nicht auf Kalendersprüche und Sonntagsreden reduziert war. Kroh sagte zu sich: Ich nehme die Verantwortung an und ich will die Verantwortung ganz bewusst annehmen. Frau Goldberg lächelte ihn an und fragte: „Na, bisschen überfordert?"

Kroh sagte: „Ja, sehr!"

„Machen Sie sich darüber keine Gedanken, seien Sie froh, dass es so ist, und es ist so, weil Sie eine Seele haben. Was meinen Sie, Herr Kroh, hatte Stella Goldschlag eine Seele?"

„Ja, das will ich gerade herausbekommen."

„Und wie wollen Sie das rausbekommen?"

Kroh sagte: „Ich weiß es noch nicht!"

„Ich werde versuchen, Ihnen zu helfen."

Die Kellnerin brachte zwei Tassen Kaffee und einen Teller mit Keksen. Frau Goldberg lächelte und sagte: „Guten Appetit, lassen Sie sich die Kekse schmecken!" Kroh nagte an den Keksen. Frau Goldberg fragte: „Schmecken die Kekse nicht?"

„Doch, doch!", antwortete Kroh. „Ich sitze hier mit einer schönen Frau und in meinem Kopf läuft ein Horrorfilm."

Frau Goldberg legte ihre Hand auf den Arm von Kroh und sagte: „Sie sind ein wunderbarer Mensch, Sie haben Seele. Der Horrorfilm ist Vergangenheit und dass es Vergangenheit bleibt, dafür setzen wir uns ein. So, jetzt erzählen Sie mal, von ihrer Arbeit als Journalist!“

Kroh bekam langsam wieder Boden unter den Füßen und er plauderte unbekümmert über die Geschichten, die ein Journalist so erlebt. Mittlerweile war es 20:00 Uhr und Frau Goldberg fragte Kroh: „Werden Sie erwartet?“

Kroh sagte: „Nein, außer dem Chefredakteur wartet niemand auf mich.“

„Gut!“, sagte Frau Goldberg: „Auf mich wartet auch niemand, ich bin seit drei Jahren geschieden. Glücklich geschieden nach unglücklicher Ehe. Ich habe in meiner Ehe das vermisst, was Sie ausstrahlen: Empathie.“

Kroh fühlte sich nicht wie ein strahlender Sieger, sondern wie ein Ertrinkender, der darum bettelte, gerettet zu werden.

Kroh sah Frau Goldberg lange an. Er sagte: „Das Spiel ist aus.“ Schnell fügte er hinzu: „Sartre.“

Ihre plötzliche Anspannung wich einem freundlichen Lächeln. „Erzählen Sie mir mehr von Sartre und seinem ersten Werk. Nicht hier, sondern bei Ihnen.“

Kroh schaute auf die Uhr. Es war 22:00 Uhr. Er hatte überhaupt nicht mitbekommen, wie die Zeit in Gegenwart dieser außergewöhnlichen Frau verstrichen war.

„Ich darf jetzt bezahlen und Sie zu mir führen?“

Frau Goldberg antwortete: „Das dürfen Sie.“

Mit zittrigen Fingern entnahm Kroh seinem Portemonnaie zwei Zwanziger und sagte: „Das müsste allemal reichen.“ Er fragte Frau Goldberg: „Wollen wir?“

Sie standen auf und gingen schweigend zum Ausgang. Auf der Straße angekommen, hakte sich Frau Goldberg bei Kroh ein, beugte sich nach vorne und lachte laut auf. Kroh konnte die Frau jetzt auch riechen und ihm fiel nichts anderes ein, als zu sagen: „Ich kann Sie gut riechen!“ Sie drückte seinen Arm fest und sagte: „Ich kann Sie auch gut riechen!“

Sie erreichten den VW-Käfer von Kroh. Er öffnete die Beifahrertür, ließ Frau Goldberg einsteigen, drückte die Tür vorsichtig zu, lief um das Auto und setzte sich auf den Fahrersitz.

Während der ganzen Fahrt schwiegen beide.

Kroh dachte an nichts, auch nicht, als Frau Goldberg ihn lange von der Seite ansah.

XX.

Ehewohnung

Wie jeden Morgen ging Klaus Schellenberg zum Briefkasten und entnahm die tägliche Post. Er legte keinen gesteigerten Wert mehr auf sein Äußeres. So wie er in der Wohnung herumschlich, ging er auch zum Briefkasten, in Filzpantoffeln und einem verschlissenen Morgenmantel. Vor Jahren hatte Stella die verschlissenen Stellen noch ausgebessert, jetzt war ihr der Zustand des Morgenmantels egal. Für sie spielte es keine Rolle mehr, ob der Mann rasiert oder nicht rasiert war. Sie nahm ihn bis zum Scheidungstermin nur noch als Belastung war.

Er wunderte sich, dass ein Brief von einem Anwaltsbüro im Briefkasten war. Er gab diesen Brief seiner Frau Stella, die ihn ohne Hast, eher gelangweilt, öffnete. In dem Brief befanden sich ein kurzes Anschreiben, ein Vollmachtsformular und ein frankierter Freiumschlag. Der Text des Briefes bestand nur aus einem Satz: „Als Anwaltskollektiv kennen wir nur ein Ziel: Freispruch wegen erwiesener Unschuld." Das gefiel Stella, denn sie fühlte sich unschuldig und hatte das Gefühl, bei diesen Anwälten richtig zu sein. Bei ihren bisherigen Anwälten, es waren nicht wenige, hatte sie immer das Gefühl gehabt, dass die gar nicht ihren Freispruch gewollt, sondern sich nur dem Gericht angebiedert hatten. Sie beschloss also, sich diese Rechtsanwälte mal anzuschauen.

Sie erinnerte sich an den Anwalt im Verfahren vor dem Schwurgericht Moabit, Dr. P. Ein netter Mann, manchmal zu nett und zu aufdringlich, aber als Verteidiger ihrer Interessen eine glatte Fehlbesetzung. Sie hatte sich vorgestellt, dass ihr Anwalt die Zeugen verunsichert. Dr. P. hatte jedoch bei den Zeugenvernehmungen nur gelangweilt herumgesessen. Da hätte sie sich besser selber verteidigen sollen. Besonders die Vernehmung das Sachverständigen Dr. W. war eine Katastrophe. Obwohl Dr. W. sie nicht länger als insgesamt fünf Minuten befragt hatte, redete er am 27. Juni 1957 eine halbe Stunde lang über ihre Charaktereigenschaften. Der Mann hatte nichts begriffen und der Mann wollte offenbar auch nichts begreifen. Warum Dr. W. sie vernichten wollte, hatte sie nicht begriffen. Wer hatte ihn beeinflusst?

Klaus insistierte: „Stella, was denkst du gerade?"

Stella genervt: „Ich denke, dass du mich für die nächsten zwei Stunden alleinlassen solltest, ich bekomme Besuch."

„Was, kommt Herr Gärtner jetzt schon in die Ehewohnung?"

„Was heißt hier ‚Ehewohnung'? Wir beide leben getrennt innerhalb der ehelichen Wohnung. Du warst damit einverstanden, dass du mit der Scheidung aus der Wohnung ausziehst. Auf deine Bitte hin lass ich dich noch in der Wohnung bis zum Scheidungstermin. Also ich wünsche, dass Du mich von 10.00 Uhr bis 13.00 Uhr allein mit Herrn Gärtner in der Wohnung lässt.

„Was, willst du Herrn Gärtner heiraten, wenn wir geschieden sind?"

„Kümmern Sie sich doch um sich, was geht Ihnen denn mir an?"

Dieser Satz hatte bisher nie seine Wirkung verfehlt.

Seine letzte Gegenwehr war der ihm verbliebende Sarkasmus: „Das Ende kommt immer zum Schluss!"

Klaus Schellenberg verließ wie ein getretener Hund die Wohnung.

Wenig später klingelte es an der Tür. Stella bediente den Türöffner und ließ die Wohnungstür einen Spalt offen. Sie hörte den Fahrstuhl im III. Stockwerk ankommen und ein leises Klopfen an der Tür.

Sie flötete: „Herein, wenn's kein Schellenberg ist."

„Nein, es ist Charles, der Gärtner."

„Na, das ist aber eine Überraschung und mit einem Strauß Rosen. Das ist aber ganz lieb Charles."

Karl Gärtner umarmte Stella und presste sie fest an sich.

Er liebte es, wenn Stella ihn Charles nannte. Er war ausgesprochen eitel. Seine Koteletten verliehen seinem Kopf eine fast eckige Form. Seine Krawatte war viel zu breit und viel zu bunt, um als modisch wahrgenommen zu werden. Sie war wohl eher dazu gedacht, seinen Schritt zu betonen. Sein langer Hemdkragen, seine Schlaghosen und die Plateausohlen entsprachen dem Schick eines Berufsjugendlichen der Siebziger Jahre. „Wann heiraten wir?"

„Geduld, Geduld, erst muss ich geschieden werden."

„Das dürfte doch eine reine Formsache sein. Heutzutage sind Scheidungen kein Problem, wenn keine Kinder dabei sind."

„Ich denke auch, dass wir Ende August heiraten können. Du weißt doch, Charles, ich habe noch ein offenes Gerichtsverfahren wegen der alten Geschichten im Dritten Reich."

„Ja, ich weiß. Beihilfe zum Mord. Bitte bring mich um, töte mich oder liebe mich." „Sei bitte ernst, Charles. Ich brauche deine Hilfe. Du musst einen Brief an das Gericht schreiben, in dem du für mich Partei ergreifst und gut für mich sprichst."

„Mache ich, Stella, selbstverständlich. Was soll ich denn schreiben?"

„Keine Sorge, ich diktiere dir den Brief. Hier sind Papier und Kugelschreiber."

Stella diktierte den Brief, den Klaus Schellenberg bereits 1958 an den BGH geschrieben hatte. Charles fing an zu schreiben:

Hohes Gericht,
hierdurch bitte ich höflichst für meine Zeilen um unbedingtes Verständnis und Gehör. Als zukünftiger Ehemann von Frau Stella Schellenberg fühle ich mich verpflichtet, da ich längstens mit dem Schicksal und Leben dieser Frau sowie mit ihrem Kind verbunden bin, Ihnen mit diesen meinen Zeilen, die zweite, vielleicht tragischste Seite des Ganzen zu schildern und bitte gleichzeitig, dies alles in Erwägung zu ziehen.
Zunächst möchte ich meine tiefste Empörung kundtun, warum es überhaupt möglich war, einen solchen Prozess dazumal neu aufzurollen, wo doch meine zukünftige Frau vom höchsten alliierten Gesetz für das Gleiche zu einer zehnjährigen Zuchthausstrafe 1946 verurteilt worden war, die sie bis auf sechs Wochen ganz verbüßte. Ich möchte nicht über die grauenhaften Strapazen und

Zustände dieser sowjetischen Haft sprechen. Es genügt wohl, dass meine zukünftige Frau als ewiger Krüppel mit einer Durchseuchungstuberkulose, mit einem schweren Kreislaufleiden etc. wiederkehrte, nachdem sie ihr sechs Monate altes Baby hatte zurücklassen müssen. Ich muss darauf hinweisen, dass es kaum eine härtere Strafe vom Schicksal geben kann, als das erdulden zu müssen. In der gewesenen Haft war sie der beste Kamerad und Kämpfer gegen die Folter des Bolschewismus und teilte Freud und Leid tapfer mit allen Mitgefangenen. Heute, so muss ich als ihr zukünftiger Ehemann ebenfalls bestätigen, dass Stella Schellenberg der beste, treueste, aufrichtigste Mensch ist, ich könnte mir eine bessere Frau, Mutter und Gefährtin nicht denken. Mein eigenes Leben ist mit ihr erfüllt und von ihr untrennbar, da auch mein Sein von ihrem Leben und Glück abhängt. Dazu erkläre ich, dass bei dem gewesenen Prozess meine Frau schwer seelisch und nervlich gefährdet war. Erst durch meine Kraft, Sorge und Schutz habe ich sie wieder zu einem lebensfähigen Menschen gemacht, der endlich etwas zur Ruhe gekommen ist. Ich wende mich heute an sie, die Sache endlich zu den Akten zu legen. In der damaligen Schwurgerichtsverhandlung passierten Dinge, die eigentlich nie wieder geschehen dürfen.
Sämtliche Zeugen konnten sich vor der Aussage unterhalten und besprechen. Die Überzahl der Zeugen, die belastend aussagen wollten, fielen in gemeiner Weise über die Entlastungszeugen her. Es entstand der Eindruck, dass jeder, der etwas Belastendes aussagen wollte, gehört wurde. Das Ganze mutete an, als ob man in einem mittelalterlichen Hexenprozess war.
Das wichtigste, nicht zu lösende Problem war, dass es nach fast 15 Jahren unmöglich ist, irgendeine gewesene Situation wahrheitsgemäß wieder zu rekonstruieren. Geschweige denn von Seiten der Verteidigung zu all diesen überspitzten und hasserfüllten, teils völlig unmöglichen, belastenden Aussagen eine Widerlegung zu geben.

Ich frage mich nur, war das nötig, musste das sein, in heutiger Zeit durch die Presse ein Menschenleben so zu verunglimpfen, dass sogar die Ostpresse wieder ihren Kommentar dazu abgeben musste, nachdem meine zukünftige Frau drüben so gelitten hatte?
Denn wie kann ein Mensch zu solchen Dingen irgendeinen Gegenbeweis erbringen? Die Verteidigung konnte nur allgemein sein und war somit unterlegen. Aus allem sprach eine Hasskampagne, die einem außenstehenden Menschen unerklärlich war.
Die Vergangenheit war zu grausam, um alte Wunden wieder aufzureißen, und das konnte eigentlich nur Gott oder einem höheren Schicksal zu danken sein, dass meine Frau vom Totenbett des russischen KZ hatte zurückkehren können. Ich weiß im Innersten meines Herzens, dass meine zukünftige Frau Stella ein guter, edler Mensch ist, sonst würden wir nicht heiraten.
Ich selbst konnte nur zu einem guten Menschen finden, ich habe sie lange geprüft. Denn ich stelle Heim und Familie heutzutage höher denn je.
Mit Hochachtung und Dank für Ihre Bemühungen
Karl Gärtner.

„Das hast du gut gemacht, Charles. Wie sieht es denn aus mit Heim und Familie?" „Ich habe doch gesagt, Stella, ich habe ein gutes Angebot in Freiburg. Dort können wir dann alles haben, was wir uns wünschen. Ich werde Erkundigungen einziehen über den Aufenthaltsort deiner Tochter und wir werden dann gemeinsam deine Tochter besuchen. Wenn wir geheiratet haben, wird alles anders."

„Das hast du schön gesagt, Charles."

Stella hauchte ihm ins Ohr und zog an der Krawatte.

„Mach dich schon mal frei, aber die Krawatte lässt du an. Ich bin gleich wieder da."

Stella verschwand im Bad, während Charles sich das geblümte Hemd auszog und seinen Naturpelz freilegte.

XXI.

Stasizentrale

In der Stasizentrale Normannenstraße traf Ende Juni 1972 die Arbeitsgruppe „Stella“ nach drei Wochen wieder zusammen. Oberst Krause setzte sich nicht, sondern bat die übrigen Mitarbeiter der Abt. VI. aufzustehen.

„Genossen, ich habe eine traurige Pflicht zu erfüllen. Ich muss euch mitteilen, dass wir in Zukunft auf die Mitarbeit unserer Genossin Dr. Weber verzichten müssen. Nach plötzlicher schwerer Krankheit ist Genossin Dr. Weber im Regierungskrankenhaus trotz unermüdlicher Anstrengungen der behandelnden Ärzte in der vergangenen Nacht verstorben. Aus humanitären Gründen hat der Genosse Minister Genossin Leutnant Dr. Weber zum Major befördert. Er selbst hat die Patenschaft für die 2 Jahre alte Tochter der Genossin übernommen.“ Mit tränenerstickter Stimme: „Ich darf um eine Trauerminute bitten.“

Oberst Krause berichtete:

„Die Anarchos Andreas Bader, Gudrun Enslin und Ulrike Meinhof sind verhaftet worden. Wie wir es vorausgesehen haben, konnten sie dem Fahndungsdruck nach dem Bombenanschlag nicht standhalten. Es ist damit zu rechnen, dass andere Anarchos versuchen werden, die inhaftierten Köpfe der RAF zu befreien. An einer Befreiung haben wir jedoch kein Interesse.“

„Die Inhaftierten sind eine Gefahr für den revolutionären Kampf in Westdeutschland und die Destabilisierung des Systems kann auch der Rest der Gruppe übernehmen. Die weitere Entwicklung bleibt abzuwarten. Diese Arbeitsgruppe wird umbenannt und heißt ab sofort ‚Stella‘. Der für die Medien zuständige Leutnant Werner berichtete, dass ein Journalist namens Ferdinand Kroh von der Zeitschrift ‚Der Abend‘ mit dem Thema befasst ist.“

Oberst Krause gab die Anweisung, diesen Journalisten zu durchleuchten.

Leutnant Werner fuhr fort: „Ich darf den Vermerk zur Auswertung der Akte ‚Stella' verlesen. Stella ist nach Erkenntnis der Genossen regelrecht von der Gestapo abgerichtet worden. Ihre Eltern waren der Köder. Als ihre Eltern von Theresienstadt nach Auschwitz abtransportiert wurden, wollte sie weiter für die Gestapo arbeiten. Genossin Dr. Weber hat moderne Vernehmungsmethoden in ihrer Dissertation wissenschaftlich erforscht. Genossen, das ist hochinteressant!"

Er fuchtelte müde mit den Armen und fuhr fort. „Unsere Vernehmer sind sogar in der Lage, mit regressiven Suggestionen die Verbrecher systematisch zu destabilisieren. Danach denkt der Häftling sogar, der Vernehmer sei sein Vater."

Allgemeines Gelächter im Raum.

„Die Stella wollte wirklich zur Gestapo gehören, offenbar will sie das noch immer. Es hat sich auch die komplette Gestapoakte von Stella angefunden. Die Protokolle weisen alle in eine Richtung, sie konnte ihre Geltungssucht nur befriedigen, indem sie eine von der Gestapo wird. Genossin Dr. Weber hatte festgestellt, dass in Hoheneck planmäßig die Mittel und Methoden der psychischen Folter der Gestapo untersucht wurden. Es gab da verschiedene Arbeitsebenen. Eine wesentliche Rolle spielte Stella, da sie sich geweigert hatte, NS-Täter, wie die Fahlstein, abzuschöpfen. Parallel hierzu wurden die Wirkungen des Einsatzes von Psychopharmaka auf die Testperson des Untersuchungsprogramms beobachtet."

„In der ersten Phase der Untersuchungen wurde ein Persönlichkeitsbild von Stella gefertigt. Das Zusammenwirken ihrer charakterlichen Eigenschaften mit den gesellschaftlichen Verhältnissen des nationalsozialistischen Deutschlands ist umfassend untersucht worden. In der zweiten Phase wurde Stella mit einer Aufseherin des KZ Ravensbrück zusammengeschlossen. Später wurde den beiden eine Mitarbeiterin des MfS, getarnt als Mithäftling, zugeteilt, die umfassend über ihre Beobachtungen berichtete. Die Ergebnisse der Untersuchungen fanden Eingang in die geheime Verschlusssache: Moderne Methoden der erzieherischen Maßnahmen von politischen Verbrechern. Bedauerlicherweise hat die Genossin Dr. Weber hier nicht beachtet, dass sie die ausdrückliche Genehmigung des Ministers für die Verwendung einer ‚geheimen Verschlusssache' im Rahmen ihrer Recherche benötigt hätte. Mit diesem Verstoß gegen die Dienstvorschriften zur Verwendung von geheimen Verschlusssachen hat sie dem Gegner in die Hände gespielt und die Kampfbereitschaft des Ministeriums geschwächt."

„Die wissenschaftlichen Erkenntnisse, die aus den Beobachtungen in Hoheneck gewonnen wurden, fanden Eingang in die Lehrpläne der Hochschule für Staat und Recht. Um es auf den Punkt zu bringen, die Gestapo hat durch ihre ausgeklügelten Methoden Stella zu einem willfährigen Werkzeug gemacht."

„Stella hat es denen auch leicht gemacht. Die Gutachter des MfS sind zu dem Schluss gekommen, dass Stella typische Symptome einer unbewussten Beziehungsaufnahme als Folteropfer zu den SS-Folterern zeigte. Auch ihr Verhalten als Jüdin gegenüber KZ-Aufseherinnen, wie der Fahlstein, war eher von Verständnis als von Ablehnung oder Rache gekennzeichnet. Genossen, ich darf in diesem Zusammenhang auf unsere Forschung zur Wirkung von Vergünstigungen auf die Aussagebereitschaft der Straftäter und die Entstehung von Abhängigkeiten hinweisen. Wir haben die tschekistischen Methoden unserer Waffenbrüder angewandt und unter den Bedingungen des verstärkten Klassenkampfes weiterentwickelt. Stella steht heute noch unter dem Eindruck der Gestapomethoden. Deshalb konnte sie im vergangenen Jahr die Rolle der Entlastungszeugin im NS-Verfahren spielen. Ich darf am Rande noch darauf hinweisen, dass wir im Rahmen unserer umfassenden Ausbildung ebenso die Beschreibung der systematischen Zerstörung einer Persönlichkeit, so wie in der „Schachnovelle" des bürgerlich-dekadenten Schriftstellers Stefan Zweig beschrieben, studiert haben. Die Wirkung der Isolation war der Gestapo bekannt, bekannt war zudem die Methodik, den Delinquenten auf allen Ebenen seiner Existenz zu zerstören."

Der Oberst: „Ausgezeichnet!"

Leutnant Werner führte weiter aus: „Wir haben nicht nur die Akten von Stella, wir haben die vollständigen Unterlagen des Lagers Große Hamburger Straße."

Der Oberst: „Ausgezeichnet! Die Akten haben wir von Dobberke. Der ist offiziell tot, lebt jedoch unter anderem Namen irgendwo in einem Heim in Mecklenburg. Bei uns hat er seine Fehler eingesehen. Er hat sich mit den Akten und einem Sack Edelsteinen freigekauft. Erst hat er für die Freunde und dann für uns gearbeitet, höchste Geheimhaltungsstufe, offiziell gibt es ihn nicht mehr, offiziell ist er in Polen 1945 auf der Flucht umgekommen."

Der Oberst: „Gut, kleine Flamme, wir halten die Akten vollkommen raus. Was gibt es Neues von dem mit der Vorbereitung des Verfahrens befassten Richters … wie hieß er doch gleich …?"

„Dr. Möller."

Die Antwort von Leutnant Schlei fiel ausweichend aus: „Wir wissen, dass Dr. Möller im Dritten Reich Jura studiert hat, in München, und dass er eine Dissertation über das NS-Arbeitsrecht verfasst hat."

Der Oberst: „Existierte diese Dissertation in Berlin, haben wir Zugriff?"

Leutnant Schlei: „Da die Dissertation in Bayern verfasst wurde, ist es nicht so einfach, diese zu beschaffen, es sei denn, Dr. Möller hatte eine Anstellung in Berlin und ein Doppel der Dissertation wurde in Berlin angefordert. Wir prüfen das noch."

Oberst Krause: „Ich denke, es dürfte keine Schwierigkeit sein, so eine läppische Dissertation über das NS-Arbeitsrecht zu beschaffen. In der Regel bestanden diese Dissertationen im Dritten Reich doch nur aus Ergebenheitsadressen an den Führer und aus antisemitischer Hetze. Das kennen wir doch."

Die gesamte Runde schaute ihn entgeistert an!

„Kennen wir doch aus dem Dritten Reich!", korrigierte Oberst Krause. Hörbar entspannte sich die Runde. „Also was ist mit der Verteidigung?"

Leutnant Schlei wurde unruhig: „Stella hat mit einem Verteidigerkollektiv in Schöneberg Kontakt aufgenommen. Das Ergebnis kennen wir noch nicht."

Oberst Krause informierte darüber, dass ab sofort die Westberliner im Besucherbüro am Bahnhof Zoo einen Antrag auf

Erteilung eines Visums für Besuchsreisen in der Republik stellen können.

Oberst Krause schloss die Sitzung mit der Bemerkung, dass man gut weitergekommen sei und dass dem Genossen Minister berichtet werden könne, dass die Voraussetzungen gegeben sind, um dem Klassenfeind eine schallende Ohrfeige zu verpassen.

Er möchte ausdrücklich noch mal darauf hinweisen, dass der Minister erwartet, dass die Operation erfolgreich ist. Oberst Krause schloss die Sitzung.

Auf dem Flur blieb Oberst Krause stehen und schaute aus dem Fenster. Die Mitarbeiter der Abteilung VI liefen hinter seinem Rücken vorbei.

„Genosse Schlei, eine Frage."

Leutnant Schlei kam zurück und meldete: „Leutnant Schlei zur Stelle, Genosse Oberst.

„Stehen Sie bequem."

Oberst Krause schaute Leutnant Schlei ernst an.

„Ich habe Sie beobachtet. Sie hatten eine Frage zum Thema geheime Verschlusssache."

„Ja, Genosse Oberst. Die modernen Methoden der erzieherischen Maßnahmen gegen politische Verbrecher sind doch Teil der Lehrpläne der Hochschule von Staat und Recht."

Oberst Krause wurde ernst, schlagartig nahm Leutnant Schlei Haltung an. „Genosse Schlei, wenn ich noch einmal eine bürgerlich-revisionistische Haltung bei Ihnen erlebe, werde ich dafür sorgen, dass Sie aus dem Dienst entfernt werden. Dann haben Sie die Ehre, sich in der Produktion bewähren zu dürfen. Wir sind an unserem Platz, weil wir die Elite sind. Wir sind die Elite, weil wir unserer Partei- und Staatsführung unbedingte Treue geschworen haben, nicht nur mit Worten, sondern mit Taten. Ich erwarte in Zukunft vollen Einsatz und einen unerschütterlichen Klassenstandpunkt."

„Jawoll, Genosse Oberst."

Oberst Krause im Befehlston: „Wegtreten."

Leutnant Schlei ging in sein Dienstzimmer. Ihm war klar, dass er einige Zusammenhänge nicht begriffen hatte. Ihm war aber auch klar, dass er sich auf einen gefährlichen Weg begeben würde, wenn er nach Erklärungen suchte. Sollte er wirklich eine Erklärung für den Umstand suchen, dass eine geheime Verschlusssache einer jungen Frau den Kopf gekostet hatte, obwohl die geheime Verschlusssache in den Hörsälen der Hochschule gelehrt wurde? Schlei wollte keine Zweifel zulassen. Bürgerlich-revisionistische Denkweisen sind zurückzudrängen, dachte er.

Er hämmerte auf den Tisch und brüllte vor sich hin: „Ich bin ein Tschekist, ich bin ein Tschekist, ich bin ein Tschekist. Ja! Ja! Ja!“

Er wusste, in diesem Moment hatte er seine Vorstellungen von einem Sozialismus mit menschlichem Antlitz beerdigt.

XXII.

Yvonne

Kroh stand am Gate sechs auf dem Flughafen Tegel und wurde so langsam nervös. Wo blieb sie denn?

Was machte er hier eigentlich?

Vor einer Woche hatte Frau Goldberg ihn angerufen, ihn für heute um 12.00 Uhr zum Flughafen Tegel bestellt und ihm gesagt, „nur das Notwendigste einpacken, auf keinen Fall den Fotoapparat vergessen".

„Wir fliegen nach Tel Aviv." Sie hatte seinen Versuchen, etwas über den Zweck der Reise herauszubekommen, widerstanden.

Wie gut kannte er sie? Was war bei ihr von dem Rausch der zweiten Begegnung übrig geblieben?

Sie hatten das erste bedeutende literarische Werk von Sartre mit gleicher Leidenschaft erlebt.

Er ärgerte sich auch über seine Wortschöpfung „Rausch der zweiten Begegnung". Er beruhigte sich mit der Erkenntnis, dass von einem „Rausch der ersten Begegnung" gesprochen werden konnte, weil ihm schon im Amtsgericht Wedding die Knie weich geworden waren. Er war sicher, dass der Flug mit Stellas Tochter Yvonne zusammenhing, doch hätte er es doch gerne genauer gewusst.

Diese Weiber kommen immer zu spät. Je schöner, desto später. Diese Formulierung gefiel ihm, er wollte sie sich merken. Er war wieder mit sich versöhnt und vergaß seinen schöpferischen Fauxpas. Na endlich! Er sah Frau Goldberg aus einem Taxi steigen. Sie nahm ihren Koffer entgegen, zahlte den Taxifahrer und schaute nach einem Eingang zum Gate sechs.

Kroh dachte: Die hat ja die Ruhe weg.

Frau Goldberg schlenderte gelassen auf Gate sechs zu. Sie erblickte Kroh. Ihr Gesicht erhellte sich und sie rief: „Hier bin ich!" Kroh war stolz, dass ihm, nur ihm, diese Aufmerksamkeit galt.

„Ist der Flieger schon weg?“, fragte Frau Goldberg und lachte laut.

„Über den Witz kann ich überhaupt nicht lachen“, antwortete Kroh. Sie umarmte ihn und biss ihm ins Ohr. Kroh dachte, Schmerz kann so schön sein.

Sie drängten in den Wartebereich, zeigten ihren Flugschein vor und nahmen im Flugzeug Platz. Frau Goldberg hatte offenbar Gefallen an dem Unternehmen „Yvonne“ gefunden. Kroh stand jedoch unter Hochspannung. Er flog nun nach Tel Aviv, um Stellas Tochter zu treffen. Yvonne hatte ihn tatsächlich angerufen und ihm mitgeteilt, er könne gerne kommen, aber sie habe sich einmal entschieden und dabei solle es bleiben. Sie kenne ihre Mutter nicht und wolle sie auch nicht kennen lernen. Kroh wusste nicht, wie diese Festung einzunehmen sei. Er dachte an David und Goliath. Irgendwie haben diese Juden alle Probleme gelöst, wahrscheinlich sind sie doch das auserwählte Volk.

Frau Goldberg forderte ihr Recht: „Du hast mir lange nichts Nettes gesagt!“

„Ich werde nie wieder was Nettes sagen, weil etwas Nettes zu wenig ist für eine einmalige Frau.“

Frau Goldberg biss ihm wieder heftig ins Ohr und er musste sich eingestehen, dass er von diesem Schmerz nicht genug haben konnte. Wieder musste er sich zwingen, an Yvonne zu denken.

Über Lautsprecher wurden die Passagiere aufgefordert, sich anzuschnallen, weil das Flugzeug zum Landeanflug ansetzte. In einer halben Stunde würden sie in Tel Aviv sein. Was würd ihn erwarten, würde er überhaupt Yvonne treffen und wie würde Yvonne reagieren? Das Flugzeug landete und Frau Goldberg und Kroh durchliefen die strengen Sicherheitskontrollen auf dem Flughafen Tel Aviv. Nachdem sie die Prozedur hinter sich hatten, konnten sie ihr Gepäck in Empfang nehmen. Sie verließen den Sicherheitsbereich und gingen an vielen Juden vorbei, die auf ihre Angehörigen und Verwandten warteten. Frau Goldberg blieb stehen, stellte sich auf die Zehenspitzen und richtete ihren Blick auf eine Menschenansammlung von Wartenden. Plötzlich schrie sie auf und winkte wild mit den Armen. Eine junge Frau stürzte auf sie zu und umarmte sie herzlich.

Frau Goldberg sagte: „Darf ich dir vorstellen, Yvonne.“ Frau Goldberg bestand nur aus Überraschungen.

An ihrem ersten gemeinsamen Abend hatte er stumm hinausgeschrien: Verweile doch, du Augenblick, du bist so schön und jetzt stellte sie ihm die Tochter von Stella vor. Kroh war völlig überfordert. Er umarmte die beiden Frauen und fing an zu weinen.

Offenbar gehören herzzerreißende Szenen zum Alltag auf dem Flughafen Tel Aviv, denn anders ließ sich nicht erklären, dass die kleine Gruppe keinerlei Beachtung fand.

XXIII.

Kneipengespräch

Ferdinand Kroh war in der Kneipe „Hundekehle“ verabredet. Der Vorschlag war von seinem befreundeten Staatsanwalt gekommen, der sich gerne an Orten zeigte, die auch gelegentlich, aber nicht zu häufig, von Kriminellen der Upperclass frequentiert wurden.

Die Hundekehle war eine Mischung aus Restaurant und Bierkneipe. Jeden Abend war der Laden voll. Deshalb hatte Kroh seinen Käfer weit von der Kneipe entfernt geparkt. Direkt vor der Kneipe waren alle Parkplätze besetzt. Auch die zweite Reihe war vollständig zugeparkt. Direkt vor der Kneipe stand in zweiter Reihe der Rolls Royce vom selbsternannten, einzigen Playboy von Berlin. Der Titel der „letzte Playboy“ war leider schon durch einen international bekannten Herrn besetzt. Kroh betrat die Hundekehle. Er stellte sich vor dem Tresen in dritter Reihe an, in der Hoffnung, in die zweite Reihe vorrücken zu können. Kurz nachdem er die Kneipe betreten hatte, kam ein Polizist in die Kneipe und rief: „Autos in zweiter Reihe sofort wegfahren oder es wird abgeschleppt!“ Panisches Treiben. Etwa die Hälfte der Gäste versuchte, so schnell wie möglich die Zeche zu zahlen, um nicht abgeschleppt zu werden. Innerhalb von drei Minuten waren ausreichend Plätze vorhanden. Kurz nach dem Polizisten betrat Staatsanwalt Springer die Kneipe.

Er sah Kroh, ging auf ihn zu und sagte ihm ins Ohr: „Na, wie habe ich das gemacht? Polizeifunk!“

Kroh musste lachen. Hatte sein Freund Springer doch die Polizei gerufen, um einen Platz in der Kneipe zu bekommen.

„Herr Staatsanwalt Springer, dem Verbrechen immer einen Schritt voraus!“

Der Staatsanwalt lachte: „Die Stimme kommt mir doch bekannt vor, kombiniere, der schöne Klaus!“ Staatsanwalt Springer erhob sich und begrüßte den „schönen Klaus“. Klaus, weißer

Anzug, schwarzes Hemd und weiße Schuhe. Zu Recht wurde er der „schöne Klaus“ genannt. Staatsanwalt Springer sagte: „Entschuldigung, Herr Pfeil, das hier neben mir ist Ferdinand Kroh, ein Journalist vom Abend.“

„Ist er ein guter Junge?“

Springer antwortete: „Ja, ein sehr guter Junge.“

Daraufhin der schöne Klaus: „Dann kann er bei mir anfangen. Ich suche noch einen Fahrer für die Freizeit, nicht für den Dienst.“

Springer und der schöne Klaus hörten gar nicht auf zu lachen. Der schöne Klaus verabschiedete sich mit einer lässigen Handbewegung und steuerte auf einen leeren Tisch zu.

Kroh sah Staatsanwalt Springer fragend an.

„Das ist Klaus Pfeil, der König der Berliner Unterwelt. Du wirst es nicht glauben, aber der schafft mehr Ordnung in der Unterwelt als die Polizei. Deshalb unternehmen wir nichts gegen ihn, obwohl er den Polizeifunk mithört. Der hat doch gerade mitgehört, wie ich die Polizei angewiesen habe, die Falschparkerei zu beenden. Wo der die Funktechnik zum Abhören herhat, ist mir ein Rätsel, interessiert uns aber auch nicht wirklich. Übrigens, die Bader-Meinhoff-Bande hatte ein Polizeiauto geknackt und ausgeschlachtet, um an die Technik zu kommen. Die haben auch immer den Polizeifunk abgehört. Jetzt sind sie wohl für den Rest ihres Lebens aus dem Verkehr gezogen.“

Den ganzen Abend sprachen sie dann über die Frage, welche Bedeutung die RAF für die westdeutsche Gesellschaft hatte. Staatsanwalt Springer lehnte die Mittel und Methoden der RAF als hochkriminell ab. Zwar hatte man den Angehörigen der SS, des SD, der Gestapo und des Reichssicherheitshauptamtes die Gnade der Berufung auf den Befehlsnotstand und eine kurze Verjährung gewährt, aber selbst die krachend gescheiterte juristische Aufarbeitung des Dritten Reiches rechtfertigte nicht die Anwendung terroristischer Methoden.

Staatsanwalt Springer sagte zu Kroh: „Stell dir vor, man hätte den Stützen des Dritten Reichs ihren Treueeid auf den Führer vorgehalten.“

„Sag mal, kennst du die Eidesformeln der Stützen des Dritten Reichs?“

„Nee!“, sagte Kroh, „woher auch? Wenn ich dich aber richtig verstehe, dann hätte man die Kameraden von der SS und Gestapo an dem Eid auf Hitler aufhängen können.“

„Klar!“, antwortete Springer, „hat nur keiner gemacht, hat keiner gewollt. Auch mein Vater hatte Adolf Hitler als Führer und Kanzler des Deutschen Reiches und den von ihm bestimmten Vorgesetzten Treue und Tapferkeit und Gehorsam bis in den Tod gelobt. Als ich ihn fragte, warum lebst Du dann noch, hat er mich nur entgeistert angeschaut. Als ich dann sagte: Ihr hättet auch einem braun angestrichenen Besenstiel die Treue bis in den Tod geschworen, hat er mich rausgeschmissen und gesagt: Lass Dich nie wieder hier sehen. Seither habe ich keinen Kontakt mehr mit ihm.“

„Es wird dich überraschen: Der Eid auf Hitler endete übrigens mit dem Satz ‚so wahr mir Gott helfe‘.“

„Jetzt kann ich die RAF verstehen.“

Staatsanwalt Springer lachte: „Setz unsere Freundschaft nicht aufs Spiel.“

Kroh ruderte zurück: „Um Gottes willen, nein.“

Spätabends ging die Kneipentür auf und ein junger Mann mit einer schiefhängenden Krawatte steuerte auf den Tresen zu. Der Staatsanwalt Springer stieß Ferdinand Kroh an und sagte: „Das ist Dr. Koch, der Anwalt von Stella Goldschlag.“

Ferdinand Kroh wusste, den Anwalt muss ich heute ansprechen. Wieder ging die Tür auf und es kam ein Zeitungsverkäufer in die Kneipe. „Der Abend! Der Abend!“

Der Anwalt winkte den Zeitungsverkäufer zu sich.

Ferdinand Kroh rief durch den Gastraum: „Wetten, dass ich dir sagen kann, was in deiner Zeitung steht?“

Der Zeitungsverkäufer antwortete: „Kann nicht sein, hat noch keiner gelesen.“

„Doch“, sagte Ferdinand Kroh, „wollen wir um ein Bier wetten?“

Der Anwalt schaute interessiert erst auf den Zeitungsverkäufer und dann auf Ferdinand Kroh.

„Die Schlagzeile auf der Seite 3 oben lautet ‚Mieterhöhung in Berlin, Spirale ohne Ende!'."

Der Zeitungsverkäufer schlug die Zeitung auf und sagte: „Stimmt, hab ich ein Bier verloren."

„Nee, Nee, alles gut, den Artikel habe doch ich geschrieben. Komm ich geb ein Bier aus und der junge Mann, der gerade meinen Artikel gekauft hat, dem gebe ich auch ein Bier aus."

Der Mann lachte und kam auf Ferdinand Kroh zu, stutzte einen Augenblick und sagte: „Oh, der Herr Staatsanwalt Springer auch hier!"

Der Staatsanwalt wusste genau, was Kroh wollte, legte einen 20-DM-Schein auf den Tisch und sagte: „Ich war gerade im Gehen!"

Er stand auf und verabschiedete sich freundlich von Ferdinand Kroh und von Dr. Koch, dem Anwalt. Er winkte noch zum schönen Klaus hinüber, der machte sich von der Umklammerung einer Blondine frei und winkte zurück.

Kroh rief ihm hinterher: „Danke forever!" Zu Dr. Koch gewandt: „So, so, und sie wollen Stella Goldschlag verteidigen?"

Es entspann sich ein längeres Gespräch. Ferdinand Kroh war da, wo er sein wollte, bei einer sensationellen Story. „Sie haben sicher auch von dem NS-Verfahren gegen SS-Standartenführer Bovensiepen im vergangenen Jahr gehört?"

Der Anwalt tat unwissend und Ferdinand Kroh legte los: „Na, der Bovensiepen war mit einem Sturmbannführer Dr. Soundso und einem Kriminalobersekretär wegen Beihilfe zum Mord angeklagt. Dann hatte Bovensiepen was am Herzen. Das Gericht stellte das Verfahren gegen ihn kurzerhand wegen angeblich andauernder Verhandlungsunfähigkeit ein. Dann geschah ein Wunder! Bovensiepen wurde wenige Wochen nach Einstellung des Verfahrens wieder gesund und konnte als Entlastungszeuge für einen seiner Mitangeklagten vor Gericht aussagen. So was nennt man ‚den Bock zum Gärtner machen'."

Dr. Koch ergänzte: „Ja, ja, die deutschen Richter, ‚wo sich euch die Rechte beugen, ist euer Vaterland'. Nicht von mir, aber trotzdem gut, von Tucholsky."

Kroh kam richtig in Fahrt und konnte seine soeben aufgeschnappten Weisheiten an den Mann bringen. Er sprach von dem Treueeid der Gestapoangehörigen. Seine Ausführungen endeten mit der rhetorischen Frage: „Hatte Stella auch einen Eid auf den Führer geleistet?"

Kroh redete sich so in Fahrt, dass er nicht bemerkte, dass dem Anwalt die Gesichtszüge entglitten und er sein Bierglas immer fester umklammerte.

„Was kann ich für Sie, den Strafverteidiger, was können Sie für mich, den Journalisten, tun?"

Der Anwalt antwortete: „Sie können für mich, bzw. für meine Mandantin, mehr tun als ich für Sie. Ich bin zur Verschwiegenheit verpflichtet."

Kroh rief den Kellner und sagte: „Wo ein Willi ist, ist auch ein Weg. Zweimal Williamsbirne, Doppelte!"

Der Kellner brachte die Schnäpse und Kroh sagte: „Auf gute Zusammenarbeit!"

Der Anwalt erwiderte: „Auf gute Zusammenarbeit. Ich brauche Entlastungszeugen. Ich brauche Menschen, die aussagen, dass Stella ihnen half."

Kroh erwiderte: „Das dürfte schwer werden, wenn sich sogar die eigene Tochter mit Grauen von der Mutter abgewendet hat."

Kroh beobachtete aufmerksam den Anwalt. Er wollte wissen, welche Rolle die Tochter in der Strategie der Verteidigung spielt. Er wollte wissen, ob die Tochter überhaupt eine Rolle für die Verteidigung spielt. Das Sahnehäubchen dieser Story wollte er ganz für sich alleine haben. Er musste alle Fäden in der Hand behalten.

Dr. Koch reagierte nicht. Kroh war beruhigt, dass die Tochter Yvonne für die Verteidigung offenbar nicht von Interesse war. Er wollte dieses Interesse auch unter keinen Umständen wecken. Deshalb lenkte er das Gespräch zum Thema Schuldfähigkeit. „Im ersten Prozess 1957 ging das Gericht nach einem Gutachten davon aus, dass Stella schuldfähig war. Ich glaube, die einzige Möglichkeit, einen Freispruch zu erreichen, ist die Feststellung der Schuldunfähigkeit durch eine Sachverständige im anstehenden Verfahren."

Der Anwalt tat geheimnisvoll und sagte: „Ja, das wäre eine der Möglichkeiten."

Dabei ging ebenso er davon aus, dass es die einzige Möglichkeit wäre, einen Freispruch zu erreichen. Er wollte jedoch gegenüber einem Nichtjuristen nicht zugeben, dass ihm zur Verteidigung von Stella auch nichts anderes einfällt.

Kroh blieb hartnäckig: „Ich kenne da eine Frau Dr. Burger. Sie ist Psychologin und ist bei den Gerichten als Sachverständige zugelassen. Sie ist Expertin für Täter-Opfer-Beziehungen. Hier ist ihre Telefonnummer, machen Sie was draus!"

Der Anwalt wollte sich jetzt dem Gespräch entziehen. Er rückte seine Krawatte gerade, schaute auf die Uhr und sagte: „Oh, schon 24:00 Uhr, ich muss nach Hause, meine Frau wartet. Wenn ich zu spät komme, gibt es ein Donnerwetter."

Kroh erwiderte: „Schön für Sie, auf mich wartet nicht mal eine Katze. Das kann sich aber bald ändern."

Beide mussten lachen. Kroh sagte zum Anwalt, der Anstalten machte zu bezahlen:

„Lassen Sie mal, ich übernehme, sind Spesen." Kroh zahlte die Zeche.

Beide tauschen Visitenkarten aus und verabschiedeten sich. Kroh war mit dem Ergebnis zufrieden. „Und nicht vergessen, ich suche noch einen Fahrer!"

Kroh drehte sich um und sah, wie der schöne Klaus zwei auffällig geschminkte Blondinen im Arm hielt.

Er lächelte: „Ich werde mir das mit dem Fahrer überlegen. Viel lieber würde ich aber ein Buch über Sie schreiben. Sie sind ja ein berühmter und wichtiger Mann in Berlin."

„Oh, Sie wissen ja, wo der Bär die Locken hat. Das finde ich gut, wir sehen uns. Aber jetzt müssen Sie mich entschuldigen, ich habe zu tun, wie Sie unschwer erkennen können."

Kroh winkte zum Abschied in Richtung vom schönen Klaus. Der schöne Klaus sah dies aber nicht mehr.

Den ganzen Abend saß in einer Ecke der Kneipe ein gut gekleideter Gast, der das Geschehen mit einem leichten Grinsen sehr interessiert verfolgte.

Ferdinand Kroh war dieser einsame Gast mit seiner rot glänzenden Glatze gleich aufgefallen. Kroh achtete grundsätzlich auf Schuhe und ertappte sich häufig dabei, sein Gegenüber nach dem Schuhwerk zu beurteilen. Ferdinand Kroh brauchte daher keinen siebten Sinn, um zu wissen, der Mann ist aus Ostberlin und zwar von der Stasi. Denn jeden Stasimann konnte man an den Schuhen erkennen.

Es waren immer die gleichen Schuhe aus grauem Leder in allen möglichen Formen, die in der DDR als besonders schick galten. Diese Schuhe sollten ursprünglich als Devisenbringer im Westen verkauft werden. Weil die Farbe des Leders jedoch an das stumpfe Fell einer Maus, einer grauen Maus, erinnerte, wurden die Schuhe nicht vom westdeutschen Versandhandel abgenommen, obwohl die Qualität der Verarbeitung von der DDR mit dem Gütesiegel „Q", gleich Weltniveau, eingestuft wurde. Ein Paar dieser Schuhe wurde Mitgliedern der Partei- und Staatsführung der DDR von den Werktätigen des VEB „Fußwohl" zum Geschenk gemacht. Minister Mielke stellte mit dem ihm eigenen Humor fest, dass diese Schuhe so bequem wären, dass man schon mal vergessen konnte, sie beim Zubettgehen auszuziehen und es nicht einmal merkte. Er war von seiner Wortschöpfung so begeistert, dass er dafür sorgte, dass die Schuhe in Ostberlin nicht in den Handel kamen, sondern ausschließlich an die männlichen Mitarbeiter der Stasi verteilt wurden. Diese Schuhe wurden zum Gefallen des Ministers dann auch bei jeder Gelegenheit getragen. Wer konnte also mit diesen grauen Schuhen von Ostberlin nach Westberlin fahren und sich seelenruhig in eine Kneipe setzen? Nur die Mitarbeiter der Stasi. Kein Westberliner konnte mit diesen mausgrauen Schuhen in eine Westberliner Kneipe gehen. Kroh machte sich keine Gedanken darüber, was der Mann in der Hundekehle wollte. Seine Gedanken kreisten um die Frage: Bekomme ich einen Parkplatz oder nicht? Kroh fand im Widerspruch zu den Naturgesetzen der Berliner Innenstadt einen nächtlichen Parkplatz. Er schloss die Haustür auf und überlegte: Briefkasten leeren oder nicht? Er entschied sich gegen das Phlegma und öffnete seinen Briefkasten. Die Werbung fiel auf den Boden. Er überlegte und entschied sich wieder gegen das Phlegma, obwohl es ihm schwerfiel, die Willies machten ihm zu schaffen. Er sammelte die Werbung ein. Zwischen der Werbung lag ein Brief. Kroh war mit einem Schlag nüchtern, der Brief war von Yvonne.

Das Licht im Hausflur ging aus. Kroh robbte zum Lichtknopf. Er sagte sich, cool bleiben. Wenn mich jetzt mein Chef sehen würde, dann müsste ich mir wieder den Spruch anhören: „Kannste wieder das Wasser nicht halten Kroh, musst noch viel lernen."

Also cool bleiben und den Brief erst morgen öffnen. Als Kroh in der Wohnung war, sagte er sich, mich sieht ja keiner, ich will wissen, ob sie nach Berlin kommt oder nicht.

Also öffnete er den Brief von Yvonne und las. Als er mit dem Brief fertig war, stieß er einen Schrei aus. Er schlief diese Nacht nicht.

XXIV.

Besucherbüro

Stella fuhr mit der S-Bahn bis zum Bahnhof Zoo. Sie nahm den Nebenausgang zur Jebenstraße.

Stella betrat die Räume des Besucherbüros. Das Personal des Besucherbüros wurde jeden Tag von Ostberlin zum Bahnhof Zoo und wieder zurück gefahren. Ein Bediensteter aus Ostberlin sagte zu Stella, sie möge sich in den Wartebereich begeben, dort Platz nehmen und warten. Er übergab ihr einen Zettel mit einer Wartenummer. Im Wartebereich waren nur noch wenige Plätze frei. Stella setzte sich neben eine junge Frau, die in ein Buch vertieft war. Stella war es nicht gewohnt, vollkommen ignoriert zu werden. Es machte sie nervös, dass diese junge Frau ihr keine Aufmerksamkeit schenkte. Plötzlich sagte die junge Frau: „Die DDR will mir meine Tochter wegnehmen und nun endgültig zur Zwangsadoption freigeben. Was soll ich machen?"

Stella antwortete: „Nicht aufgeben, niemals. Es ist Ihre Tochter und wird immer Ihre Tochter bleiben. Darf ich Sie etwas fragen?"

„Fragen Sie."

„Wie sind Sie in diese Situation gekommen?"

„Ich war aus politischen Gründen in der DDR inhaftiert. Ich war zwei Jahre in Hoheneck, weil ich als Studentin Flugblätter gegen den Einmarsch der Sowjets und die Niederschlagung des „Prager Frühlings" durch die Warschauer-Pakt-Staaten geschrieben habe. Das war im Herbst 1968. Im Jahre 1970 wurde ich dann an die Stasi verraten. Meine Tochter ist 1969 geboren."

Stella fragte: „Und wer hat Sie verraten?"

„Der Vater meiner Tochter, der war Spitzel der Stasi, er hat gegen mich ausgesagt und hat denen auch das Versteck von meinem Druckkasten gezeigt. Als ich verhaftet wurde, war meine Tochter gerade mal 6 Monate alt. Sie ist dann von meiner Mutter betreut worden. Meine Mutter ist in der DDR als Kämpfer gegen den Faschismus anerkannt, weil sie während des Krieges vielen Juden beim Untertauchen geholfen hat. Nur deshalb hatte die Stasi meine Tochter nicht gleich nach meiner Ausreise zur Zwangsadoption freigegeben. Meine Mutter hat mich immer beschützt, wie sie immer den Anderen geholfen hat und, wenn nötig, diese beschützt hat. Sie hat während des Krieges mindestens 50 Juden vor dem sicheren Tod bewahrt. Die Stasi hat mich Anfang des Jahres vor die Wahl gestellt, entweder in der DDR bleiben, mit Kind, oder in den Westen ausreisen, ohne Kind. Ich bin in den Westen gegangen und hatte gehofft, dass ich meine Tochter dann später auch in den Westen holen kann. Ich versuche jetzt meine Tochter wiederzusehen."

Stella hatte das Bedürfnis, der jungen Frau zu helfen. Sie brachte es aber nicht fertig, dieser Frau etwas Ermutigendes zu sagen. Sie blieb stumm, sie fragte nicht weiter, auch nicht nach dem Namen der Mutter.

XXV.

Anwaltskanzlei

Stella machte sich auf dem Weg in die Schöneberger Anwaltskanzlei, sie wollte keinen Anwalt vom Kurfürstendamm. Sie wollte nicht erkannt werden und sie mochte nicht, dass Leute vom Kurfürstendamm über sie Bescheid wissen. Lediglich das Cafè Kranzler würde sie besuchen. Sie war lange nicht dort gewesen.

Sonst mochte sie am Kurfürstendamm nicht grüßen und nicht gegrüßt werden. Schöneberg schien ihr unverdächtig, war dies auch keine Gegend, in der sich im Westberlin der Nachkriegszeit Juden ansiedelten.

In der Schöneberger Anwaltskanzlei angekommen, wurde sie in das Wartezimmer gebeten. Sie schaute in die ausliegenden Zeitungen. Es waren Zeitschriften, die sie nicht kannte. Auch das beruhigte sie, denn sie hatte Angst davor, ihren Namen in den großen Berliner Zeitungen zu lesen. Die Tür zum Wartezimmer ging auf.

„Dr. Koch, ich bin Ihr Verteidiger."

Dem Mann hing die Krawatte wie ein Fremdkörper um den Hals. Er bat sie in das Anwaltszimmer.

Das sollte nun ihr Verteidiger für das kommende Verfahren sein? Der Anwalt begann ein Gespräch, an dessen Ende Stella ihm eine Vollmacht unterschreiben sollte. Er wollte Akteneinsicht nehmen, in die Prozessakten der letzten fünfzehn Jahre. Er fragte Stella, ob sie eine guten Psychologin oder Psychologen kennen würde.

Stella verneinte die Frage.

„Ich werde mich dann um einen guten Psychologen kümmern, besser noch eine Frau. Ich habe da eine sehr qualifizierte Psychologin im Auge, Frau Dr. Burger." Stella willigte nach einigem Zögern ein, sich nochmals von einer Psychologin untersuchen zu lassen. Sie erinnerte sich an den Psychologen Dr. W., der nach 5 Minuten therapeutischem Gespräch dem Gericht 1957 vorgetragen hatte, sie sei eine intelligente Frau von großer Gemütsarmut und Gefühlskälte, die in stark egozentrischem Denken gefangen sei. Sie biete das Bild einer schizoiden Psychopathin mit infantilen Zügen. Aus dieser psychischen Veranlagung heraus erkläre sich ihre Tat. Woher er dies alles wissen wollte, war Stella nicht ganz klar. Aber vielleicht würde sich ein anderer „Nervendoktor" mehr als 5 Minuten Zeit für die Befragung nehmen. Stella wusste, dass Dr. Koch auf das Thema Geld kommen würde. Ihr letzter Verteidiger hatte nach dem dritten Satz gefragt, ob sie sich ihn denn leisten könne, er wäre Promianwalt und hätte auch prominente Honorare. Nach dem, was er dann für sie geleistet hatte, bekam sie kein schlechtes Gewissen, wenn sie daran dachte, dass er noch heute auf sein Promihonorar wartete.

Dr. Koch sagte: „Ich nehme für die Vorbereitung 1000 DM und für jeden Verhandlungstag nochmal je 1000 DM, von den gesetzlichen Gebühren kann ja kein Anwalt leben!"

Stella sagte nur: „Ja, ist in Ordnung."

Dr. Koch schob die Honorarvereinbarung über den Tisch. Stella unterschrieb die Vereinbarung und schob das Papier auf dem Tisch zurück zu Dr. Koch.

„So, für heute haben wir alles geregelt. Haben Sie noch eine Frage, Frau Gärtner?"

Stella sagte „nein" und erhob sich. Dr. Koch erhob sich ebenfalls.

Dr. Koch begleitete Stella noch bis zur Eingangstür. Er reichte Stella die Hand. Stella ergriff die Hand und drückte als Zeichen ihrer hohen Erwartungen fest zu. Stella wurden die Knie weich. Sie überlegte, wo sie das Geld hernehmen sollte.

Klaus konnte sie nicht mehr fragen und Charles wollte sie nicht so kurz nach der Heirat nach Geld fragen. Es gab nur einen Weg, um an Geld heranzukommen. Sie musste die Steine aus Liebenwalde holen.

XXVI.

Liebenwalde

Sie hatte eine lange und nicht ungefährliche Reise nach Liebenwalde vor sich. Sie reiste über den Bahnhof Friedrichstraße nach Ostberlin ein.

Ausweiskontrolle, Abstempeln des Mehrfachberechtigungsscheins mit acht möglichen Einreisen und der Zwangsumtausch von 25,00 DM in 25,00 Mark der DDR. Den Eintritt in das Arbeiter-und-Bauern-Paradies hatte sie hinter sich. Sie kam auf dem Bahnhof Friedrichstraße an einem Zeitungsstand vorbei. Wie vor sechzehn Jahren in Stollberg fiel ihr Blick auf das „Neue Deutschland“. Die Zeitung kostete immer noch 90 Pfennige. Sie kaufte das Neue Deutschland, diesmal ließ sie sich das Neue Deutschland nicht schenken. Sie hatte 25 Ostmark und wusste noch gar nicht, was sie mit dem vielen Geld machen sollte. Stella saß in der S-Bahn und schlug die Zeitung auf. Der Artikel mit der Überschrift „Mit Pionierkontrollposten in der Hauptstadt unterwegs“ weckte ihr Interesse. Der Zug hielt, die Tür wurde aufgerissen und eine Gruppe Jugendlicher, begleitet von einem Erwachsenen in einem blauen Hemd, stiegen ein. Alle hatten ein weißes Hemd an und ein blaues Halstuch umgebunden. Sie stimmten ein Lied an. Die Jugendlichen schauten immer wieder verstohlen zu Stella hinüber. Einer der Jugendlichen führte das große Wort. „In Westberlin werden wir auch den Sozialismus einführen!“

Der Mann im blauen Hemd ergänzte: „Du hast recht Erich, mit friedlichen Mitteln und nur durch die Kraft der Worte von Marx und Engels.“

Plötzlich schrie Erich: „In Westberlin gibt es viele Nutten!“

Stella stand auf, öffnete ein schmales Klappfenster und sagte: „Frische Luft kann nicht schaden!“

Aus der Gruppe schallte es: „Fenster zu, es zieht!“

„Musste umdrehen, dann schiebt es!“, keilte Stella zurück.

Schweigen. Stella ließ das Fenster offen und setzte sich. Sie schlug genüsslich das Neue Deutschland auf und begann demonstrativ zu lesen. Jetzt schauten alle auf Stella. Sie fixierte Erich und fragte: „Hast du schon mal Kaugummi gekaut?"

Erich antwortete empört: „Nein!"

„Dann bist Du ein guter Sozialist. Gute Sozialisten kauen keine Kaugummis. Gute Sozialisten lesen das Neue Deutschland." Stella dachte sich, man muss dem Affen nur Zucker geben, dann läuft es. Mit einem milden Lächeln der Überlegenheit fixierte sie jetzt den Mann im blauen Hemd. „Wollen Sie ein Autogramm?"

„Ja, bitte, ich kenne Sie vom Film."

Stella lachte laut auf: „Nein, vom Theater."

Die Jungen Pioniere folgten dem kurzen Gespräch mit offenem Mund.

Der Mann im blauen Hemd rief plötzlich: „In zwei Reihen antreten, marsch, marsch!" Die S-Bahn hielt, er öffnete die Tür und sagte im Befehlston: „Marsch, marsch."

Stella rief „Seid bereit!" und die Marschkolone brüllte zurück: „Immer bereit!" Stella musste den Artikel nicht mehr lesen, sie hatte erlebt, was ein Pionierkontrollposten ist, angewidert erinnerte sie sich an Hitlerjungen.

Stella schloss die Augen und versuchte das eben Erlebte zu verdrängen.

Sie genoss es, für zwei Stationen allein im Abteil zu sein. Dann stieg eine junge Frau mit ihrer Tochter ein. Die Tochter fixierte sofort die attraktive Stella.

„Mama, schau dir mal die schöne Frau an."

„Ja, Lisa, die Frau will sicher ihre Ruhe haben."

Stella sagte amüsiert: „Nein, lassen Sie nur, ich habe auch eine Tochter, ich kenne das."

Für Stella war die Reise nach Liebenwalde, wie vor sechsundzwanzig Jahren, eine Reise ins Ungewisse.

Vor sechsundzwanzig Jahren kannte sie niemanden in der Kleinstadt. Sie fiel damals nicht auf, weil sie eine von vielen Menschen auf der Flucht war. Es konnte auf den ersten Blick nicht unterschieden werden, warum jemand auf der Flucht war.

Nazibonzen versuchten so unauffällig wie möglich in der Masse unterzutauchen. Stella hatte jedoch ein Problem, sie war schön und blond. Wo sie auch auftauchte, war sie mit weitem Abstand die Schönste. Obwohl sie schon seit jeher die Aura einer kalten Fackel umgab, steigerte das ihre Attraktivität nur noch.

Weil sie in ihrer Schönheit so unnahbar erschien, steigerte dies die Begehrlichkeit der Männer und den Neid der Frauen. Sie stand nach sechsundzwanzig Jahren wieder vor der Kirche, in der Yvonne getauft worden war. Stella sah keinen Menschen. Den stillen Beobachter, der im Schatten eines alten Baumes stand, sah sie nicht. Sie betrat die Kirche und schaute sich um.

Stellas Erinnerung überstrahlte die Gegenwart. Wie war es vor sechsundzwanzig Jahren gewesen?

Sie hatte Yvonne, ihre kleine Tochter im Arm, in eine Decke eingewickelt, weil es kalt war. Sie lief etwa zehn Minuten von ihrem kleinen Häuschen bis zur Kirche. Es waren einige bekannte Gesichter in der Kirche. Im Laufe der Zeit hatte Stella einige Gemeindemitglieder kennen gelernt. Sie ging oft zum Beten in die Kirche. Sie hatte bei ihren häufigen Besuchen in der Kirche auch nach einem Versteck für ihre Steine Ausschau gehalten. Im Haus wollte Stella die Steine nicht verstecken. Ihr erschien die Kirche als ein gutes Versteck. Sie musste nur noch einen Winkel finden, wo die Steine sicher waren und sie jederzeit Zugriff hätte. Es war niemand zu sehen. Sie wollte aber sichergehen, dass sie nicht beobachtet und gestört würde. Sie musste einen plausiblen Grund schaffen, der den Aufenthalt in der Kirche rechtfertigte. Sie ging zum Pfarrhaus und klopfte an die Tür. Der Pfarrer öffnete die Tür.

„Guten Tag, Herr Pfarrer, meine Tochter wurde in dieser Kirche im Januar 1946 getauft, könnte ich mir nochmal das Taufbuch anschauen."

„Gern!", antwortete der Pfarrer, „das Taufbuch ist in der Kirche, ich komme gleich. Wohnen Sie in Liebenwalde, ich habe Sie noch nie in der Kirche gesehen?"

„Nein, Herr Pfarrer, ich wohne jetzt in der Hauptstadt."

Der Pfarrer schaute sie misstrauisch von der Seite an. Vielleicht war sie ja mit einem Bonzen verheiratet und konnte sich so die teure Kleidung leisten. Stella ging in die Kirche, der Pfarrer erschien kurz hinter ihr und beide gingen gemeinsam in einen Nebenraum. „Hier ist das Taufbuch, wann sagten Sie?"

„Genau am 7. Oktober 1945."

„Ja, hier ist der Eintrag, Yvonne Meissl, geb. am 7. Oktober 1945. Wie geht es dem Kind, äh, der jungen Dame, Yvonne wird ja bald 22 Jahre alt."

„Gut geht es meiner Tochter. Ich würde gerne noch in der Kirche beten. Darf ich?" „Selbstverständlich, solange Sie wollen." Mit einem Bonzen konnte sie nicht verheiratet sein, die Frau eines Bonzen würde nicht beten gehen.

Kurz nachdem der Pfarrer wieder im Pfarrhaus war, klopfte es an der Tür. Der Pfarrer öffnete die Tür.

Vor der Tür stand ein junger Mann in Zivil. „Guten Tag, Ministerium für Staatssicherheit!" Er zeigte einen kleinen Ausweis, der mit einer Kette an seiner Hose befestigt war.

Der Pfarrer hätte sich tief bücken müssen, um den Ausweis lesen zu können. Er wollte den Ausweis auch nicht lesen. Er wollte überhaupt nichts mit denen zu tun haben. Die wussten um seine kleine Schwäche und sie hatten ihn das auch spüren lassen. Sie hatten ihn in der Hand mit seiner Schwäche für kleine Jungs. Stella hatte das Versteck schnell gefunden, obwohl das Loch im Holz der Gebetsbank zwischenzeitlich überstrichen worden war. Sie entfernte den Korkverschluss am vorderen und am hinteren Ende des Lochs und schob die Steine mit einem Bleistift aus dem Loch auf das bereit gelegte Taschentuch.

Sie entfernte einige Glassteine aus den Fassungen ihrer Kette und fügte die Brillanten in die leeren Fassungen der Kettenglieder.

Dann hängte sie sich den auffällig geschmacklosen Modeschmuck wieder um den Hals.

Plötzlich hörte sie die Stimme des Pfarrers hinter sich:„Haben Sie gefunden, was Sie gesucht haben?"

„Ja, Herr Pfarrer, ich habe das Wort Gottes gesucht und in Ihrer Kirche gefunden. Ich danke Ihnen. Ich komme in einem Jahr wieder. Gott mit Ihnen." Stella ging langsam zur Bushaltestelle. Sie wusste, sie würde niemals mehr hierher zurückkehren. Sie wusste auch, dass der Pfarrer ihr kein Wort geglaubt hatte. Der Bus fuhr bis zum S-Bahnhof. Stella löste eine Fahrkarte. Sie ging durch die Eingangshalle. Sie folgte dem Hinweis: „Hauptbahnhof“, ging eine Treppe abwärts, dann durch einen Tunnel, in dem es penetrant nach Urin stank. Sie ging schneller und hielt die Luft an. Erst als sie die Treppe erreichte, die aufwärts zum Bahnsteig führte, fing sie wieder an zu atmen.

Der S-Bahn-Zug stand schon auf dem Bahnsteig. Stella ging einige Waggons entlang, bis sie zu einem Waggon kam, in dem sie allein war. Sie setzte sich ans Fenster, mit dem Gesicht in Fahrtrichtung. Obwohl sie die Kette spürte, fasste sie sich an den Hals, um sich zu vergewissern, dass die Kette noch da war. Sie besaß nun wieder die Steine, die sie Juden abgenommen und Dobberke nicht übergeben hatte. Was mochten die Steine jetzt wert sein?

Es waren zwölf Steine. Es könnten viel mehr sein, mindestens 100 Steine hatte sie den Juden abgenommen. Wie viel Steine Isaaksohn den Juden abgenommen hatte, wusste sie nicht, er hatte nie darüber gesprochen. Es waren sicherlich noch mehr. Stella wollte sich für einen Augenblick die Schuhe ausziehen. Sie bückte sich nach vorn, um die Schuhe besser abstreifen zu können. Sie hatte das Gefühl, dass die Kette, als sie frei an ihrem Hals hing, schwerer war als vorher. Zwei weitere Fahrgäste stiegen in den S-Bahn-Waggon ein und setzen sich in ausreichender Entfernung von Stella, weit genug, um nicht ihre Gedanken zu stören.

Stella hörte: „Vorsicht zurückbleiben!“ Der S-Bahn-Zug fuhr an. Stella war unbeobachtet. Sie nahm die Kette vom Hals und prüfte die Befestigung der Steine. Sie war zufrieden, die Metallkrallen, die die Steine hielten, waren fest und es bestand keine Gefahr, dass ein Stein herausfallen könnte. Sie betrachtete jeden einzelnen Stein. Jeder Brillant hatte seine Geschichte. Jeder Brillant bekam plötzlich ein Gesicht. Den größten und reinsten Stein hatte sie einem alten Juden abgenommen. Sie sah den alten Juden wieder vor sich. Der Zug näherte sich dem Bahnhof Friedrichstraße. Stella hatte das Gefühl, sich übergeben zu müssen. Einen Moment überlegte sie, die Kette aus dem Zug zu werfen. Damit wäre jedoch niemandem geholfen gewesen.

Nicht ihr, die dringend Geld brauchte und auch nicht denen, die sie aufgespürt und die Brillanten abgenommen hatte. Sie musste da jetzt durch, sie musste sehen, dass sie die Steine nach Westberlin bringt, und da konnte sie ja die Brillanten verkaufen. Auf keinen Fall wollte sie freiwillig die Steine in Ostberlin zurücklassen.

Sie musste das Risiko der Entdeckung eingehen.

XXVII.

Bahnhof Friedrichstraße

Am Grenzübergang Bahnhof Friedrichstraße standen die Rückreisenden im „Tränenpalast“ in einer langen Reihe. Nach einer Stunde warten, waren noch drei Rückreisende vor ihr, bald war es geschafft. Stella betrat den schmalen Gang, in dem die Ausweiskontrollen durchgeführt wurden. Es roch streng nach Bohnerwachs. Sie erinnerte sich an ihre Zeit in Hoheneck. Sie kannte diesen Geruch des Sigella- Bohnerwachs, dem sie lange nicht hatte entfliehen können. Nie wieder diesen Geruch, nie wieder in dem System eingekerkert sein, in dem es überall gleich nach Sigella riecht, ob im Knast oder sonst wo.

Sie reichte ihren behelfsmäßigen Westberliner Personalausweis und ihren „Mehrfachberechtigungsschein“ durch den vorgesehenen Schlitz. Über der schmalen Durchreiche befand sich ein Fenster, durch welches die Gesichtskontrolle durchgeführt wurde, über ihr war ein Spiegel angebracht.

Der Uniformierte schaute Stella an und schaute dann nach unten auf das Ausweisfoto. Dann schaut er nach links … zu lange. Stella wurde nervös. Der Uniformierte griff zum Telefon.

Er sagte: „Bitte einen Augenblick, Sie werden abgeholt.“ Die Ausgangstür öffnete sich. Eine weitere Uniformierte bat Stella in ein Zimmer.

„Was wollten Sie in Liebenwalde?“

„Ich wollte in der Kirche beten, in der meine Tochter Yvonne getauft wurde.“

„Das können Sie dem lieben Gott erzählen. Sagen Sie die Wahrheit, wir bekommen doch alles raus und dann wird es nicht angenehm. Sie haben 1946 bis 1956 nach Verurteilung durch das sowjetische Militärtribunal in den Haftanstalten der DDR verbracht. Es ist zu hoffen, dass dieser Aufenthalt seine erzieherische Wirkung nicht verfehlt hat.“

Stella sagte sich, besser jetzt schweigen, sonst halten die mich nochmal zehn Jahre fest.

Die Uniformierte hinter Stella sagte: „Bitte folgen Sie mir."

Stella folgte der Uniformierten. Sie war sich sicher, der Pfaffe hat sie verraten. Der Vorgesetzte der Schicht im Range eines Majors griff zum Telefon und meldete: „Eine der gelisteten Zielpersonen festgenommen. Es handelt sich um Stella Schellenberg, geb. Goldschlag. Ich bitte um weitere Anweisungen."

Vom anderen Ende der Leitung hörte er: „Bitte am Apparat bleiben, Genosse Major."

Nach wenigen Minuten hörte der Major die Stimme von Oberst Krause: „Genosse Major, Meldung machen."

„Melde, Genosse Oberst, Zielperson steht unter dem Verdacht, irgendetwas aus der DDR herauszuschmuggeln."

„Wissen Sie, was die Zielperson schmuggeln will?"

„Nein, Genosse Oberst."

„Ich sage Ihnen, Genosse Major, sie wollte nichts schmuggeln. Sofort freilassen, das ist ein Befehl, schriftliche Bestätigung folgt."

„Zu Befehl, Genosse Oberst, ich wiederhole: Sofort freilassen."

In einem Zimmer musste sich Stella ausziehen. Alle Kleidungsstücke wurden untersucht. „Die Kronjuwelen auch?", fragte Stella.

„Nein … Glas sehe ich mit einem Blick."

Stella dachte, gut, dass sie blind ist …

„Haben Sie was geschluckt?"

„Nein, was sollte ich geschluckt haben?"

„Das will ich ja von Ihnen wissen. Die Fragen stellen wir, sie haben zu antworten." „Ich habe heute nur eine Tasse Kaffee getrunken und ein Brötchen gegessen."

„Gut, Sie wollen nicht. Es gibt zwei Möglichkeiten: Die schnelle Maßnahme ist Magen auspumpen. Die langsame Maßnahme: Abführmittel. Sie haben die freie Wahl."

In der Zwischenzeit hatte sich die Uniformierte Gummihandschuhe angezogen. „So, dann wollen wir mal."

Stella bückte sich. „Schau an, schau an, man kennt das schon."

Es klopfte an der Tür. Die Uniformierte sagte: „Einen Augenblick." Sie öffnete die Tür einen Spalt. Der Major sagte zu ihr: „Anweisung von ganz oben, Untersuchung abbrechen, eine Verwechslung."

Sie schloss die Tür wieder und sagte zu Stella: „Eine Verwechslung. Ziehen Sie sich bitte wieder an. Sie können gehen."

XXVIII.

Juwelier

Stella sagte niemandem etwas von den Steinen, auch nicht ihrem Ehemann Charles. Sie wollte einen Stein verkaufen, um den Anwalt bezahlen zu können. Sie ging zu einem Juwelier neben dem Literaturcafè in der Fasanenstraße. An dem Schaufenster stand „An- und Verkauf von Gold". Ein junges Mädchen stellte eine Menora in die Auslagen. Stella war bewusst, dass sie das Geschäft eines Juden betrat. Sie öffnete die Tür zum Juweliergeschäft: „Guten Tag."

Das junge Mädchen erwiderte mit einem freundlichen Lächeln „Guten Tag!" und rief: „Papa ... Kundschaft!"

Der Juwelier schaute Stella an. Grußlos fragte er: „Sie wünschen?"

„Ich möchte einen Brillanten verkaufen." Als Stella die Steine auf dem Tisch des Juweliers ausbreitete, schob der den Ärmel von seinem Hemd hoch und hielt Stella den linken Unterarm direkt vor das Gesicht. Stella schaute mit weit aufgerissenen Augen auf die eintätowierte Nummer.

Langsam schob er den Ärmel von seinem Hemd wieder zurück. „Sie sind Stella Goldschlag, die Greiferin. Ich bin Auschwitzjude, ich kaufe nichts von Ihnen. Ich habe viel von Ihnen gehört, zu viel. Bitte verlassen Sie mein Geschäft."

Stella nahm die Steine und verließ wortlos das Geschäft.

Das junge Mädchen hatte das Gespräch verfolgt. „War das Stella Goldschlag, die Verräterin an ihrem Volk?"

„Ja, das war Stella Goldschlag."

Das junge Mädchen riss die Ladentür auf und rannte hinter Stella her. Als sie Stella erreicht hatte, rief sie außer sich: „Stella, bleib stehen! Wie konntest du dein Volk verraten, wie konntest du das tun?"

Stella ging weiter und lächelte die umstehenden Passanten an, so als wäre nichts geschehen. Es war aber etwas geschehen, etwas, was sie nicht weglächeln konnte. Ein junges Mädchen hatte sie öffentlich angeklagt. So wie ihre Tochter Yvonne sie über die langen Jahre stumm angeklagt hatte, hatte dieses fremde Mädchen sie unüberhörbar angeklagt. Das fremde Mädchen war jedoch nicht fremd. Das fremde Mädchen war Jüdin und sie hatte das Recht, für die Jüdinnen und die Juden zu sprechen. Die Anklage des Gerichts erschien ihr nicht mehr wichtig. Die Anklagen ihrer Tochter und des jungen Mädchens waren ihr wichtiger.

Jetzt war Stella klar, was mit den Steinen, die sie aus Liebenwalde geholt hatte, geschehen musste. Sie musste die Steine zurückgeben. An den Steinen klebte Blut. Mit dem Anwalt würde sie schon klarkommen. Wenn sie freigesprochen würde, dann müsste sie ohnehin nichts bezahlen. Und wenn er nach einem Freispruch mehr verlangte, als ihm gesetzlich zustand, dann zahlte sie das aus der Haftentschädigung.

XXIX.

Moabit

Der Termin der mündlichen Verhandlung vor dem Schwurgericht in Moabit rückte immer näher.

Die neue Schöffin der Kammer wurde bereits vereidigt. Frau Dr. Erika Berg hatte sich bei der Vereidigung unbeliebt gemacht. Der Vorsitzende Richter hatte ihr § 45 des Deutschen Richtergesetzes erläutert. Danach sollte der Schwörende bei der Eidesleistung die rechte Hand erheben.

Frau Dr. Berg wies den Vorsitzenden darauf hin, dass der Gesetzgeber die Frauen in dem Verfahren zur Wahl, Ernennung oder Berufung ehrenamtlicher Richter nicht angemessen berücksichtigt hätte. Es müsse korrekt heißen: Danach solle die Schwörende oder der Schwörende bei der Eidesleistung die rechte Hand erheben. Sie fühle sich also vom Gesetz nicht angemessen als Frau wahrgenommen. Deshalb sehe sie sich auch nicht veranlasst, über die Frage nachzudenken, ob und wie sie die rechte Hand erheben solle. Sie erhebe im Übrigen grundsätzlich nicht die rechte Hand zum Gruß, weder mit ausgestrecktem noch mit angewinkeltem Arm.

Der Vorsitzende Richter sagte mit betonter, etwas übertriebener Freundlichkeit: „Ich werde mich für eine redaktionelle Änderung des Richtergesetzes stark machen. Auch ohne eine Gesetzesänderung lege ich das Gesetz ausnahmsweise modern aus. Sie können auch die linke Hand erheben."

Frau Dr. Berg quittierte dieses Angebot mit einem freundlichen Lächeln und hob nach der Eidesleistung die linke Hand.

Auch der Vorsitzende Richter lächelte. Er erinnerte sich daran, dass die Kriegsversehrten ebenso die linke Hand zum deutschen Gruß erheben durften, wenn sie den rechten Arm im Feld der Ehre verloren hatten.

Der Rechtsanwalt Dr. Koch hatte die Akteneinsicht vorgenommen und sich ein Bild von den Vorwürfen gegen Stella, die sich nun Ingrid Gärtner nannte, gemacht.

Er hatte die Anklageschrift vom 10. April 1957, das Urteil des Schwurgerichts vom 29. Juni 1957 und das Urteil des BGH vom 17. Oktober 1958 gelesen. Diese Lektüre bestärkte ihn in seiner systemkritischen Überzeugung, dass die Justiz der Bundesrepublik Deutschland das NS-Unrecht nicht wirklich aufklären und ahnden wollte.

Trickreich hatte der BGH auf Seite 5 des Revisionsurteils angenommen, dass dem deutschen Strafrecht der Begriff des „Massenverbrechens“ fremd sei. Es käme darauf an, ob die „Tätigkeit“ der Angeklagten für sich betrachtet eine einheitliche Handlung darstelle oder ob sie aus mehreren Handlungen bestehe. Ob eine „natürliche Handlungseinheit“ bei den „Initiatoren“ des Vernichtungsplans (Hitler, Göring, Heydrich und deren Ausführungsorganen im Reichssicherheitshauptamt) rechtlich möglich sei, brauche nicht geprüft zu werden.

Die Konsequenz der Rechtsprechung des BGH resümierte der Rechtsanwalt: Mit der Zahl der Opfer steige die Wahrscheinlichkeit des Freispruchs für die Täter. Den Haarmann kenne jedes Kind. Der hatte um die 30 jungen Männern die Kehle durchgebissen. Diejenigen, die unzählige Juden ermordet hatten, blieben weitgehend unbekannt. Da musste doch im deutschen Strafrecht etwas nicht stimmen.

Der Verteidiger, Dr. Koch, hatte die Erstellung eines schriftlichen psychologischen Gutachtens beantragt. Er hatte darauf hingewiesen, dass in dem Verfahren von 1957 der beauftragte Gutachter Dr. W. aus Zeitgründen kein schriftliches Gutachten erstellt hatte. Er hatte lediglich in der mündlichen Verhandlung vom 27. Juni 1957 eine mündliche Stellungnahme abgegeben. Das Protokoll der mündlichen Verhandlung vermerkte lediglich eine Zeit von 10:45 Uhr bis 11:15 Uhr, mithin eine halbe Stunde für den Sachverständigen. In dem Urteil ist dann auf Seite 40 nachzulesen: „Diese aus den dargelegten Umständen gewonnene Überzeugung des Schwurgerichts stimmt vollauf überein mit dem ausführlichen Gutachten des psychiatrischen Sachverständigen Dr. W.“

Ein schriftliches Gutachten des Dr. W. war jedoch nirgendwo in der Akte auffindbar. Für ein ausführliches Gutachten des

Dr. W. gab es auch keinerlei Hinweise in den Akten. Dr. Koch verwies in seinem Antrag auf die bereits im Jahr 1936 veröffentlichte Arbeit von Anna Freud über die Identifikation mit dem Angreifer. Auch unter dem Gesichtspunkt der Täter-Opfer-Beziehung sei die Angeklagte nochmals zu untersuchen. Deshalb beantrage er, die Sachverständige Dr. Helga Burger mit der Erstellung eines schriftlichen psychiatrischen Gutachtens über die Schuldfähigkeit der Angeklagten zum Zeitpunkt der Taten zu beauftragen.

Der Vorsitzende Richter verfügte: Die psychiatrische Sachverständige Dr. Helga Burger wird mit der Errichtung eines schriftlichen Gutachtens über die Frage der Schuldfähigkeit der Angeklagten im Hinblick auf die ihr in der Anklageschrift zur Last gelegten Beihilfetaten zum Mord, insbesondere für den Zeitraum zwischen April 1943 bis 1944, beauftragt. Die Sachverständige wird darauf hingewiesen, dass nach dem Revisionsurteil des BGH vom 17. Oktober 1958 Straftaten, durch die höchstpersönliche Rechtsgüter verschiedener Personen verletzt werden, nicht als im Fortsetzungszusammenhang stehend angesehen werden. Die Fälle der Anklage: 2 bis 13, 1, 14 und 15, 16, 17, 22, 32, 23 bis 27, 28 und 29, 34 sollen, so der Gutachterauftrag, jeweils einzeln beurteilt werden. Wegen des Termins zur Hauptverhandlung am 21. September 1972 wird die Sachverständige um zeitnahe Begutachtung ersucht.

XXX.

Praxis Dr. Burger

Stellas Anwalt hatte ihr die Anschrift und den Termin bei der Sachverständigen, Frau Dr. Burger, mitgeteilt. Pünktlich um kurz vor neun stand Stella vor dem Haus in der Konstanzer Straße 5. Sie war wieder in der Gegend, in der sie ihre Jugend verbracht hatte und in der sie auf die Jagd nach untergetauchten Juden gegangen war.

Sie drückte die Klingel neben dem Schild „Dr. Burger, Psychiaterin". Es ertönte ein Summen und eine Stimme sagte: „Ich hole Sie mit dem Fahrstuhl ab, bitte einen Augenblick im Parterre warten."

Stella betrat ein herrschaftliches Treppenhaus. Auch sie hatte in ihrer Kindheit in einem solchen Haus mit Teppichen im Treppenhaus, vielen Spiegeln und Wandmalereien gewohnt. Nach der Inflation hatten ihre Eltern sich nicht mehr die große Wohnung leisten können und waren in die Xantener Straße 2 gezogen, in eine kleine Wohnung im Hinterhaus.

Stella betrachtete sich im Spiegel. Mit ihren 50 Jahren konnte sie sich noch sehen lassen. Sie fand, dass sie eine gepflegte, attraktive Erscheinung sei. Ein klickendes Geräusch, der Fahrstuhl war im Parterre angekommen. Frau Dr. Burger empfing Stella in einem weit geschnittenen Kleid, ihr Dekolleté verbarg sich hinter einem Seidentuch. Stella hatte, wie zu allen offiziellen Anlässen, ein eng anliegendes Kostüm an, in welchem sie sich gefiel und von dem sie annahm, dass sie auch allen anderen gefallen würde. „Guten Tag, Frau Schellenberg, schön, dass Sie da sind, ich bin Helga Burger, für Sie ohne den Doktor."

„Guten Tag, Frau Dr. Burger, vielen Dank, dass Sie sich Zeit für mich nehmen. Bitte nennen Sie mich Gärtner, ich heirate in den nächsten Tagen Karl Gärtner." Es war keine unterkühlte, aber auch keine warmherzige Begrüßung zwischen den beiden Frauen. Die eine dachte, das ist die Frau, die 31 Juden an die

Gestapo verraten hat. Wie viele Gesichter hat diese Frau? Die andere dachte, das ist die Frau, die mir ein Loch in den Bauch fragen wird.

Der Fahrstuhl kam in der zweiten Etage an. Frau Dr. Burger drückte den Türöffner und die beiden Frauen verließen den Fahrstuhl. Frau Dr. Burger sagte „Bitte nach links!" und schloss eine große Flügeltür auf, die den Blick frei machte auf eine großzügige Altbauwohnung. Aus dem hinteren Bereich des Flurs kam ein pechschwarzer Kater, der langsam auf Stella zuging. Er rieb seinen Rücken an Stellas Schienbein und schnurrte leise.

Frau Dr. Burger sagte: „Carlo mag Sie, das ist ein gutes Zeichen, ein sehr gutes Zeichen."

Stella dachte sich, das kann ja lustig werden, wenn der Kater mitreden kann. Für eine Hexe ist sie aber zu jung und zu hübsch.

„Frau Gärtner, was möchten Sie, Tee oder Kaffee?"

„Wenn ich einen Kaffee bekommen könnte, schwarz, das wäre schön."

„Kaffee kommt gleich, ich bevorzuge Tee."

„Bitte nehmen Sie dort drüben auf dem Sessel Platz." Frau Dr. Burger brachte Stella den Kaffee und stellte eine Schale mit Keksen daneben. Gegenüber stellte sie die Schale mit dem Tee auf den Tisch. „Muss 4 Minuten ziehen, 3 Minuten braucht er noch. Wissen Sie, Frau Gärtner, ich habe Psychologie studiert, um mehr von mir und den anderen Menschen zu erfahren. Ich habe mehr Fragen als Antworten gefunden. Wissen Sie, viele Menschen halten es mit Konfuzius, ‚selig sind die, die nicht wissen, dass sie nicht wissen, was sie nicht wissen'. Mit dieser Weisheit ist jedoch niemandem geholfen. Ich kann Ihnen sagen, dass ich meine Doktorarbeit zum Thema Täter-Opfer-Beziehung geschrieben habe, mit Auszeichnung geschrieben habe. Ich kann also von mir behaupten, dass ich eine international anerkannte Kapazität auf diesem Gebiet bin. Bei diesem Thema kommt derzeit niemand an mir vorbei. Ich will Ihnen ganz offen sagen, mein Gutachten hat für Sie persönlich erhebliche Auswirkungen. Ich habe die Anklageschrift und die Prozessakten aus dem Jahr 1957 gelesen. Ich bin weder Richter noch Staatsanwalt, noch Verteidiger."

Stella nickte und nahm einen Schluck von dem Kaffee.

„Vom Gericht habe ich den Hinweis erhalten, dass bei Straftaten, durch die höchstpersönliche Rechtsgüter verschiedener Personen verletzt wurden, jede einzelne Tat einzeln beurteilt werden muss."

Stella gefiel die ruhige Art von Frau Dr. Burger und die Tatsache, dass sie nicht gleich mit bohrenden Fragen und ständigem Blick auf die Uhr anfing. Sie wollte, dass ihr jemand zuhört, wirklich zuhört und sie nicht sogleich der Kategorie Mörderin zuordnet. Sie fragte Frau Dr. Burger: „Halten Sie mich für eine Mörderin?" Sofort antwortete die Gefragte: „Nein, auf keinen Fall! Für mich ist auch Magda Goebbels, die ihre sechs Kinder umgebracht hat, keine Mörderin. Diese Frau war nicht verantwortlich für das, was sie tat. Diese Frau war psychisch krank, sie litt unter extremen Narzissmus. Sie gierte nach Anerkennung. Diese Gier konnte sie in einer Vielzahl von Beziehungen nicht befriedigen. Erst ihre Aufopferung für Hitler hat ihren Narzissmus befriedigen können. Hitler war ihr Gott und sie wollte seine Heilige sein. Wo wir gerade bei der Religion sind. Sie haben in einem Brief an den Landgerichtsdirektor B. am 1. Juli 1956 geschrieben, Sie möchten eine ähnliche Rolle wie Jesus Christus spielen. Was meinten Sie damit?

Stella erwiderte: „Ich finde schon, dass mein Schicksal dem von Jesus Christus gleicht. Ich bin bereit, die Rolle einer Märtyrerin zu übernehmen."

„Frau Gärtner, wollen Sie die Rolle für sich oder für andere Menschen übernehmen?" „Ich verstehe nicht!", Stella schaute Frau Dr. Burger fragend an.

Dr. Burger merkte, dass sie zu weit gegangen war. Sie dachte: Ich muss die Situation schnell retten, sonst finde ich keinen Zugang mehr zu der armen Seele. Sie beeilte sich, die Selbstlosigkeit von Stella zu loben, obwohl sie bereits nach wenigen Worten wusste, dass sie es mit extremem Narzissmus zu tun hatte. „Frau Gärtner, Sie haben das Geheimnis des Lebens begriffen. Liebe und Freundschaft verdoppeln sich, wenn man Liebe und Freundschaft teilt."

Stella war beruhigt, dass Frau Dr. Burger so ein gutes Gespür für ihre Seele hatte.

„Sagen Sie, Frau Gärtner, waren Sie irgendwann mal in therapeutischer Behandlung? Also nach dem Krieg oder nach der Haftzeit in der DDR?"

„Nein, nie."

„Danach gibt es offenbar auch keine Unterlagen jüngeren Datums über Ihren Gemütszustand."

„Nein, gibt es nicht."

„Wir müssen also Ihren Gemütszustand in den Jahren 1943 bis 1944 beschreiben. Schwierig, aber nicht unmöglich. Wissen Sie, ich schreibe nicht irgendetwas, was ich nicht verantworten kann. Das überlasse ich lieber anderen. Ich schlage daher vor, dass wir über Ihre Kindheit reden und dann die Sitzung für heute beenden. Was halten Sie davon?"

„Wenn Sie das sagen, bin ich damit einverstanden. Ich glaube, dass ich bei Ihnen in guten Händen bin."

„Davon können Sie sicher ausgehen."

Das beruhigte Stella, denn sie hatte immer noch Dr. W. vor Augen, der sie 5 Minuten lang gefragt hatte, warum sie so eitel und egoistisch wäre und weil sie darauf keine Antwort gewusst hatte, die Untersuchung abgebrochen hatte. In der mündlichen Verhandlung am 29. Juni 1956 hatte er dann aber eine halbe Stunde die Auffassung vertreten, sie wäre zwar egoistisch und infantil, aber noch lange nicht schuldunfähig. Stella erzählte und erzählte. Frau Dr. Burger ließ sie erzählen. Als Stella jedoch zum dritten Mal ausführte, dass sie ein großer Star werden wollte und dass sie eigentlich viel bessere Voraussetzungen hatte als Marlene Dietrich, weil ihr Vater Musiker und ihre Mutter Sängerin gewesen waren, unterbrach Frau Dr. Burger sie.

„Ich möchte Ihnen jetzt meine vorläufige Einschätzung sagen. Sie waren in einem Übermaß verwöhnt und es wurde Ihnen eine Erwartungshaltung oktroyiert, an der Sie zwangsläufig scheitern mussten. Auch ohne die tragische Entwicklung in Deutschland wären Sie gescheitert. Was Marlene Dietrichs Karriere angeht, da stimme ich Ihnen zu. Alles wurde Ihnen aufgrund Ihrer Schönheit zu leicht gemacht, Sie hatten einen Status, der eine gesunde Persönlichkeitsentwicklung verhinderte. Sie hätten mit den Schmuddelkindern spielen sollen, das hätte

Ihnen gut getan. Sie haben Rückschläge und Niederlagen nicht als Chance begreifen können, sondern haben darin sozusagen eine Majestätsbeleidigung gesehen. Sie waren ganz offensichtlich bereits in der Kindheit ein Opfer, ein Opfer Ihrer Ansprüche und der überzogenen Ansprüche an sich selbst. Auch eine Prinzessin kann ein Opfer sein, wenn sie kein Königreich in Aussicht hat. Wissen Sie, Frau Gärtner, Frauen mit außergewöhnlicher Schönheit sind meist unglücklich, die allerwenigsten glücklich. Schauen Sie sich Marlene Dietrich an, Sie war einsam. Frau Gärtner, wir haben zwei Stunden hart gearbeitet. Wir machen eine kleine Pause und können weiterarbeiten. Wenn Sie jetzt aufhören wollen, dann sagen Sie es mir bitte."

„Nein, nein, es ist schon gut, wir machen weiter."

„Gut, Sie bekommen noch einen Kaffee, ich mach mir einen Tee, Carlo bekommt sein ‚Fresschen' und wenn Sie wollen, können Sie sich im Bad noch etwas frisch machen. Bitte die dritte Tür rechts."

Nach 5 Minuten hatte Stella einen Kaffee, Frau Dr. Burger einen frischen Tee, der aber noch 3 Minuten ziehen musste und Carlo lag zufrieden mit einer Portion Katzenfutter im Bauch in der Ecke. „Wissen Sie, Frau Gärtner, Sie hatten offenbar als Kind einen Sonderstatus. Plötzlich brach Ihre Welt zusammen, praktisch über Nacht wurde alles anders. Nur eines wurde nicht anders, Sie blieben eine außerordentlich attraktive Frau, eine blonde Jüdin. Sie haben auf alle, ob Männer oder Frauen, wie eine Fackel gewirkt. Die Männer wollten Sie besitzen, die Frauen wollten Sie umbringen, völlig unabhängig von Rassegesetzen. Wie hat das auf Sie gewirkt?"

„Ich weiß es nicht, es ist schon so lange her. Die alltäglichen Sorgen haben dazu geführt, dass meine Schönheit verblasst ist."

„Frau Gärtner, ganz offensichtlich haben Sie mindestens 30 Juden, so jedenfalls die Anklage, aufgespürt und dann der Gestapo zugeführt."

„Nein, habe ich nicht."

„Frau Gärtner, bitte, ich will Ihnen helfen, und ich glaube, ich bin der erste Mensch, der Ihnen wirklich helfen kann, wenn Sie sich selbst die Wahrheit eingestehen. Zu der Wahrheit gehört nicht nur der Verrat, sondern auch die Ursache des Verrats, nämlich die Antwort auf die Frage, wie konnten Sie so komplett Ihr Mitgefühl gegenüber den Juden verlieren. Ich frage mich, wie viel Verletzung haben Sie ertragen müssen, um diese furchtbaren Taten, die Ihnen zur Last gelegt werden, zu begehen. Ich will wissen, was mit Ihnen geschehen ist, in den Kellern der Gestapo. Wenn Sie Ihr Gewissen verloren haben, dann nur dort unter der Folter. Anders ist für mich Ihr Verhalten nicht erklärbar."

„Sie glauben also den Märchen, die über mich verbreitet werden?"

„Frau Gärtner, lassen wir es so stehen, lassen wir die Vorwürfe als Märchen stehen." „Darf ich noch einmal auf die Toilette gehen?"

„Ja, schließen Sie aber bitte nicht die Tür ab."

„Keine Sorge!"

„Bitte, Frau Gärtner, wir müssen da durch. Sie werden sich besser fühlen, wenn alles vorbei ist."

Stella stand auf und ging wie eine alte Frau zur Toilette. Sie schloss nicht ab. Sie schaute in den Spiegel, sie schaute sich minutenlang an. Was sie sah, gefiel ihr überhaupt nicht. Ihre strahlende Schönheit war einem angespannten und verzerrten Gesichtsausdruck gewichen. Sie sagte mit leisen Worten zu sich: „Ich muss es sagen, hier und heute, alles. Ich will wieder schöner werden."

„Ich hab das Gästehandtuch genommen, um mir das Gesicht abzutrocknen."

„Ja, das ist gut, ich hänge immer ein frisches Handtuch in die Gästetoilette. Frau Gärtner, sind Sie bereit?" Der Kater rieb seinen Rücken wieder an dem Schienbein von Stella und schnurrte leise vor sich hin. „Sehen Sie, Carlos schnurrt, er mag Sie, dann müssen Sie ein guter Mensch sein. Sagen Sie, Frau Gärtner, lieben Sie Tiere?" „Ja, sehr. Die Tiere lieben mich auch. Ich habe einen Hund, nein, sogar zwei, vor dem Verhungern gerettet. Ich war immer gut zu Tieren. Am liebsten hätte ich meiner Tochter Yvonne einen Hund geschenkt. Ja, Frau Dr. Burger, ich bin bereit. Ja, ich bin bereit für die Wahrheit. Im Jahre 1941 wurde ich mit meinen Eltern dienstverpflichtet. Am 23. Oktober 1941 schloss ich mit Manfred Kübler die Ehe. Er wurde im Februar 1943 von der Gestapo verhaftet und dann nach Auschwitz deportiert. Ich selbst konnte im Februar 1943 einer Verhaftung durch die Gestapo entgehen und lebte die folgenden Monate illegal in Berlin. Falsche Papiere wurden uns durch Isaaksohn beschafft. Ich beschaffte falsche Papiere, eine Unterkunft und lebensnotwendiges Essen. Ich ließ mich dafür auch in Gegenwart der Eltern penetrieren. Bereits in dieser Zeit verlor ich jede Scham und jedes Gefühl und auch jede Form der Selbstachtung. Meine Seele war bereits zu diesem Zeitpunkt so gut wie tot. Am 2. Juli 1943 wurden wir von Gestapobeamten verhaftet. Die Gestapo vermutete, dass ich den Aufenthaltsort des Passfälschers Schönhaus, alias Rogoff, kennen müsste. Ich kannte Schönhaus zwar, wusste aber nicht, wo er untergetaucht war. Ich wurde schwerstens gefoltert, damit ich den Unterschlupf von Schönhaus verrate. Die normale Folter wie Schläge, Zufügung von Schmerzen wurde nur anfangs angewandt. Später zielte die Folter darauf, meine Würde als Frau zu verletzen. Die Folterer haben sich auch sexuell befriedigt. Ein Wachhund wurde immer wieder an einer kurzen Leine an meinen Körper geführt, kurz bevor er zubeißen konnte, wurde er zurückgerissen. Mir wurden die Augen verbunden, ich war nackt und wurde gefesselt und dann in einen Keller mit ausgehungerten Ratten geworfen. Am 25. August 1943 gelang mir bei einem alliierten Fliegerangriff die Flucht. Ich tauchte jedoch nicht unter, sondern ging zurück in das Sammellager ‚Große Hamburger Straße'. Nach weiteren schweren Folterungen habe ich einen Treueeid auf den Führer Adolf Hitler schwören müssen und mich bereit erklärt, künftig als Fahnderin und Greiferin für die Gestapo zu arbeiten. Ich musste alles unterschreiben. Als Abschluss des Gelöbnisses urinierte Dobberke noch auf mein Gesicht. Er nannte das „christliche" Taufe. Er hat zu mir gesagt, wenn ich den Eid auf den Führer breche, werde er mich sofort erschießen. Frau Dr. Burger, ich wollte mich umbringen, aber ich hatte nicht mehr die Kraft, es wirklich zu tun."

Stella öffnete den Mund und stieß unverständliche Leute aus. Frau Dr. Burger nahm sie in den Arm und drückte sie fest an sich. Stellas Körper zuckte wie unter Stromstößen. Sie hatte den Eindruck, dass Stella weinte. Sie konnte jedoch keine Tränen beobachten. Nach einigen Minuten fragte Dr. Burger: „Wollen wir für heute abbrechen oder eine kurze Pause machen?"

Stella tat erstaunt: „Was, wir sind noch nicht fertig?"

Dr. Burger dachte: Frau Gärtner muss erkennen, das hier ist keine Beichtveranstaltung mit Sünden beichten und anschließender Vergebung und schon gar kein Ablasshandel, sagte aber: „Wir haben noch einiges zu tun."

„Gut, dann machen wir weiter!"

„Frau Gärtner, wir müssen jetzt über die Zeit von 1943 bis 1944 reden. In dieser Zeit gab es eine Reihe von Denunziationsfällen, in denen Ihnen vorgeworfen wurde, untergetauchte Juden aufgespürt und an die Gestapo verraten zu haben. Hier ist für mich wichtig, Ihre Motivation kennenzulernen, um beurteilen zu können, ob Sie schuldfähig waren oder nicht. Wenn Sie auf den Berliner Straßen auf der Suche nach untergetauchten Juden waren, fühlten Sie sich da verpflichtet, erfolgreich zu sein?" „Ja, Dobberke verlangte von mir, dass ich für ihn so viel wie möglich untergetauchte Juden aufspüren muss. Er drohte mir, dass ich nach Auschwitz käme, wenn ich nicht erfolgreich wäre. Ich kann sagen, mein Leben war abhängig von der Fahndertätigkeit für die Gestapo."

„Gab es eine Abhängigkeit zu Dobberke?"

„Dobberke war unberechenbar und ein Choleriker. Ich hatte Angst vor ihm und er hat mit meiner Angst gespielt. Ich war ihm hilflos ausgeliefert. Mit seinen Methoden hatte er es erreicht, dass ich ohne Willen war. Der Treueid auf Hitler tat ein Übriges. Ich war in einer Situation, aus der ich nicht herauskam. Ich war in einer totalen Abhängigkeit. Wenn er gesagt hätte, spring aus dem Fenster, wäre ich gesprungen. Ich weiß nicht warum, aber ich wäre gesprungen. Wenn ich einen Juden aufgespürt hatte, dann dachte ich zuerst, was würde Dobberke dazu sagen? Ich war abhängig von seinem Lob."

„Frau Gärtner, hatten Sie Rachegedanken gegenüber den Deutschen, die Sie gefoltert haben?"

„Nein."

„Frau Gärtner, hatten Sie Rachegedanken gegenüber den Juden?“

„Nein.“

„Frau Gärtner, welches ist die richtige, die beste Religion?“

Stella war überrascht, war das jetzt Religionsunterricht? Sie erinnerte sich daran, dass ihr Vater immer die Ringparabel zitiert hatte, wenn es um die einzig wahre Religion gegangen war. Als er seine Gedanken zu den Religionen entwickelt hatte, hatte sie nicht zugehört. Das Einzige, was ihr in dem Zusammenhang in Erinnerung geblieben war, war das Stichwort „Ringparabel“. Also sagte sie: „Ich halte es da mit der Ringparabel.“

„Oh, ich bin überrascht!“, sagte Frau Dr. Burger. Auch ihr war in dem Zusammenhang nur das Stichwort präsent. Stella hatte Glück. Frau Dr. Burger war in Sachen Religion offenbar ebenfalls nicht „sattelfest“ und fragte deshalb nicht nach dem Inhalt der „Ringparabel“.

Stella setzte noch einen drauf und sagte: „Lessing.“

Frau Dr. Burger lenkte ab und sagte: „Wir sind gut vorangekommen. Ich denke, wir brauchen noch eine Sitzung und dann kann ich mein Gutachten schreiben. Am liebsten wäre mir, wenn wir in den nächsten Tagen noch mal zusammentreffen könnten. Leider habe ich morgen in Hannover einen Termin. Den nehme ich aber nur war, wenn es nicht regnet. Ich fahre übrigens grundsätzlich nicht im Regen, wenn es dunkel ist. Macht es Ihnen was aus, wenn ich schnell den Wetterbericht in den Nachrichten höre, es dauert nur eine Minute.

Als Stella den Kopf schüttelte, schaltete Frau Dr. Burger das Radio ein. „Liebe Hörerinnen und Hörer, wir unterbrechen das Programm für eine Sondermeldung: Terroranschlag auf die israelische Olympiamannschaft.“ Dem Nachrichtensprecher war die Erregung anzumerken. Mit tränenerstickter Stimme verlas er die Namen der ermordeten israelischen Sportler. Als er den Namen des elften Sportlers verlas, versagte ihm die Stimme. Frau Dr. Burger schaltete das Radio aus. Sie schaute Stella an, die aus dem Fenster starrte.

Dann verlor Stella die Fassung und brüllte los: „Vor ein paar Tagen das erste Unheil im Briefkasten: Die Ladung zum Termin am 21. September vor dem Schwurgericht Berlin. Heute das zweite Unheil, der Terroranschlag auf die jüdische Olympiamannschaft. Das ist wie eine Verschwörung. Immer waren alle gegen mich. In der Schule, die Mitschüler und die Lehrer, weil ich klüger und schöner war als der Rest der Schule. Nicht nur in meiner Klasse, sondern jeden Tag auf der Straße wurde ich angegafft und musste mich ständig gegen Zudringlichkeiten erwehren. Und jetzt wieder, diese besondere Stellung der Juden in der deutschen Nachkriegsgesellschaft. Ich will endlich die jüdische Herkunft vergessen und ein normales Leben führen." Stellas Gesicht war hochrot.

„Hier, trinken Sie erst mal einen Schluck Wasser und beruhigen Sie sich. Geht Ihnen der Terroranschlag nahe?"

„Nein, überhaupt nicht! Mir geht überhaupt nichts mehr nahe. Ich kann keine Tränen mehr weinen, ich habe keine Gefühle mehr. Stellen Sie sich vor, ich habe seit 30 Jahren keine Träne mehr geweint."

„Wer ist daran schuld?"

„Ich weiß es nicht. Bitte keine Fragen mehr, darf ich jetzt gehen?"

„Ja, selbstverständlich, ich bringe Sie noch bis zur Straße."

Stella war wie versteinert.

Frau Dr. Burger schaute Stella an. Beide Frauen verabschiedeten sich im Hausflur. Frau Dr. Burger öffnete die Haustür, sie ließ Stella den Vortritt. Stella ging auf die Konstanzer Straße, lief nach rechts in Richtung Kurfürstendamm. Sie schaute sich nicht mehr um und konnte deshalb nicht sehen, dass Frau Dr. Burger ihr noch minutenlang hinterherschaute.

Als sie Stella nicht mehr sehen konnte, ging Frau Dr. Burger zurück ins Haus und sagte laut: „Unglaublich, absolut unglaublich. Wie komme ich eigentlich dazu, das Radio während einer ‚Sitzung' einzuschalten." Sie schloss die Wohnungstür auf und dachte, das ist Vorsehung oder einfach nur Schicksal, egal, sie hatte sich ihre Meinung gebildet.

XXXI.

Stasizentrale

Oberst Krause eröffnete die Sitzung der Abteilung VI: „Genossen, es hat sich eine neue politische Lage ergeben. Die Deutsche Demokratische Republik verhandelt mit der kapitalistischen BRD auf gleicher Augenhöhe über einen Vertrag zwischen den beiden deutschen Staaten. Wir sind am Ziel, die internationale Anerkennung der Deutschen Demokratischen Republik steht bevor."

Wildes Klopfen auf den Tisch.

„Unter Führung der Partei der Arbeiterklasse zeigen die Maßnahmen zur Einheit und Wirtschafts- und Sozialpolitik großartige Ergebnisse. Die Partei- und Staatsführung wird eine Amnestie zum 23. Jahrestag am 7. Oktober beschließen, etwa 30.000 Häftlinge werden vorzeitig aus der Haft entlassen, 2000 davon werden in die BRD ausreisen. Das stellt uns vor gewaltige Aufgaben. Der Kampf gegen den Klassenfeind muss neu organisiert werden. Da besteht von unserer Seite kein Interesse mehr, politisch-strategisch auf das Verfahren gegen Stella Goldschlag Einfluss zu nehmen. Alle weiteren Tätigkeiten in diese Richtung sind ab sofort einzustellen. Stella Goldschlag ist unter Ausnutzung der großzügigen Reiseerleichterungen für Westberliner schon in die DDR eingereist. Sie war in Liebenwalde. Sie hatte sich nur im Bereich der Kirche aufgehalten. Der Pfarrer der Kirche ist IM. Wir haben ihn vor die Wahl gestellt, entweder unterschreibt er die Verpflichtungserklärung oder wir ermitteln wegen Verführung Minderjähriger, Knaben wohlgemerkt. Übrigens haben wir in kirchlichen Waisenhäusern diese operative Maßnahme schon mehrfach erfolgreich praktiziert. Es lag jedoch nicht im politisch-strategischen Interesse, Stella Goldschlag in der DDR festzusetzen. Sie ist in Westberlin als Angeklagte der Klassenjustiz für uns von Interesse. Wir haben bereits Vorkehrungen getroffen, dass unsere politisch-strategischen Ziele durch Westberliner Presseorgane verfolgt werden. Diese

Mühen sollen nicht umsonst gewesen sein. Ich darf an Lenins Wort von den ‚nützlichen Idioten' erinnern."

Zum Stasimann mit der rot glänzenden Glatze gewandt sagte der Oberst: „Genosse Keiler, mit der ‚Lizenz zum Lippenlesen'", es erschallte allgemeines Gelächter, „ist bei einem Kneipenbesuch in Wilmersdorf, wohlgemerkt in lippenlesender Weise, einem Gespräch zwischen dem Journalisten Kroh und dem Anwalt der Stella gefolgt. Kroh will über den Fall schreiben. Er hat eine kritische Haltung zum Umgang der Westberliner Justiz mit den NS-Tätern. Es war klar, dass er Informationen aus dem Anwalt herausholen wollte. Der Anwalt hat keine Geheimnisse ausgeplaudert. Wir können Kroh ja mit ein paar Information anfüttern und schauen, wie er reagiert. Über die vom MfS erstellte Dissertation des Richters Dr. Möller zum deutschen Arbeitsrecht aus dem Jahr 1943, welche der Verteidigung zugespielt wurde, brauchen wir uns keine Gedanken zu machen. Wenn die Fälschung auffliegt, hat der Anwalt ein Problem, das können wird dann auch nicht ändern. Wir können uns also zurücklehnen. Genossen, zum ‚Schwarzen September'. Die PLO hat am 5. September zur Olympiade in München eine größere Aktion durchgeführt. Wir haben die üblichen Hilfestellungen gegeben, ungehinderte Durchreise, Waffen, Munition und Sprengstoff. Aber kein Semptex, das wäre zu auffällig gewesen. Zur Ablenkung und Unterstützung der PLO brauchen wir jetzt entsprechende Zeitungsmeldungen. Im Neuen Deutschland wird in den nächsten Tagen unter der Überschrift ‚Zionisten bilden in Westberlin eine Terrororganisation' ein Artikel über die ‚Jüdische Verteidigungsliga' erscheinen."

Oberst Krause schaute auf seine Uhr: „Ich schließe die Sitzung!"

XXXII.

Ehewohnung

Stella saß mit ihrem frisch angetrauten Ehemann Charles in der Küche. Die Scheidung von Klaus Schellenberg war rechtskräftig. Er war mit dem Scheidungsurteil ausgezogen. Drei Wochen später hatten Stella und Charles geheiratet. Sie hatte den Namen Gärtner angenommen und nannte sich jetzt Ingrid Gärtner. Schneller als sie glaubten, hatte der Ehealltag sie eingeholt. Für Romantik blieb angesichts des Gerichtsverfahrens keine Zeit.

Heute war der erste Verhandlungstermin, 9.00 Uhr, Kriminalgericht Moabit, Saal 100. Es ging also wieder los.

Obwohl sie fest mit einer zweiten Sitzung gerechnet hatte, hatte sie von Frau Dr. Burger lediglich einen Brief erhalten. Frau Dr. Burger hatte ihr mitgeteilt, dass bereits der erste Termin ausreichende Erkenntnisse für ein Gutachten offenbart hatte. Alle gleich, diese Seelenklempner. Aber immerhin war die Frau nett gewesen und hatte sich ein paar Stunden Zeit für sie genommen.

Erst war sie freundlich gewesen, hatte alles wissen wollen und gar nicht aufgehört zu reden. Jetzt schwieg sie sich aus wie eine Sphinx. Fünfzehn Jahre vorher hatte sich Dr. W. nur ein paar Minuten Zeit genommen und dann alles über sie gewusst. Jetzt hatte sie Charles, um die nächsten Tage durchzustehen. Er sollte jetzt ihr Überleben sichern. Überleben, das war ihr bestimmender Gedanke, seit sie die Schule hatte verlassen müssen. Immer ging es um die Frage, wer kann mein Überleben sichern? Wenn sich schon nicht die erwartete „Gegenleistung“ hatte vermeiden lassen, hatte sie immer dafür gesorgt, dass es schnell vorbeigeht. Seit der Folterung in den Kellern der Gestapo waren ihre Empfindungen nicht mehr vorhanden. In dem Maße, wie sie zur Nähe nicht mehr in der Lage war, suchte sie geradezu manisch die körperlose Anerkennung.

Anerkennung bekam sie von Charles. Mit der fleischlosen Liebe würde sich Charles jedoch nicht zufriedengeben. Sie musste ihm Leidenschaft vorspielen.

Er war ein netter Kerl, sehr amüsant, aber seine zwanghaften Stellungswechsel waren auf Dauer verwirrend. Und sie mochte keine Verwirrungen, jedenfalls nicht mehr mit 50. In der vergangenen Nacht hatte sie ihn sich vom Leibe halten können. Er hatte Verständnis dafür, dass sie zum Termin vor dem Schwurgericht ausgeschlafen sein müssten. Auch für ihn war es besser, wenn er einen ausgeschlafenen Eindruck als Zuschauer des ersten Verhandlungstages machen würde.

Stella, die sich nur noch mit Ingrid Gärtner anreden lassen wollte, trank am Morgen des 21. September lediglich eine Tasse Kaffee. Sie verwandte viel Zeit darauf, sich zu schminken. Sie ließ sich mit dem VW-Käfer von Charles in die Nähe des Kriminalgerichts Moabit fahren. Sie wollte nicht, dass jemand sieht, dass sie mit einem VW-Käfer vorgefahren kommt. So wie sie sich sah, passte ein VW-Käfer nicht zu ihr. Sie passierte mit der Aura einer Fürstin die Eingangskontrollen. Irgendjemand hinter ihr sagte: „Das ist Marlene Dietrich." Sie drehte sich nicht um, ihr Lächeln konnte niemand beobachten.

Sie war eine Viertelstunde vor 9.00 Uhr mit ihrem Verteidiger verabredet. Vor dem Saal 100 hatte sich eine Menschenkette gebildet. Etwa 10 bis 12 Personen standen mit dem Gesicht zur Wand, die Arme über die Schulter der nebenstehenden Person gelegt in einer Reihe. Es war ein kaum hörbarer Sprechgesang zu vernehmen.

Stella hetzte an der Menschenkette vorbei.

XXXIII.
Moabit

Der vorsitzende Richter eröffnete den ersten Verhandlungstag am 21. September 1972 mit der Feststellung der Verhandlungsfähigkeit der Angeklagten für 5 Stunden am Tag und der Verlesung der Anklageschrift.

Dr. Koch stand auf und sagte: „Einspruch euer Ehren!"

Der Vorsitzende erwiderte: „Herr Verteidiger, wir sind hier in Deutschland und nicht vor einem angelsächsischen Gericht!"

„Das ist ja das Problem, Herr Vorsitzender! Dem Schreiben des Landesinstituts für Gerichtsmedizin vom 28. Juni 1971 wurden ursprünglich die Blattnummern 93 und 94 von Band 4 zugewiesen. Diesem Schreiben wurden dann nachträglich, in welcher Absicht auch immer, anstelle der Blattnummern 93 und 94 die Blattnummern 63 und 64 von Band 4 zugewiesen."

„Herr Staatsanwalt, bitte hören Sie mir zu, es geht hier um den Verdacht von strafbaren Handlungen der Justizorgane. Der Gerichtsarzt Dr. K. hatte im Schreiben vom 28. Juni 1971 angeregt, der Angeklagten zu gestatten, im Termin sitzen zu bleiben und den Einzeltermin nicht über 3 Stunden auszudehnen. Der Gerichtsarzt, Prof. Dr. R., hatte im Schreiben vom 23. März 1972 vorgeschlagen, die Begrenzung der Verhandlungsdauer von drei Stunden auf fünf Stunden zu erweitern, wenn in einer Woche nicht öfter als zwei Tage verhandelt werden, so könnten ihr auch zehn Verhandlungstage zugemutet werden. Sowas bezeichnet man, sehr vorsichtig ausgedrückt, als ausgesprochen merkwürdig. Vor einem angelsächsischen Gericht wäre ein derartiger Vorgang völlig undenkbar."

„Herr Staatsanwalt, sehen Sie hier einen Straftatbestand?"

Der Staatsanwalt tat so, als hätte er nichts gehört.

„Zur Vermeidung von Weiterungen beantrage ich, dass nur 3 Stunden am Tag verhandelt werden und der Angeklagten gestattet wird, sitzen zu bleiben, so wie es der Gerichtsarzt Dr. K. vorgeschlagen hat."

Das Gericht zog sich zur Beratung zurück.

Nach kurzer Beratung verkündete der vorsitzende Richter: „Der Antrag der Verteidigung wird zurückgewiesen. Der Gerichtsarzt Prof. Dr. R. hat im Schreiben vom 23. März 1972, Band 4, Blatt 63 und 64 der Akten, festgestellt, dass er während der Untersuchung, bei der sich die Angeklagte sehr lebhaft bewegte und während des Gesprächs temperamentvoll reagierte, keine Insuffizienserscheinungen bemerken konnte."

Stella versuchte einen interessierten Eindruck zu vermitteln und hörte den Vorsitzenden sagen: „Angeklagte, wollen Sie sich zu Ihrer Person äußern?"

„Ja, Herr Vorsitzender!"

„Dann nennen Sie bitte Ihr Alter, Ihren Beruf und Ihren Familienstand."

„Herr Vorsitzender, ich bin 1922 geboren, ich bin 50 Jahre alt. Von Beruf bin ich Modezeichnerin, den Beruf habe ich aber nicht ausgeübt. Ich bin Sängerin und Schauspielerin."

„Darf ich fragen, in welchem Spielfilm Sie mitgespielt haben?"

„Ja. Im Alter von 4 Jahren, 1926, habe ich mit Henny Porten in dem Film „Die Rose des Südens" mitgespielt." Stella genoss die Heiterkeit im Saal!

„Ich bin verheiratet."

„Frau Angeklagte, aus den Akten entnehme ich, dass Sie bisher vier Mal verheiratet waren. Ihren jetzigen Ehemann, Karl Gärtner, haben Sie vor wenigen Tagen geheiratet."

„Ja, Herr Vorsitzender, mein erster Mann, Herr Kübler, ist in Auschwitz umgekommen. Mein zweiter Mann, Herr Isaaksohn, war für die Gestapo als Greifer tätig. Er hat mich in diese ganzen Sachen reingezogen. Mein dritter Mann, Herr Klaus Schellenberg, wurde durch den Prozess so sehr belastet, dass er sich aus Verzweiflung scheiden ließ. Mein vierter Ehemann, Karl Gärtner, hofft, dass wir eine gute Ehe führen können. Er hat Ihnen ja einen Brief geschrieben."

Der vorsitzende Richter sagte mit einem Lächeln: „Ja, wir haben den Brief erhalten. Ein ähnlicher, sehr ähnlicher Brief wurde bereits 1958 von Ihrem dritten Ehemann Klaus Schellenberg an den BGH verfasst. Wie heißen Sie denn jetzt, Frau Angeklagte?"

Stella antwortete: „Ich heiße nach den Unterlagen des Standesamtes Ingrid Gärtner." „Frau Angeklagte, waren Sie jemals mit einem Herrn Meissl verheiratet?"

„So richtig nicht, er ist der Vater meiner Tochter Yvonne."

„Aus den Akten entnehme ich, dass Herr Meissl bestreitet, der Vater Ihrer Tochter zu sein."

„Ja, Herr Meissl ist der Vater von Yvonne. Isaaksohn war schwul."

Der Vorsitzende insistiert: „Was, Sie haben gewusst, dass er schwul ist, und haben ihn dennoch geheiratet?"

„Es war eine Ehe, die von der Gestapo angeordnet wurde, wir mussten heiraten, um zu überleben."

„So genau will das Gericht das auch nicht wissen."

„Sie haben doch gefragt und ich habe geantwortet." Sichtlich genervt forderte der vorsitzende Richter den Staatsanwalt auf, die Anklageschrift zu verlesen. Nachdem der Staatsanwalt die Anklageschrift verlesen hatte, fragte der Vorsitzende die Angeklagte, ob sie denn die Anklageschrift verstanden habe und was sie dazu zu sagen hätte.

„Ja, Herr Vorsitzender, ich habe alles verstanden und wissen Sie, ich will vorher noch sagen, dass ich es ganz schrecklich finde, was mit den israelischen Sportlern passiert ist und dass diese Sportler von Terroristen erschossen worden sind."

„Angeklagte, das finden wir auch und alle hier in diesem Lande finden das, aber wir haben hier über Ihren Fall zu verhandeln und nicht über das schreckliche Geschehen in München. Also, was sagen Sie zu den Vorwürfen?"

„Herr Vorsitzender, ich kann nur sagen, was ich bereits vor fünfzehn Jahren in diesem Raum gesagt habe, ich bin mir keiner Schuld bewusst, ich bin unschuldig. Das habe ich im vergangenen Jahr auch als Zeugin in dem Prozess gegen die Gestapomänner ausgesagt und das hat mir das Gericht geglaubt. Die Gestapomänner sind doch freigesprochen worden. In dem Prozess war ich Zeugin und man hat mir geglaubt. Mir ist nicht klar, warum ich hier angeklagt werde, obwohl die von der Gestapo freigesprochen wurden. Ich kann doch nicht mehr gewusst haben als die Gestapo, die alles wusste. Warum wollen Sie mir heute nicht glauben? Ich werde hier wieder angeklagt, weil man mir nicht glaubt, und die Gestapoleute werden freigesprochen, weil man mir glaubt! Ich versteh die Welt nicht."

„Gut! Angeklagte, das haben wir bereits vor fünfzehn Jahren von Ihnen gehört." Auf den Staatsanwalt und den Verteidiger blickend, fragte der Vorsitzende, ob noch Erklärungen abzugeben wären! Der Staatsanwalt verneinte.

Dr. Koch erhob sich von seinem Platz und sagte: „Ja! Herr Vorsitzender, ich hätte hier eine Erklärung abzugeben."

Richter und Schöffen blickten in die Unendlichkeit. Der vorsitzende Richter sagte mit gespielter Milde: „Bitte, die Verteidigung hat eine Erklärung."

Dr. Koch erklärte: „Ich beantrage die Einstellung des Verfahrens. Nach heutigem Recht verjährt die Beihilfe zum Mord nach fünfzehn Jahren. Ermittlungen wegen Beilhilfe zum Mord in der NS-Zeit sind heute nicht mehr möglich. Da können die Stichtage für den Verjährungsbeginn vom Bundestag noch so hin- und hergeschoben werden. Das Bundesverfassungsgericht hat im April 1969 dieses Hin- und Hergeschiebe abgesegnet. Der Bundestag hat am 26. Juni 1969 die Verjährung von Völkermord aufgehoben. Das deutsche Strafrecht kennt jedoch nicht das Massendelikt, sprich den Tatbestand des Völkermords, nachzulesen im Revisionsurteil des BGH in diesem Verfahren. Übrigens auch nachzulesen in meiner Dissertation von 1971 mit dem Titel ‚Die Verhinderung der Verfolgung von nationalsozialistischen Verbrechen in der Bundesrepublik Deutschland'. Die wundersame Verjährungsregelung, die dem berühmt-berüchtigten Juristen Dreher zugeschrieben wird, kann doch nicht nur den Mordgehilfen der Gestapo zugutekommen."

Der Vorsitzende Richter in kreischender Tonlage: „Ich verwarne *Ihnen*, das war der Gesetzgeber!"

„Ich danke *Sie*, Dreher war verantwortlich für den Gesetzentwurf!"

Der Vorsitzende Richter erkannte seinen Versprecher, er erhob sich: „Ich verhänge ein Ordnungsgeld gegen Rechtsanwalt Dr. Koch in Höhe von 100,00 DM."

„Angenommen! Das war mir der Dreher wert. Ich fahre fort. Die Angeklagte hat bereits zehn Jahre Zuchthausstrafe in der SBZ bzw. DDR verbüßt."

Dr. Koch schaute auf die Angeklagte: „Frau Gärtner, haben Sie jemals einen Treueeid auf Adolf Hitler abgelegt?"

Stella wurde bleich. Sie stotterte unverständliche Worte in Richtung des Vorsitzenden.

Stella erhob sich: „Ja, ich habe einen Treueeid auf Adolf Hitler schwören müssen. Ich wurde stundenlang von Dobberke gefoltert. Ich lag wie ein Haufen Dreck in der Folterzelle. Dann kamen sie zu dritt wieder, Dobberke und zwei andere. Sie sagten, dass sie mit dem Führer gesprochen hätten und der Führer verlange jetzt und sofort einen Eid von mir. Ich habe dann schwören müssen, dass ich Adolf Hitler als Führer und Kanzler des Deutschen Reiches treu bis in den Tod wäre, so wahr mir Gott helfe. Dobberke sagte zu mir, der Führer habe befohlen, dass er mich umbringen müsse, wenn ich den Eid breche. So habe ich im Verfahren gegen die Gestapomitarbeiter als Zeugin ausgesagt und dazu beigetragen, dass die angeklagten Mitarbeiter der Gestapo freigesprochen wurden. Die Gestapomitarbeiter haben ihren Eid gebrochen. Sie haben offenbar nicht ihr Leben für den Führer eingesetzt. Sie haben offenbar mit Gottes Hilfe das Kriegsende überlebt, ihnen geht es wieder gut."

Dr. Koch ergreift das Wort: „Wenn die Angeklagte ausgesagt hätte, was das Gericht nicht hören wollte, dann wären die Angeklagten mit hoher Wahrscheinlichkeit verurteilt worden. Da hätte es auch nichts genützt, wenn das Gericht mit über 96 Verhandlungstagen und etwa 240 Zeugen auf den Freispruch hinarbeitet."

Der Vorsitzende Richter: „Ich ermahne Sie, Herr Verteidiger, Sie unterstellen dem Gericht die Manipulation eines Verfahrens."

„Herr Vorsitzender, ich unterstelle nichts!" und dachte im Stillen, ich weiß es …!

Der Vorsitzende wurde rot im Gesicht, aber er schwieg.

Der Staatsanwalt brüllte außer sich: „Ich gebe den rechtlichen Hinweis, dass ich den Straftatbestand der uneidlichen Falschaussage durch die Angeklagte prüfen werde."

Dr. Koch brüllte zurück: „Die Staatsanwaltschaft hätte doch besser 1971 wegen Untreue gegenüber dem Führer Berufung gegen den Freispruch einlegen müssen!" Ein breites Grinsen konnte sich Dr. Koch nicht verkneifen. „Herr Vorsitzender, hat sich die Aufregung gelegt, kann ich weitermachen?"

„Bitte!"

„Ich darf meinen Antrag wiederholen: Ich beantrage die Einstellung des Verfahrens."

„Wünscht die Staatsanwaltschaft das Wort?"

„Nein."

Der Vorsitzende genervt: „Das Gericht zieht sich zur Beratung zurück."

Nach ca. 5 Minuten erklärte der Vorsitzende Richter die Beratung für beendet und öffnete die Tür des Beratungszimmers. Die Richter und Schöffen nahmen wieder ihre Plätze im Sitzungssaal ein.

„Nach Beratung über den Antrag der Verteidigung beschlossen und verkündet: Der Einstellungsantrag der Verteidigung wird abgelehnt."

„Herr Vorsitzender, ich stelle einen Befangenheitsantrag. Der beisitzende Richter, Dr. Möller, wird wegen der Besorgnis der Befangenheit abgelehnt. Dr. Möller hat in seiner Dissertation zum deutschen Arbeitsrecht aus dem Jahr 1941, welche der Verteidigung vorliegt, ausgeführt, dass Juden aufgrund ihrer rassischen Zugehörigkeit kein Recht auf einen regulären Arbeitslohn zusteht. Ich darf dem Gericht eine Kopie dieser Dissertation einreichen. Ich möchte in diesem Zusammenhang darauf hinweisen, dass für einen Befangenheitsantrag ausreichend ist, dass die Möglichkeit der Befangenheit besteht, die Befangenheit also lediglich zu besorgen ist. Es besteht also die Möglichkeit, dass Herr Dr. Möller immer noch Unterschiede sehen könnte, ich betone, könnte, zwischen Juden und Deutschen." Nachdem Dr. Koch geendet hatte, erklärte der Vorsitzende: „Das Gericht zieht sich zur Beratung über den Befangenheitsantrag zurück."

Richter und Schöffen verließen den Gerichtssaal und begaben sich ins Beratungszimmer.

Dort angekommen schauten die Schöffen aus dem Fenster auf den Verkehr der Turmstraße und die drei Berufsrichter unterhielten sich über den Terroranschlag in München. Dr. Möller sagte: „Herr Vorsitzender, die Dissertation liegt noch auf dem Richtertisch."

„Oh!", sagte der vorsitzende Richter, „die brauchen wir natürlich." Er ging in den Gerichtssaal, nahm das Schriftstück vom Richtertisch und begab sich wieder in das Beratungszimmer. „Wir wollen nicht gleich wieder einen nächsten Befangenheitsantrag provozieren."

Dr. Möller wollte sich erklären. Der Vorsitzende Richter schnitt ihm jedoch das Wort ab: „Lassen Sie mich mal machen."

Nach ca. 5 Minuten erklärte der vorsitzende Richter die Beratung für beendet und öffnete die Tür des Beratungszimmers. Das Gericht nahm wieder seinen Platz im Sitzungssaal ein.

„Nach Beratung über den Antrag der Verteidigung beschlossen und verkündet, der Befangenheitsantrag der Verteidigung wird abgelehnt. Eine Besorgnis der Befangenheit des Richters Dr. Möller ist nicht anzunehmen. Der Richter am Schwurgericht Berlin, Dr. Möller, ist auf das Grundgesetz vereidigt und uns ist nicht bekannt, dass das Grundgesetz einen Unterschied zwischen Deutschen und Juden macht. Im Übrigen dürfte bekannt sein, dass das NS-System keine Kritik an der Rassenpolitik geduldet hat. Herr Verteidiger, Sie wissen, dass von jedem Juristen im Dritten Reich eine Ergebenheitserklärung gegenüber dem Reichskanzler Hitler erwartet wurde. Alle Juristen im Dritten Reich wurden auf den Reichskanzler vereidigt."

Der Vorsitzende Richter schob Dr. Möller einen Zettel zu, auf dem stand: „Sonst könnten wir den Laden hier zumachen."

„Herr Verteidiger, wollen Sie die Dissertation wiederhaben oder müssen wir die Sache hier noch kriminaltechnisch untersuchen lassen?"

Dr. Koch nahm die Kopie entgegen und sagte kleinlaut: „Nein!"

Der Vorsitzende Richter fuhr fort: „Das Gericht tritt nunmehr in die Beweisaufnahme ein, als erster Zeuge wird Herr Nathan Stein gehört."

Nach zwei weiteren Zeugenvernehmungen schloss der Vorsitzende Richter die Verhandlung und verkündete die Fortsetzung der Verhandlung am Montag, den 25. September um 9:00 Uhr im Saal 100. Stella war mit dem Verlauf des ersten Verhandlungstages zufrieden. Die Zeugen hatten das ausgesagt, was sie bereits vor fünfzehn Jahren ausgesagt hatten. Es konnte also nicht mehr passieren, als ihr bereits vor fünfzehn Jahren passiert war. Sie musste die paar Tage über sich ergehen lassen und konnte dann wieder ihr Leben weiterführen wie bisher.

Stella schaute auf die Uhr, es war zwei Uhr mittags.

Sie fühlte sich gut, sie hatte Lust zum Kurfürstendamm zu gehen, um im Kranzler einen Kaffee zu trinken. Sie wollte ihren vierten Ehemann jedoch nicht dabeihaben. Sie wollte spüren, dass sie immer noch begehrt wird, sie wollte die schmachtenden Blicke fremder Männer sammeln. Sie brauchte Charles, ihren neu angetrauten Mann jedoch zum Überleben. Aber es konnte nicht schaden, auch andere Verehrer zu haben. Warum nicht bereits heute Ausschau halten, dachte sie. Vor dem Gerichtssaal wartete Charles mit einem hündischen Gesichtsausdruck.

„Schatz, entschuldige mich bitte einen Augenblick, ich muss mal verschwinden."

Er lächelte blöde, wollte aber, dass sein Lächeln verständnisvoll wirkt. „Ach so!", sagte sie, „bevor ich's vergesse." Mit leiser Stimme sang sie „mir ist so komisch zumute …" und er stimmte leise ein „ich ahne und vermute …" und sie weiter „es liegt was in der Luft …!".

Sein Gesicht verzog sich zu einem breiten Grinsen. Stella hatte ihm signalisiert, dass er auf den Abend hoffen durfte. Sie verschwand mit einem gekonnten Hüftschwung auf der Toilette des Kriminalgerichts. Charles schmachtete ihr hinterher.

Sie schminkte sich und schob einige Tempotaschentücher unter ihren Busen, stellte sich vor dem Spiegel auf die Zehenspitzen, um so das Ergebnis dieser kleinen Operation zu begutachten. Sie war zufrieden, sie fand sich umwerfend. Sie trat aus der Toilette, nahm die Blicke ihres Mannes wohlwollend zur Kenntnis und sagte zu ihm: „Weißt du, Charles, wir wollen es uns heute gut gehen lassen. Du gehst ins KaDeWe und holst uns einige Leckereien und ich versuche noch einen Termin beim Friseur zu bekommen.“

Er war gleich einverstanden. „Soll ich dich noch zum Friseur fahren?“

„Nein“, sagte sie, „gegen Mittag ist es immer schwer, am KaDeWe einen Parkplatz zu bekommen, du wirst etwas Zeit brauchen.“

Er bestätigte sie unterwürfig und sie gingen gemeinsam zum Ausgang. Dort trennten sie sich. Stella rief ein Taxi, stieg ein: „Zum Café Kranzler!“

Der Taxifahrer, ein waschechter Berliner sagte zu ihr: „Sind Schauspielerin oder etwas Ähnliches?“ Stella beugte sich nach vorn, ihre Bluse spannte sich, sie holte tief Luft und sagte zum Taxifahrer: „Nichts Ähnliches, ich bin Schauspielerin.“

Der Taxifahrer fühlte sich ertappt und schwieg bis zum Café Kranzler. Dort angekommen sagte er: „Macht fünf Mark.“

„Hier hast du sechs und gib nicht gleich alles aus, mein Junge!“ Sie genoss die Blicke des Taxifahrers. Stella lachte laut auf und stieg aus. Sie betrat nun das Café Kanzler. Ihr Kostüm betonte ihren Körper und ihre demonstrativ zur Schau gestellte Weiblichkeit verfehlte ihre Wirkung nicht.

Mit scheuem Blick, jeden direkten Blickkontakt vermeidend, suchte sie einen freien Tisch in der Nähe eines gut gekleideten Mannes mittleren Alters.

Nicht zu alt, aber alt genug, um ihren Ansprüchen zu genügen. Stella setzte sich, fingerte den kleinen Spiegel aus der Handtasche und zog die Lippen mit dem Lippenstift nach. Dann schlug sie die Beine übereinander und rieb ihre Unterschenkel langsam aneinander, so dass die Nylonstrümpfe ein leises, aber unüberhörbares Geräusch verursachten. Dieses wohlklingende Geräusch und ihr aufgefülltes Dekolleté waren ihre Waffen, die noch nie ihre Wirkung verfehlt hatten. Plötzlich fiel eine Fünf-DM-Münze auf den Boden und der Mann vom Nachbartisch fragte: „Ist das Ihre Münze, die dort liegt?“

Stella gefiel diese Art, auf sich aufmerksam zu machen. Sie fragte: „Welche Münze, bitte schön? Ich hab kein Kleingeld, ich hab nur Scheine, das muss wohl Ihre Münze sein.“ Sie schaute ihn herausfordernd an und lächelte.

Der Mann gegenüber bekam einen roten Kopf.

„Darf ich die Münze behalten als Andenken?“

Der Mann hatte sich wieder im Griff und sagte fest und entschlossen: „Ich bitte darum, bitte!“

„Dann dürfen Sie mich auch zum Kaffee einladen!“, sagte Stella. Stella hatte wieder auf der ganzen Linie gesiegt, sie konnte sich auf ihre Ausstrahlung verlassen, kein Mann konnte ihr widerstehen.

Sie wusste nicht genau, was es war, aber sie wusste, dass sie über eine Magie verfügte, die ihr alle Türen öffnete, ihr jedoch nie Glück gebracht hatte. Dieser Mann erinnerte sie an jemanden, sie wusste jedoch nicht, an wen. Plötzlich sagte sie: „Entschuldigung, ich muss mal telefonieren.

Sie ging zur Telefonzelle und wählte die Nummer 333, die Nummer der Gestapo. Eine Stimme: „Kein Anschluss unter dieser Nummer!“, weckte sie. Sie erschrak und ging verstört zum Tisch zurück.

Der Mann am Tisch schaute sie an und fragte: „Ist was passiert?“

„Nein, nein, es ist alles gut.“ Stella trank schweigend ihren Kaffee aus und sagte zu dem Mann: „Entschuldigung, ich muss noch mal verschwinden.“

„Aber bitte, gnädige Frau.“

Stella ging die Treppe hinunter ins Kellergeschoss zu den Toiletten. Als sie wieder herauskam, bat die Toilettenfrau höflich mit dem Blick auf den Münzenteller um 20 Pfennig. Stella erschrak, sie kannte diese Frau, aber woher? Sie warf ihr eine 50-Pfennig-Münze zu.

Die Toilettenfrau sagte: „Ich kenne dich doch, du bist Stella!“

Stella stürmte die Treppe hinauf, lief durch das Restaurant und verschwand durch die Drehtür, ohne sich von dem Mann an ihrem Tisch zu verabschieden. Die 5-DM-Münze blieb auf dem Tisch liegen.

XXXIV.

Moabit

Wieder hatte sich am 25. September 1972 vor dem Saal 100 eine Menschenkette aufgestellt. Wieder standen 10 bis 12 Personen mit dem Gesicht zur Wand in einer Reihe. Wieder war ein kaum hörbarer Sprechgesang zu vernehmen.

Der Vorsitzende Richter öffnete die Hauptverhandlung: „Die Beweisaufnahme wird fortgesetzt. Wir beginnen mit dem Zeugen Eisenfels."

Mit Blick auf den Wachtmeister sagte der vorsitzende Richter: „Bitte den Zeugen Eisenfels aufrufen."

Der Wachtmeister öffnete die Saaltür und rief auf den Gang: „Der Zeuge Eisenfels bitte eintreten." Der Wachtmeister trat wieder in den Saal, die Tür blieb offen, ihm folgte nach einem kurzen Moment der Zeuge Eisenfels. Man merkte dem Zeugen Eisenfels sofort an, dass er schon einige Male vor Gericht gestanden hatte, denn er schloss die Saaltür hinter sich und schritt zielgerichtet auf einen Tisch in der Mitte des Saals zu, um an dem Tisch stehen zu bleiben. Der vorsitzende Richter wandte sich an den Zeugen und sagte: „Ich belehre Sie als Zeuge, die Wahrheit zu sagen." Dann fuhr der vorsitzende Richter fort: „Bitte nennen Sie uns Ihren Namen und Ihr Alter."

Der Zeuge antwortete: „Ich heiße Simon Eisenfels und bin 60 Jahre alt."

„Herr Zeuge, sind Sie jüdischer Abstammung?"

„Ja!"

„Kennen Sie eine Person, die sich hier im Gerichtssaal befindet?"

Der Zeuge drehte sich um und zeigte mit der ausgestreckten Hand auf Stella und sagte: „Diese Frau kenne ich, diese Frau werde ich nie vergessen."

Stella schaute ohne jede Gemütsregung aus dem Fenster.

„So, Herr Zeuge, schildern Sie uns einmal, wie Sie die Angeklagte kennen gelernt haben und wann Sie Ihr wieder begegnet sind.“

Stella rief in den Saal: „Ich kenne den Mann gar nicht, ich habe ihn nie gesehen!“ „Angeklagte, schweigen Sie, wenn der Zeuge vernommen wird, andernfalls muss ich Sie aus dem Saal verweisen.“ Der Vorsitzende Richter klang sehr streng. Mit einem beleidigten Gesichtsausdruck schaute Stella wieder aus dem Fenster. „Herr Zeuge, fahren Sie fort!“

„Anfang Februar 1943 lernte ich die Angeklagte in einer Konditorei am Olivaer Platz in Charlottenburg kennen.“

„Wilmersdorf!“

„Frau Angeklagte, noch eine Unterbrechung …

Herr Zeuge, fahren Sie fort!“

„Etwa sechs Monate später traf ich die Angeklagte auf dem Kurfürstendamm wieder. Sie sprach mich an und fragte, wie es mir geht. Ich erinnerte mich an sie und antwortete: ‚Gut, und wie geht es Ihnen?‘ Sie antwortete: ‚Schlecht, ich habe seit drei Tagen nichts gegessen.‘“

„Ich bot ihr an, sie zum Essen einzuladen. Sie schlug sofort das Restaurant Aschinger vor. Ich war einverstanden und wir gingen zum Restaurant Aschinger. Dort angekommen nahmen wir Platz und bestellten zwei Mal Erbseneintopf. Ich kann mich noch genau daran erinnern, dass es Erbseneintopf war, da Erbseneintopf das preiswerteste Gericht war, was es im Aschinger gab. Bevor das Essen kam, sagte die Angeklagte, sie müsse noch mal schnell telefonieren. Sie ging zur Telefonzelle und kam nach wenigen Minuten wieder zurück. Ich fragte sie scherzhaft, ob sie für uns für heute Abend einen Tisch im Adlon bestellt hätte? Sie lachte und sagte ‚Nein! Nicht für heute Abend.‘“

„Nach wenigen Minuten öffnete sich die Tür und es traten zwei Männer mit den für die Gestapo typischen Ledermänteln ein. Sie stellten sich neben die Tür und musterten die Gäste. Dann gingen sie von Tisch zu Tisch und verlangten von einigen, nicht von allen Gästen die Papiere. Sie kamen auch an unseren Tisch und verlangten, dass wir die Papiere vorzeigen. Die Angeklagte reichte ihre Papiere dem Gestapobeamten, welcher ihr die Papiere, ohne darauf zu schauen, wieder zurückgab. Dann verlangte der Mann meine Papiere, behielt sie und sagte nur: ‚Mitkommen!' Die Angeklagte reagierte nicht, sondern blieb teilnahmslos sitzen."

„Die beiden Gestapobeamten brachten mich dann in das Sammellager Große Hamburger Straße. Dort erfuhr ich dann, dass die Angeklagte als Greiferin für die Gestapo tätig war. Ich erinnere mich an die Angeklagte. Sie war auffallend schön mit ihren blonden Haaren. Einige Monate später kam ich auf einen Transport nach Auschwitz. Während des Transports gelang mir die Flucht aus dem Viehwagen."

„Herr Zeuge, sind Sie nach der langen Zeit, es sind doch etwa 30 Jahre vergangen, sicher, dass es die Angeklagte war, mit der Sie im Restaurant Aschinger waren?"

„Ja, Herr Vorsitzender, ich bin ganz sicher, da ich die Angeklagte 1957 in dem ersten Verfahren wiedergesehen und wiedererkannt habe."

„Waren Sie denn Zeuge in einem Verfahren vor einem sowjetischen Militärtribunal im Jahre 1946?"

„Ich wurde durch Herrn Blomè von der deutschen Polizei im Jahre 1946 als Zeuge vernommen. Ich habe dort meine Aussage gemacht. Ich war jedoch nicht Zeuge in einer Gerichtsverhandlung vor einem sowjetischen Militärtribunal."

„Herr Staatsanwalt, haben Sie Fragen an den Zeugen?"

„Nein, Herr Vorsitzender!"

Zum Verteidiger gerichtet: „Herr Verteidiger, haben Sie Fragen an den Zeugen?"

„Ja, Herr Vorsitzender, einige Fragen!"

„Herr Zeuge, als Sie in dem Restaurant Aschinger waren, gab es da andere Personen, die Sie kannten?"

„Nein, nicht das ich wüsste."

Dr. Koch fragte weiter: „Heißt das jetzt ‚ja' oder ‚nein' oder ‚vielleicht' oder ‚weiß ich nicht mehr'? Offenbar haben Sie meine Frage nicht verstanden. Ich wiederhole meine Frage: Waren in dem Lokal Aschinger Gäste, die Sie kannten?"

Der Zeuge erwiderte: „Das kann ich heute nicht mehr sagen, das weiß ich nicht."

Dr. Koch setzte nach: „Sie haben meine Frage immer noch nicht verstanden."

Der Vorsitzende griff ein: „Vielleicht ist Ihre Frage nicht verständlich, Herr Verteidiger!"

„Danke, Herr Vorsitzender, für die Belehrung, ich frage nochmal. Waren in dem Lokal Aschinger Gäste, denen Sie bekannt waren … und noch einfacher: Könnte es sein, dass in dem Lokal Aschinger, außer der Angeklagten, noch andere Personen waren, die wussten, dass Sie, Herr Zeuge, jüdischer Abstammung sind?"

Der Zeuge war genervt: „Das ist nicht ausgeschlossen, ich weiß es nicht."

Dr. Koch insistierte: „Aber können Sie mit Bestimmtheit sagen, dass es die Angeklagte war, die die Gestapo per Telefon herbeigerufen hat?"

Der Zeuge zögerte einen Moment, er wirkte verunsichert.

Dr. Koch schlug eine Akte auf und sagte: „Darf ich Ihnen vorhalten, was Sie im Jahre 1957 zu diesem Punkt ausgesagt haben? Ich zitiere: ‚Das Restaurant Aschinger war gut gefüllt, es war schwer, einen Platz zu finden.'"

„Herr Verteidiger, wenn Sie mich so fragen, dann bitte ich doch meine Aussage aus dem Jahre 1957 vollständig zu zitieren. Ich habe in der ersten Verhandlung ausgesagt, dass die Gestapobeamten zielgerichtet auf unseren Tisch zukamen und erst die Angeklagte anschauten und dann mich. Deshalb war ich mir 1957 und heute ganz sicher, dass die Angeklagte die Gestapo gerufen hatte, um mich festnehmen zu lassen."

„Herr Zeuge, waren Sie bei dem Telefonat dabei? Ich antworte für Sie: ‚Nein.' Herr Zeuge, Sie sagten, Ihnen gelang die Flucht aus dem Transport. Können Sie dazu Näheres berichten? Wie müssen wir uns das vorstellen, Flucht aus einem Transport? Wie viele Personen waren denn in dem Viehwaggon?"

„Herr Verteidiger, ich habe natürlich die Zahl der Personen nicht nachgezählt, aber wir standen dicht an dicht und es müssen zwischen 60 und 80 Personen gewesen sein, die auf engstem Raum zusammenstanden."

„Herr Zeuge, waren Sie denn der Einzige, der geflüchtet ist, oder gab es noch andere, die mit ihnen geflohen sind?"

Der Vorsitzende griff ein und fragte Dr. Koch: „Was hat die Flucht aus dem Transport mit der hier in Rede stehenden Denunziation zu tun?“

„Herr Vorsitzender, das ist eine Frage, die auf die Glaubwürdigkeit des Zeugen abzielt. Es stellt sich die Frage, wie konnte der Zeuge aus einem Transport fliehen, ohne dass die anderen Insassen des Waggons nicht ebenfalls geflohen wären. Könnte es nicht sein, dass der Zeuge überhaupt nicht auf einem Transport war? Wenn er jedoch nicht auf einem Transport war, dann stellt sich die Frage nach seiner Glaubwürdigkeit.“

„Herr Verteidiger, wollen Sie ernsthaft unterstellen, dass der Zeuge gar nicht auf einem Transport nach Auschwitz war und die Flucht einfach so erfunden hat?“ „Herr Vorsitzender, ich will gar nichts unterstellen. Ich möchte einfach nur der Wahrheitsfindung dienen.“

Im Saal machte sich eine dezente Heiterkeit breit.

Dr. Koch ließ nicht locker, er war in seinem Element: „Herr Zeuge, Sie waren Zeuge im ersten Verfahren 1957, Sie sind heute wiederum Zeuge. Waren Sie auch Zeuge in dem Bovensiepen-Verfahren gegen Gestapoführer des Lagers Große Hamburger Straße?“

„Nein, ich wusste nicht, dass es ein Verfahren gegen Bovensiepen und die Lagerleitung gab.“

„Herr Zeuge, ich zeige Ihnen jetzt ein Foto.“

„Ja, das ist Bovensiepen!“

„Ich zeige Ihnen jetzt zwei weitere Fotos.“

Der Vorsitzende griff ein: „Was soll das, Herr Verteidiger, was bezwecken Sie?“

„Herr Vorsitzender, das sind Fragen, die die Glaubwürdigkeit des Zeugen betreffen. Ich will feststellen, ob der Zeuge in dem Lager Große Hamburger Straße war.“

Der Vorsitzende an den Zeugen: „Zeuge, waren Sie in der Großen Hamburger Straße?“

„Ja, ich war einige Zeit in dem Lager in der Großen Hamburger Straße und habe mir alles sehr genau angesehen.“

„Haben Sie denn diese Leute auf den Fotos in der Hamburger Straße gesehen?“ Dr. Koch schob die Fotos in Richtung des Zeugen.

„Ja, die kenne ich! Der eine hatte was an der Galle, deshalb war er ja auch ganz gelb im Gesicht. Beide haben immer zugeschaut, wenn die Transporte abgingen."

„Was meinen Sie, Herr Zeuge, wussten die beiden Bescheid, dass die Transporte nach Auschwitz gingen?"

„Davon bin ich überzeugt, es war bei den Gestapoleuten üblich, den Juden den Transport nach Auschwitz anzudrohen. Die beiden Gestapoleute waren jeden Morgen beim Appell auf dem Hof. Sie haben sich einen Spaß daraus gemacht, den Juden zu sagen, dass ihr größter Wunsch, in Auschwitz zu sterben, bald in Erfüllung geht."

Dr. Koch in Richtung Gericht: „Offenbar wusste der Zeuge zu viel und ist deshalb in dem Verfahren Bovensiepen nicht geladen worden."

„Herr Verteidiger, Ihre Schlüsse können Sie im Schlussplädoyer ziehen, haben Sie noch weitere Fragen?"

„Entschuldigung, Herr Vorsitzender, die Angeklagte hat noch Fragen an den Zeugen."

„Soweit es Fragen an den Zeugen sind, die im Zusammenhang mit dem Tatvorwurf stehen, kann die Angeklagte gerne fragen."

„Herr Vorsitzender, ich kenne diesen Mann nicht, ich habe diesen Mann nie gesehen und ich habe im Restaurant Aschinger nie telefoniert."

„Angeklagte, Sie haben nach der Beweisaufnahme und den Plädoyers ein letztes Wort, Sie können dort zu allen Fragen Stellung nehmen, hier und heute geht es nur um die Aussagen der Zeugen und um Tatsachenfeststellungen, bitte beachten Sie dies. Noch weitere Fragen an den Zeugen …?" Ohne ein Antwort abzuwarten: „Nein!"

„Dann ist die Sitzung geschlossen, neuer Termin zur Verhandlung am 29. September 1972, 9:00 Uhr, Saal 100."

Stella packte ihre Papiere zusammen, knüllte sie in die Handtasche und überlegte, was sie mit dem angebrochenen Tag anfangen sollte. Ihr kam der Gedanke, ins Aschinger zu fahren und dort eine Erbsensuppe zu essen. Mal sehen, ob dort noch das Telefon und die Nummer 333 funktionierten.

XXXV.

Moabit

Stella war am dritten Verhandlungstag, am 28. September 1972, auf die Menschenkette vor dem Saal 100 vorbereitet. Heute störte sie der Sprechgesang nicht mehr.

Der vorsitzende Richter eröffnete die Hauptverhandlung.

„Die Beweisaufnahme wird fortgesetzt. Wir beginnen mit dem Zeugen Coburg. Bitte den Zeugen Coburg aufrufen."

Der Wachtmeister öffnete die Saaltür und rief auf den Gang: „Der Zeuge Coburg bitte eintreten!"

Der Zeuge Coburg betrat den Saal.

Der Vorsitzende begann mit den Worten: „Ich belehre Sie. Bitte nennen Sie uns Ihren Namen und Ihr Alter."

Der Zeuge antwortete: „Ich heiße David Coburg und bin 63 Jahre alt."

„Herr Zeuge, sind Sie jüdischer Abstammung?"

„Ja!"

„Kennen Sie eine Person, die sich hier im Gerichtssaal befindet?"

Der Zeuge schaute auf Stella und sagte: „Diese Frau hat mich im Herbst 1943 an die Gestapo verraten."

Stella stand langsam auf. Alle Blicke richteten sich auf sie. Sie schaute erst den Zeugen und dann den vorsitzenden Richter an. „Ja, ich habe diesen Mann 1943 an die Gestapo verraten."

Aus dem Zuhörerbereich war ein „Endlich, das wurde auch Zeit!" zu vernehmen. Dieser Zwischenruf wurde mit einem vielstimmigen „Pst!" beantwortet.

Der vorsitzende Richter fragte: „Frau Angeklagte, wollen Sie ein Geständnis ablegen?"

„Ja, Herr Vorsitzender. Darf ich mich wieder setzen, mir ist schwindelig?"

„Ja, bitte setzen Sie sich, Frau Angeklagte. Haben Sie noch genügend Wasser? Frau Angeklagte schildern Sie uns einmal, was sich im September 1943 ereignete."

„Ich war mit Herrn Isaackson in der Gegend des Kurfürstendamms auf der Suche nach untergetauchten Juden. Wir waren immer zu zweit unterwegs, um uns bei Schwierigkeiten bei der Festnahme gegenseitig zu unterstützten. Ich begegnete dem Zeugen Coburg am Olivaer Platz. Ich forderte ihn auf, mir seinen Ausweis zu zeigen. Der Zeuge Coburg rannte sofort los, so schnell er konnte, in Richtung Kurfürstendamm. Herr Isaacksohn rannte ihm hinterher. Er erreichte ihn jedoch nicht. Dann rief Isaacksohn laut: ‚Haltet den Juden, haltet den Juden!'"

„Passanten haben den Zeugen Coburg dann festgehalten. Wir konnten den Zeugen Coburg festnehmen. Wie bei jedem gefassten Juden haben wir die Taschen durchsucht. Einige hatten Steine dabei. Die haben wir ihnen abgenommen. Auch der Zeuge Coburg hatte einen Stein, den ich ihm abnahm. Ich habe den Brillanten dabei und möchte ihm den Stein zurückgeben, wenn ich fertig bin. Der Zeuge Coburg wurde gefesselt und musste dann auf einen LKW aufsteigen, auf dessen Ladefläche bereits einige Juden saßen. Ich und Herr Isaaksohn setzen uns immer ans Ende der Ladefläche, um Fluchtversuche zu verhindern. Der LKW fuhr in Richtung Sammellager Große Hamburger Straße. Der Zeuge Coburg hat sich irgendwie von den Fesseln befreit und sprang bei voller Fahrt mitten auf dem Kurfürstendamm vom LKW. Offenbar unverletzt stand er auf und rannte, so schnell er konnte, weg. Wir haben ihm noch hinterhergerufen: ‚Wir kriegen dich!'"

„Als wir im Sammellager ankamen, hat Dobberke vor Wut getobt. Dobberke war ein Psychopath. Mal hat er mich geschlagen, mal hat er mich umklammert und geweint. Wenn er geweint hat, dann rief er immer völlig abwesend: nicht schlagen, nicht schlagen. An dem Tag, als das mit der Flucht passierte, hat er mich besonders brutal geschlagen. Als er sich dann richtig in Stimmung gebracht hatte, vergewaltigte er mich anal."

Der vorsitzende Richter fragte den Staatsanwalt: „Fragen an den Zeugen?"

Der Vorsitzende blickte zum Verteidiger. Auch Dr. Koch schüttelte den Kopf.

Der vorsitzende Richter sagte: „Frau Angeklagte, Sie wollten dem Zeugen Coburg sein Eigentum zurückgeben."

Stella stand auf und entnahm ihrer Handtasche einen Briefumschlag. Sie schüttete den Inhalt auf den Tisch, an dem der Zeuge Coburg saß. Im Zuschauerraum wurde es unruhig.

Stella schreite: „Ich hasse die Steine, ich hasse mich, ich hasse mein Leben!"

Der Zeuge Coburg schaute erst Stella an, dann die Steine. Nach einem kurzen Augenblick sagte er: „Hier, das ist der Stein."

„Bitte nehmen Sie Ihren Diamanten. Ich bitte Sie, mir zu verzeihen."

„Ich kann Ihnen verzeihen, weil ich überlebt habe. Die Toten können Ihnen jedoch nicht mehr verzeihen."

Der Zeuge Coburg verließ den Saal.

Stella nahm die übrigen Steine und ging zurück auf ihren Platz.

„Was ist jetzt mit den übrigen Steinen?", fragte eine Stimme aus dem Zuschauerbereich.

„Hol Sie dir, wenn Sie dir gehören."

Der Vorsitzende ging dazwischen: „Dann ist der Zeuge mit Dank entlassen."

Die Protokollführerin fragte den Vorsitzenden: „Der Zeuge ist schon weg, was soll ich jetzt protokollieren?"

Der vorsitzende Richter ignorierte die Frage und sagte nur noch: „Die Sitzung ist geschlossen."

XXXVI.

Ehewohnung

Am Abend saß Stella mit ihrem vierten Ehemann Charles vor dem Fernseher. In der rechten Hand hielt er ein halbvolles Glas und in der linken Hand eine Flasche Bier. Charles hatte Tränen in den Augen: „Wie hast du das alles nur ausgehalten? Wenn ich könnte, würde ich das Schwein umbringen. Der hat sich an deinem Leid aufgegeilt, er hat dich erniedrigt. Meine geliebte Stella, von hinten … ich kann es nicht fassen."

„Bitte, Charles, denk nicht daran. Was ich an Leid erduldet habe, musste ich anderen zufügen. Das ist furchtbar. Was ich getan habe, war furchtbar."

Charles schlug sich mit der Faust an den Kopf. Er bekam einen Weinkrampf.

„Bitte Charles, bitte. Jetzt muss es um Yvonne gehen, Yvonne muss mich retten, muss uns retten. Natürlich teilen wir unsere Entschädigung. Du hast wunderbar reagiert, du bist ein wahrer Gentleman. Der Anwalt hat mir versprochen, dass morgen einige Entlastungszeugen aussagen werden. Morgen wird auch die Psychiaterin vom Gericht gehört werden."

Stella schwieg minutenlang. Sie dachte an ihre Tochter, die in Israel lebte. Sie wünschte sich nichts so sehr wie ein Treffen mit ihrer Tochter. Sie wollte ihr endlich erklären, warum passiert war, was passiert war. Sie hatte sich heute das erste Mal vor Gericht zu dem bekannt, was sie bisher verdrängt und geleugnet hatte. Sie hätte heute auch behaupten können, dass sie den Zeugen Coburg so nachlässig gefesselt hatte, dass er hatte flüchten können. Sie wollte jedoch reinen Tisch machen. Auch die Zuhörer hatten sich heute auffallend zurückgehalten. Es gab keine Feindseligkeiten mehr. Aller Voraussicht nach wäre morgen der letzte Verhandlungstag. Dann wäre alles vorbei.

Sie hatte schon drei Mal diese Prozedur hinter sich gebracht, einmal vor dem sowjetischen Militärtribunal 1946 und dann

1957 als Angeklagte und 1971 als Zeugin in dem Verfahren gegen Gestapoangeklagte vor dem Schwurgericht Berlin. Sie wollte dann selber die Suche nach Yvonne in die Hand nehmen. Sie nahm Charles die Flasche Bier aus der linken Hand und strich mit ihrer Rechten über seinen Oberschenkel.

XXXVII.

Moabit

Stella war am vierten Verhandlungstag, am 2. Oktober 1972, wieder auf die Menschenkette vor dem Saal 100 vorbereitet. Heute standen die Zuhörer jedoch einzeln oder in kleinen Grüppchen. Sie hörte keinen Sprechgesang mehr. Trotzdem nahm sie eilig neben Dr. Koch Platz. Sie vermied es, wie an den vorigen Verhandlungstagen, in Richtung der Zuhörer zu blicken. So konnte sie nicht bemerken, dass sich eine junge Frau mit Sonnenbrille unter die Zuhörer gemischt hatte.

Der Vorsitzende Richter eröffnete die Hauptverhandlung.

„Die Beweisaufnahme wird fortgesetzt. Wir beginnen mit der Sachverständigen."

Dr. Koch hob die rechte Hand. Der vorsitzende Richter erteilte dem Verteidiger das Wort. „Hohes Gericht, ich beantrage, Frau Goldberg in den Zeugenstand zu rufen."

„Herr Verteidiger, was soll uns Frau Goldberg sagen, was wir nicht schon wissen? Sie erinnern sich vielleicht, die Angeklagte hat ein Geständnis abgelegt."

„Frau Sarah Goldberg, geborene Sterntal, kann bezeugen, dass die Angeklagte ihr und ihrer Mutter zur Flucht vor der Gestapo verholfen hat."

Stella saß plötzlich kerzengrade auf ihrem Stuhl und schaute Dr. Koch fassungslos an.

„Wo ist denn Ihre Zeugin, die Frau Goldberg?", fragte der Vorsitzende.

„Frau Goldberg wartet vor dem Sitzungssaal."

„Wachtmeister, dann rufen Sie bitte die Zeugin Goldberg auf."

Der Wachtmeister öffnete die Tür zum Sitzungssaal, trat auf den Flur und rief: „Die Zeugin Goldberg bitte im Saal 100 eintreten!"

Sara Goldberg trat in den Sitzungssaal ein und schloss die Tür hinter sich. Beim Eintreten blickte sie kurz in Richtung der

Zuhörer und grüßte unauffällig, nur mit einem heftigen Augenaufschlag. Sie wandte sich sogleich zum Richtertisch und blieb hinter dem für die Zeugen vorgesehenen Stuhl stehen.

„Frau Goldberg, Sie wurden von der Verteidigung als Zeugin benannt. Nennen Sie uns bitte Ihren vollständigen Namen und Ihr Alter."

„Herr Vorsitzender, ich bin 1932 geboren und 50 Jahre alt."

Der Vorsitzende lächelte und sagte: „Das kann nicht sein. Wenn Sie 1932 geboren wurden, dann sind Sie heute 40 Jahre alt."

„Herr Vorsitzender, Sie haben recht, ich bin etwas aufgeregt."

„Frau Zeugin, ich muss Sie jedoch belehren und deshalb meine Frage vorab, sind Sie mit der Angeklagten verwandt oder verschwägert? Aber erst nennen Sie uns bitte Ihren Namen."

„Ich heiße Sara Goldberg, geborene Sterntal."

„Schau an, die kleine Sterntal!", rief Stella in den Saal.

Der Vorsitzende, sichtlich um Milde bemüht: „Frau Angeklagte, bitte keine Zwischenrufe. Frau Zeugin, kennen Sie die Angeklagte?"

„Ja, Herr Vorsitzender, ich kenne die Angeklagte."

„Woher kennen Sie die Angeklagte?"

„Ich habe die Angeklagte nur ein einziges Mal gesehen, ansonsten kannte ich sie nur aus Erzählungen meiner Mutter. Meine Mutter und die Angeklagte gingen gemeinsam zur Schule, auf eine jüdische Schule. Ab 1942 lebten wir versteckt, wir gehörten zu den sogenannten Unsichtbaren, also untergetauchte Juden, die in der Illegalität lebten. Eines Tages ging ich mit meiner Mutter die Xantener Straße entlang, wir wollten ein befreundetes Ehepaar besuchen. Da kam uns die Angeklagte entgegen. Sie sagte zu meiner Mutter: ‚Sofort in einem Hausflur verstecken und fünf Minuten warten, Gestapo.' Meine Mutter und ich, wir sind dann sofort in einen Hausflur gegangen. Nach einer Weile schaute meine Mutter auf die Straße und sagte: ‚Komm, Sara, wir müssen uns beeilen.' Wir sind dann sofort zu dem befreundeten Ehepaar gegangen, die uns für einige Tage aufgenommen hatten. Wir sind nicht mehr in unsere alte Wohnung zurückgegangen. Meine Mutter sagte einige Male zu mir: ‚wir haben unser Leben Stella zu verdanken. Wenn sie uns nicht gewarnt hätte, wären wir in Auschwitz umgekommen.'"

„Danke; Frau Zeugin", sagte der Vorsitzende. „Noch Fragen an die Zeugin, Herr Staatsanwalt?"

„Nein!"

„Herr Verteidiger?"

„Nein, Herr Vorsitzender!"

„Wir danken Ihnen für Ihr Erscheinen, Frau Zeugin. Machen Sie eine Zeugenentschädigung geltend?"

„Nein, Herr Vorsitzender."

Die Zeugin Goldberg nahm auf den Zuhörerbänken Platz. Der Vorsitzende schloss die Verhandlung.

XXXVIII.

Gerichtskantine

Sara und Ferdinand verließen schweigend den Saal 100. Ferdinand machte ihr den Vorschlag, in der Gerichtskantine noch einen Kaffee zu trinken.

Beide fuhren mit dem Fahrstuhl in das Kellergeschoss. Sie betraten die Kantine, in der es penetrant nach Essen roch. Ferdinand hielt nach einem freien Tisch Ausschau. Zu Sara sagte er „dort ist Platz“ und zeigte auf einen Tisch in der Ecke. „Ich besorge uns zwei Tassen Kaffee.“ Ferdinand nahm ein Tablett und setzte den Kaffeeautomaten mit einem Knopfdruck in Gang.

„Hallo Ferdinand“, er drehte sich um, hinter ihm stand Staatsanwalt Springer. „Kann ich mich zu dir setzen?“

„Bitte nicht, nicht heute, ich will gleich einen Heiratsantrag machen.“

„Doch nicht mir?“ Staatsanwalt Springer lachte über seinen Witz: „Viel Glück, mein Freund, wurde auch Zeit. Doch noch Helga?“

„Nein, eine Frau, die ich im Keller versteckt hätte, um ihr das Leben zu retten.“

„Das musst du mir gelegentlich erklären. Versprochen?“

„Versprochen!“

„Herr Kroh, Sie sind doch nicht das erste Mal hier, den Kaffee bei mir bezahlen!“ Ferdinand schaute zuerst auf den Kaffeeautomaten und dann in Richtung der Kassiererin. Bevor er eine Entschuldigung rausbrachte, sagte Staatsanwalt Springer zu Ferdinand: „Ich übernehme das.“

Staatsanwalt Springer stellte sich an, um Ferdinands Kaffees zu bezahlen. Als er an der Reihe war, sagte die Kassiererin lächelnd zu ihm „der Kaffee von Kroh ist schon bezahlt, von der jungen Dame mit der Sonnenbrille“ und sie zeigte auf eine Frau, die an einem Stehtisch neben der Tür zur Kantine stand. Staatsanwalt Springer wurde neugierig. Jetzt wollte er wissen, warum eine junge Dame den Kaffee von Kroh bezahlte, während der einer anderen einen Heiratsantrag machte. Staatsanwalt Springer ging zum Fenster neben dem Stehtisch und fragte: „Stört es Sie, wenn ich einen Augenblick das Fenster aufmache und ein bisschen frische Luft reinlasse?“

Die junge Dame griff nach ihrer Handtasche und verließ die Gerichtskantine.

XXXIX.

Urteil

Vor dem Saal 100 standen am 9. Oktober 1972 die Zuhörer wieder in losen Gruppierungen. Einige der Zuhörer schauten Stella an. Stella meinte, in manchen Gesichtern auch Zuspruch oder gar ein Lächeln zu lesen. Es kam bei ihr so etwas wie ein Gefühl der Zuversicht, ein Gefühl der Hoffnung auf. Sie hoffte, wieder aufgenommen zu werden, in den Kreis der vormals Ausgestoßenen. Die junge Frau mit Sonnenbrille wartete im Zwischengang.

Der vorsitzende Richter eröffnete die Hauptverhandlung: „Nunmehr setzt das Gericht die Beweisaufnahme fort."

„Wir beginnen mit der Sachverständigen Dr. Burger."

Dr. Koch hob den rechten Arm.

„Noch weitere Zeugen, Herr Verteidiger?"

„Ja, Herr Vorsitzender. Ich habe einen weiteren Zeugen anzubieten, der bestätigen kann, dass die Angeklagte auch verfolgten Juden zur Flucht verholfen hat. Der Zeuge von Stocki kann das bestätigen."

Der Vorsitzende Richter wurde bleich im Gesicht. „Was soll der denn bestätigen? Den wollen wir doch mit Gewissheit nicht hören."

Dr. Koch schaute den vorsitzenden Richter überrascht an. „Ich habe den Eindruck, Sie kennen den Zeugen persönlich und wollen ihn deshalb nicht hören."

Der vorsitzende Richter wurde kalkweiß im Gesicht. Er überspielte seine Unsicherheit und sagte: „Das Gericht wird auch diesen Zeugen anhören. Herr Wachtmeister, walten Sie Ihres Amtes!"

Der Wachtmeister stand auf, öffnete die Saaltür und brüllte in den Vorraum: „Der Zeuge von Stocki bitte eintreten!"

Der Zeuge von Stocki trat ein. Sein Blick saugte sich an dem vorsitzenden Richter fest. Er versuchte, den Blick des vorsitzenden

Richters einzufangen und festzuhalten. Der entzog sich mit einem Blick in die Unendlichkeit. Der Vorsitzende belehrte den Zeugen von Stocki und sagte: „Herr Zeuge, nennen Sie uns Ihren vollständigen Namen und Ihr Alter."

„Herr Vorsitzender, ich heiße Michael von Stocki, ich bin 1928 geboren, ich bin 44 Jahre alt, von Beruf bin ich Filmproduzent."

Der vorsitzende Richter fragte spitz: „Seit wann ist denn Filmproduzent ein Beruf?" Der Zeuge von Stocki antwortete: „Für mich ist das eine Berufung, deshalb bin ich auch so erfolgreich."

Der vorsitzende Richter: „… schon immer spitzfindig gewesen!"

Der Staatsanwalt schaute den vorsitzenden Richter mit sorgenvoller Miene an. Der hatte sich jedoch wieder im Griff und fuhr mit der Befragung des Zeugen fort. „Herr Zeuge, kennen Sie diese Frau?"

„Ja, Herr Vorsitzender, ich traf diese Frau im Sommer 1943 im Keller unseres Hauses in der Uhlandstraße, in dem ich mit meiner Mutter und meiner Schwester wohnte. Meine Mutter hatte einen Untermieter aufgenommen, der aus Gründen, die Ihnen nicht unbekannt sein dürften, im Keller einquartiert wurde. Unser Untermieter war Jude."

Jetzt trafen sich die Blicke des Vorsitzenden und des Zeugen frontal, mit einer Wucht, die auf ein tiefes Zerwürfnis schließen ließ.

„Herr Zeuge, was war denn nun im Sommer 1943 im Keller des Hauses Ihrer Mutter in der Uhlandstraße eigentlich los?"

„Ich brachte unserem jüdischen Untermieter Essen, genug, um nicht zu verhungern, zu wenig, um satt zu werden. Aber wir hatten nicht mehr. Und das wenige, was uns blieb, teilte meine Mutter mit einem Juden. Weil wir am 20. April 1943 nicht die Hakenkreuzfahne zu Führers Geburtstag aus dem Fenster gehängt hatten, wurden wir von einem meiner Mitschüler denunziert. Zur Strafe wurden uns für drei Monate die Lebensmittelzuweisungen halbiert. Der Denunziant wurde übrigens von allen Mitschülern ‚Petze' genannt."

Der vorsitzende Richter rutschte unruhig auf seinem Stuhl hin und her. „Ja, was hat das mit der Angeklagten zu tun?"

„Als ich unserem Untermieter das Essen brachte, zwei Scheiben Brot, Schmalz und eine Flasche mit Leitungswasser, stand plötzlich die Angeklagte hinter uns. Sie hatte eine Pistole in der Hand und verlangte von unserem Untermieter, dass er mitkommt. Er sei verhaftet, Widerstand wäre zwecklos. Der sagte nur ganz ruhig ‚die Pistole ist doch gar nicht geladen', ging auf sie zu und drehte ihr die Pistole aus der Hand. Der Untermieter nahm die Pistole an sich und durchsuchte die Taschen der Angeklagten. Er fand einen Ausweis der Gestapo, den er ihr sogleich wegnahm. Dann musste die Angeklagte die Schuhe ausziehen und er sagte zu ihr, dass er die Schuhe im Keller verstecken würde, sie müsse sich aber vorher die Augen verbinden. Dann fing die Angeklagte an zu betteln. Sie würde ja nichts sagen, ob man nicht alles vergessen könne, sie wäre selber Jüdin und in einer furchtbaren Situation. Nach einigem Hin und Her haben wir sie laufen lassen. Sie hatte ihr Wort gehalten, sie hatte uns nicht verraten." Mit betonter Herablassung: „Wie Sie wissen, Herr Vorsitzender, das wäre mein sicherer Tod gewesen."

Der Vorsitzende: „Woher soll ich das wissen?"

Der Zeuge von Stocki mit einem überlegenen Lächeln: „Sein Name war Hase, verraten haben mich und meine Familie andere. Aber ohne Erfolg, wie Sie sehen, Herr Vorsitzender."

Der Zeuge schaute den vorsitzenden Richter lange an. Der vorsitzende Richter brauchte einen Augenblick, um die Fassung wiederzugewinnen. Er fragte dann mit hohler Stimme: „Fragen an den Zeugen?" Er blickte zum Staatsanwalt, der schüttelte den Kopf. Dann blickte er zu Dr. Koch, der schüttelte auch den Kopf. Zum Zeugen gewandt sagte der Vorsitzende: „Sie sind entlassen!"

Der Zeuge von Stocki stand auf, machte vor dem Gericht eine tiefe Verbeugung und sagte: „Es war mir keine Ehre! Auf den deutschen Gruß bestehst du heute wohl nicht mehr."

Der Vorsitzende mit belegter Stimme: „Noch weitere Zeugen, Herr Verteidiger?" „Nein, Herr Vorsitzender."

„So, dann können wir zur Sachverständigen kommen. Frau Dr. Burger, wenn Sie so freundlich sind, nach vorne zu kommen.

Ich darf Sie belehren. Nennen Sie uns bitte Ihren Namen und Ihr Alter."

„Herr Vorsitzender, ich heiße Helga Burger und bin 37 Jahre alt."

„Frau Dr. Burger, Sie haben das Wort. Was können Sie uns zur Angeklagten sagen?"

„Hohes Gericht, ich hatte den Auftrag, Frau Gärtner auf ihre Schuldfähigkeit zum Tatzeitpunkt, konkret zu den einzelnen Tatzeitpunkten der Taten, zu untersuchen.

Ich habe das schriftliche Gutachten erstellt und dem Gericht übersandt."

„Herr Vorsitzender!", rief Dr. Koch. „Ich habe noch kein Gutachten."

„Das ist richtig, Herr Verteidiger, das Gutachten ist erst gestern nach Schluss der mündlichen Verhandlung eingegangen, hier ist ein Exemplar für die Staatsanwaltschaft und ein Exemplar für die Verteidigung. So Frau Dr. Burger, Sie haben das Wort."

„Ich darf Bezug nehmen auf das Urteil vom 29. Juni 1957, Blatt 196 der Akte. Auf Seite 40 des Urteils stellt das Gericht fest: ‚Die Angeklagte ist eine intelligente Frau von großer Gemütsarmut und Gefühlskälte, die in stark egozentrischem Denken befangen ist; sie bietet das Bild einer schizoiden Psychopathin mit zur Tatzeit infantilen Zügen. Aus dieser Veranlagung heraus erklärt sich ihre Tat.'

„Dann führt das Gericht aus: ‚In keinem Stadium dieser Tat aber haben die erwähnten psychischen Umstände einen Krankheitswert erreicht, der Einfluss auf die Fähigkeit der Angeklagten gehabt hätte, das Unerlaubte ihrer Tat einzusehen oder entsprechend dieser Einsicht zu handeln.'"

„Sodann stellt das Gericht im Urteil fest: ‚Die Angeklagte ist für ihre Tat voll verantwortlich. Diese aus den dargelegten Umständen gewonnene Überzeugung des Schwurgerichts stimmt vollauf überein mit dem ausführlichen Gutachten des psychiatrischen Sachverständigen Dr. W.'"

Frau Dr. Burger schaute den Vorsitzenden an. „Hohes Gericht, ich habe die mehrbändigen Akten mindestens drei Mal durchsucht, ich habe das ausführliche Gutachten des psychiatrischen Sachverständigen Dr. W. nicht gefunden."

Der Vorsitzende Richter sagte trocken: „Es gibt kein Gutachten."

Dr. Koch legte den Kopf auf den Tisch, der Staatsanwalt schaute starr aus dem Fenster.

Frau Dr. Burger fuhr fort: „Es handelt sich um insgesamt 31 Fälle, die angeklagt wurden. Es geht immer um den gleichen Sachverhalt. Frau Gärtner spürt Juden auf und führt diese dann der Gestapo zu. Die Gestapo organisiert aus dem Sammellager die Deportationen, entweder direkt nach Auschwitz oder aber nach Theresienstadt. Das Gericht hat mich darauf hingewiesen, dass nach dem Revisionsurteil des BGH vom 17. Oktober 1958 Straftaten, durch die höchstpersönliche Rechtsgüter verschiedener Personen verletzt werden, nicht als im Fortsetzungszusammenhang stehend, als eine Handlung, angesehen werden. Die 31 Fälle sollten, so der Gutachterauftrag, jeweils einzeln beurteilt werden. Ich habe jeden einzelnen der 31 Fälle geprüft und keine Abweichungen festgestellt. In allen Fällen ist die persönliche Veranlagung der Frau Gärtner gleich zu beurteilen. In meinem Gutachten habe ich deshalb ausdrücklich jeden einzelnen Fall benannt und festgestellt, dass meine gutachterliche Stellungnahme den vorherigen gutachterlichen Ausführungen entspricht.

„Hohes Gericht, ich will mit einer Frage anfangen: Was wäre passiert, wenn jemand Narziss, dem schönen Sohn des Flussgottes Kephisos, die Möglichkeit genommen hätte, sein eigenes Spiegelbild zu betrachten?"

„Als Psychologin bin ich mir sicher, Narziss hätte denjenigen getötet. Frau Gärtner war geradezu extrem narzisstisch veranlagt. Sie kommt auch heute an keinem Spiegel vorbei, ohne sich nicht ausgiebig selbst zu bewundern. Sie ist geradezu süchtig nach Bestätigung und Bewunderung. Sie wurde als junge Frau extrem erniedrigt. Diese extreme Niederlage hatte sie zutiefst erschüttert, viel tiefer als es für einen ‚Nichtnarzissten' überhaupt denkbar ist. Diese Ausführungen sind als Überschrift oder allgemeiner Leitsatz von mir gemeint. Frau Gärtner wurde bereits in frühen Jahren über alle Maßen verwöhnt und verzogen. Ihr Leben orientierte sich an den Regeln, die sie selber aufstellte. Sie beanspruchte für sich eine besondere Stellung. Sie war süchtig nach Bestätigung und Anerkennung. Sie verlangte ständig, fast jeden Tag, eine höhere Dosis Anerkennung. Sie ist ein sogenanntes ‚Vaterkind', d. h. auf den Vater fixiert. Ihr Selbstwertgefühl war von der Autorität des Vaters und der Anerkennung durch den Vater abhängig. In dem Moment, in dem der Vater seine Autorität durch die äußeren Umstände verloren hatte, brach eine Welt für die Angeklagte zusammen. In dieser Situation hatte sie die Vorstellung, dass sie nur überleben könne, wenn sie eine neue Autorität findet. Im Jahre 1941 wurden die Angeklagte und ihre Eltern dienstverpflichtet. Am 23. Oktober 1941 schloss die Angeklagte mit Herrn Manfred Kübler die Ehe. Ihr Ehemann wurde im Februar 1943 von der Gestapo verhaftet und dann nach Auschwitz deportiert. Die Angeklagte konnte im Februar 1943 einer Verhaftung durch die Gestapo entgehen und lebte die folgenden Monate illegal in Berlin. Falsche Papiere wurden der Angeklagten von Herrn Isaaksohn verschafft. Sie sah sich plötzlich in der Rolle des ‚Ernährers' und des ‚Beschützers' der Familie. Sie war eine besonders schöne und besonders begehrenswerte junge Frau, der im wahrsten Sinne des Wortes niemand widerstehen konnte.

Sie organisierte falsche Papiere und beschaffte eine Unterkunft und lebensnotwendiges Essen, in dem sie sich verschiedene Male, auch in Gegenwart der Eltern, penetrieren ließ."

„Bereits in dieser Situation hatte sie jede Scham und jedes Gefühl und auch jede Form der Selbstachtung verloren. Ihre Seele war bereits zu diesem Zeitpunkt so gut wie tot. Am 2. Juli 1943 wurde sie von Gestapobeamten verhaftet. Die Gestapo vermutete, dass die Angeklagte den Aufenthaltsort des Passfälschers Schönhaus, alias Rogoff, kannte. Sie wurde schwerstens gefoltert, damit sie den Unterschlupf von Schönhaus verrät. Die normale Folter – normal in Anführungsstrichen – wie Schläge, Zufügung von Schmerzen wurde nur anfangs angewandt. Aufgrund ihrer außergewöhnlichen Schönheit zielten die Folterer darauf, ihre Würde als Frau zu verletzen. Die Folterer haben sich auch sexuell befriedigt. Frau Gärtner hat widerspruchsfrei und flüssig über die körperlichen Misshandlungen berichtet. Die Gestapomitarbeiter haben Frau Gärtner in sadistischer Weise gequält. Sie wurde mit einem Wachhund an einer kurzen Leine konfrontiert, der kurz, bevor er zubeißen konnte, zurückgerissen wurde. Mal wurde sie nackt, im gefesselten Zustand, mit verbundenen Augen mit ausgehungerten Ratten konfrontiert. In allen Fällen wurden ihr die Augen verbunden."

„Insgesamt kann man sagen, dass Frau Gärtner systematisch gequält und zerstört wurde. Frau Gärtner wurde einer massiven Gehirnwäsche unterzogen. Die Gestapo vermittelte ihr den Eindruck, dass alle Menschen sie verlassen und verraten hätten. Ein Mensch, den alle verlassen und verraten haben, neigt viel leichter zum Verrat und ist weniger immun gegen Beeinflussungen von außen. Es ging um den langsamen Aufbau von Paranoia und um die Entwicklung selbstanklägerischer Vorstellungen. Oft wird an den gesunden Menschenverstand appelliert und so erscheint die Anpassung an die Realität als einziger Ausweg. Nur der, der sich ändert und einwandfrei mitarbeitet, kann überleben. Frau Gärtner war nach der Folter zweifelsfrei in einem seelischen Ausnahmezustand, sie war seelisch quasi tot. Frau Gärtner war in einer seelischen Verfassung, dass sie sogar ihre Eltern der Gestapo ausgeliefert hätte. Man stelle sich das vor: Kinder brachten die Eltern und Eltern brachten ihre Kinder an den Galgen. Wie viel Verrat gab es in arischen Familien aufgrund des ‚Heimtückegesetzes' von 1935? Die Folter wäre für eine klinisch unauffällige Psyche unerträglich gewesen. Frau Gärtner, mit ihrem extrem übersteigerten Narzissmus empfand alle Qualen auch extrem übersteigert. Am 25. August 1943 gelang der Angeklagten in den Wirren eines alliierten Fliegerangriffs die Flucht. Sie tauchte jedoch nicht unter, sondern begab sich zurück in das Sammellager in die Große Hamburger Straße. Sie hätte auch untertauchen können, sie tat jedoch das, was einem normalen Menschen als absurd erscheint, sie begab sich wieder in die Hände ihrer Folterer. Nachdem sie sich einmal dem Zugriff der Gestapo durch Flucht entzogen hatte, jedoch nach wenigen Tagen wieder gefasst und gefoltert worden war, hatte sie nicht mehr den Willen und die Kraft, im Untergrund zu leben. Die Vorstellung, als

Jüdin hätte sie nur zum Schein auf die Anordnung der Greifertätigkeit durch die Gestapo eingehen können oder müssen, halte ich gelinde gesagt für kühn. Nach weiteren Folterungen legte sie dann auch einen Treueeid auf den Führer Adolf Hitler ab und erklärte sich bereit, künftig als Fahnderin und Greiferin für die Gestapo zu arbeiten. Als Abschluss des Gelöbnisses ließ sich Dobberke noch die „christliche" Taufe einfallen. Er urinierte auf das Gesicht von Frau Gärtner. Dieses war ein Vorgang, den sie nur in ihrem Unterbewusstsein wahrgenommen hatte. Weil sie sich diese seelische Steuerung nicht erklären konnte, jedoch eine Begründung für ihr Tun suchte, bildete sie sich ein, die Greifertätigkeit aufgenommen zu haben, um ihre Eltern vor dem Transport nach Auschwitz zu bewahren. Die emotionalen Verbindungen zu ihren Eltern und zu allen anderen Menschen waren bereits abgebrochen. Frau Gärtner nahm diesen Bruch jedoch nicht wahr, sie suchte eine rationale Erklärung für ihre irrationale Entwicklung. Was mit ihr geschehen war, konnte sie intellektuell nicht verarbeiten. Auch der Treueid auf den Führer Adolf Hitler spielte für Frau Gärtner eine Rolle. Die Wirkung dieses Treueeides ist heute nicht mehr nachvollziehbar. Es muss jedoch einen Grund gegeben haben, dass Millionen Deutsche einem manisch-depressiven Psychopathen die Treue bis in den Tod geschworen haben. Im Rahmen meiner Doktorarbeit habe ich auch ein Kapitel dem Verhältnis von Adolf Hitler zu seiner Nichte Angela Raubal, genannt ‚Geli', gewidmet. Die Nichte von Hitler war nicht narzisstisch veranlagt. Sie war eine sensible, psychisch gesunde, junge Frau. Sie sah für sich am 18. September 1931 nur den Suizid als Ausweg, um sich den krankhaften Zudringlichkeiten ihres Onkels Adolf zu entziehen. Wäre sie narzisstisch veranlagt gewesen, hätte sie den Pakt mit dem Teufel geschlossen. In meiner Doktorarbeit habe ich mich auch mit der extrem narzisstisch veranlagten Magda Goebbels befasst, die 1908 von dem Juden Friedländer adoptiert und gleichwohl von Hitler vergöttert wurde."

Der Vorsitzende: „Frau Dr. Burger, es geht hier nicht um das psychologische Gutachten über den Führer, äh, Adolf Hitler, sondern um die Angeklagte."

„Herr Vorsitzender, es gibt dafür eine Umschreibung, die auf den ersten Blick nicht ganz stubenrein erscheint, aber die Sache auf den Punkt bringt und in der Wissenschaft sprachgebräuchlich ist, wie das berühmte Zitat aus Goethes Goetz von Berlichingen ‚du kannst mich mal …', welches in Kreisen des Bildungsbürgertums am äußersten Rand der Toleranzskala geduldet wird: ‚Millionen Fliegen können sich nicht irren, wenn sie sich auf den Misthaufen setzen.' Frau Gärtner ist also in ihren zwanghaften Vorstellungen nicht Millionen von Fliegen gefolgt, sondern Millionen von deutschen Volksgenossen. Aus dieser zwanghaften seelischen Vorstellung nahm Frau Gärtner ihre Tätigkeit als Greiferin der Gestapo auf."

„Zu ihren ersten Aufgaben gehörte die Fahndung nach Schönhaus. Schönhaus war jedoch bereits untergetaucht und auf dem Weg in die Schweiz. Im Zeitraum vom September 1943 bis Anfang 1945 hatte sie die Aufgabe, jüdische Verfolgte aufzuspüren und der Gestapo zuzuführen. Die körperlichen Schmerzen und die Angst vor einem unendlichen Sterbeprozess konnte die Angeklagte überhaupt nur ertragen, weil sie bereits zuvor schwerstens seelisch geschädigt war. In dieser Situation hatte sie die Vorstellung, dass sie nur überleben kann, wenn sie eine neue Autorität findet. Sie hatte bedingungslos die erste und einzige Autorität akzeptiert, die sich ihr geboten hatte, die Gestapo. Es ist bekannt, dass die Gestapo gezielt die Methoden der Zersetzung von Persönlichkeiten entwickelt hatte und auch massiv einsetzte. In einem Brief an den Landgerichtsdirektor B., ich muss kurz nachschauen, ja, vom 1. Juli 1956, Band II, Blatt 145 der Akten, schrieb Frau Gärtner: ‚Ich möchte eine ähnliche Rolle wie Jesus Christus spielen.' Wie kam Frau Gärtner als Jüdin zu dieser Aussage? Die Erklärung liegt nicht in dem Verhältnis von Juden- und Christentum, sondern in einer extremen Selbstüberschätzung und in einer extremen Grenzüberschreitung."

So eine Schlange, dachte Stella. Sie hat mir was vorgemacht. Von wegen Liebe verdoppelt sich, wenn man sie teilt.

Sie hörte Frau Dr. Burger sagen: „Es ist vielmehr der zwanghafte Versuch, die Erlebnisse der Folter zu verarbeiten. Mit der Frau ist Schreckliches geschehen. Sie muss so gefoltert worden sein, dass sich die Seele von dem Körper getrennt hat. Sie war wie ein seelenloser Roboter, als sie auf der Jagd nach ihren Glaubensschwestern und Glaubensbrüdern in Berlin unterwegs war. Zu welchen extrem krankhaften Handlungen extreme Narzissten getrieben werden, zeigte sich an Magda Goebbels. Magda Goebbels empfand es als eine Schande, dass sie von dem jüdischen Kaufmann Friedländer adoptiert wurde, als der ihre Mutter heiratete. Magda Goebbels hatte offenbar sechs ihrer Kinder eigenhändig getötet, jedenfalls verantwortlich an der Tötung der eigenen Kinder mitgewirkt. Ihre krankhaft übersteigerte Geltungssucht machte nicht einmal vor dem Leben ihrer eigenen Kinder halt; Grenzüberschreitungen wurden ihr von Dritten nicht zugefügt, solche sind jedenfalls nicht bekannt. Nur am Rande: Im Vergleich zu Frau Gärtner war Magda Goebbels bestenfalls eine ‚herbe Schönheit'. Frau Gärtner hat Grenzüberschreitungen an sich selbst erlebt. Was ihr an Grenzüberschreitungen zugefügt wurde, wollte sie geradezu suchtartig in noch gesteigerter Form anderen zufügen."

„Der Mangel an Empathie führte für sich genommen zur Gefühllosigkeit gegenüber den Mitmenschen. Der Mangel an Empathie gegenüber Dritten bedeutete eine extreme Empathie gegenüber der eigenen Person, eben des Narzissmus. Die Nürnberger Rassengesetze steigerten die Verletzlichkeit von Frau Gärtner. Sie wurde per Gesetz zum Untermenschen gestempelt und für jeden Nichtjuden zum ‚Freiwild'. Die Folter wiederum beendete die Verletzlichkeit, beseitigte jede Empfindung und führte eben dazu, dass Frau Gärtner aus Sicht außenstehender Dritter geradezu besessen davon war, die Tätigkeit als Greiferin auszuüben. Als Sachverständige habe ich jedoch nicht die Sicht Außenstehender auf die Taten und die Täterin zu beurteilen, sondern die Sicht der Täterin auf die Taten, wohlgemerkt, die verständige Sicht auf die Taten. Damit ist nicht etwa die Rechtfertigung der Taten verbunden. Es muss immer die Perspektive berücksichtigt werden. Aus der Perspektive eines außenstehenden Dritten handelt es sich bei den Handlungen der Frau Gärtner um furchtbare Verbrechen. Es geht jedoch um die Perspektive der Frau Gärtner. Waren ihre Handlungen aus ihrer Perspektive grausame Verbrechen? Konnte sie ihre eigenen Handlungen überhaupt noch beurteilen? Konnte sie überhaupt noch zwischen Recht und Unrecht unterscheiden? Wenn das Gericht auf Seite 45 des Urteils vom 29. Juni 1957 feststellt, dass die Jugend und Lebensunerfahrenheit für die erhöhte Anfälligkeit der Frau Gärtner gegen die Versuchungen der damaligen Zeit mit Ursache waren, so kann ich dem nicht zustimmen. Frau Gärtner hatte nie eine Jugend und unerfahren war sie auch nicht, im Gegenteil. Nach dem Ergebnis meiner Untersuchungen hatte Frau Gärtner auch nicht den ihr unterstellten informellen Kontakt zur Gestapoleitung der Berliner Sammellager für aufgegriffene Juden."

„Ich komme zu der festen Überzeugung, dass die Angeklagte das Unrecht ihrer Taten nicht erkennen konnte. Hohes Gericht, die Angeklagte war zu den Zeitpunkten der einzelnen Taten schwerstens traumatisiert. Sie wusste nicht, was sie tat und sie hatte auch keine Möglichkeit, dies zu erkennen.

Die Angeklagte war zum Zeitpunkt der Taten, aller Taten, schuldunfähig. Die Angeklagte konnte nicht mehr zwischen Recht und Unrecht unterscheiden. Das Gleiche gilt meines Erachtens auch für die Masse der Deutschen, die vergiftet durch den nationalsozialistischen Wahn nicht mehr zwischen Recht und Unrecht unterscheiden konnten. Das deutsche Volk war kein Volk von Massenmördern, die Gemeinschaft der Völker hat die Annahme einer Kollektivschuld abgelehnt und dem deutschen Volk verziehen. Ich komme zu dem Ergebnis: Frau Gärtner war nicht schuldfähig im Sinne des Gesetzes."

Der vorsitzende Richter sagte: „Frau Dr. Burger, das Gericht bedankt sich für Ihre Ausführungen. Eine Frage hätte das Gericht jedoch. Sie sagten, die Seele der Angeklagten war bereits zu diesem Zeitpunkt ‚so gut wie tot'. Wie kann das Gericht diese Einschätzung verstehen? Was heißt ‚so gut wie tot'?"

„Hohes Gericht! Wir reden hier über die Seele einer Frau. Im Gegensatz zur männlichen Seele sind mütterliche Gefühle in der Seele einer Frau niemals tot. Man kann diese Gefühle auch als den weiblichen Urinstinkt bezeichnen. Frau Gärtner hatte zwar zur Tatzeit kein Kind. Doch ganz offensichtlich hatte sie einen sehr starken Kinderwunsch. Instinktiv spürte sie, ohne dass ihr dies bewusst war, dass nur ein Kind ihr die Seele wiedergeben könnte. Ihre sonstigen Gefühle, zu lieben, also Liebe in einer Beziehung zu leben, hat sie verloren, besser gesagt, wurden ihr für immer genommen."

„Danke, Frau Dr. Burger. Fragen an die Frau Sachverständige? Herr Staatsanwalt?"

„Nein, keine Fragen!"

„Herr Verteidiger?"

„Danke, Herr Vorsitzender, nein!"

„Frau Sachverständige, dann sind Sie mit Dank entlassen. Das Gericht hat noch Fragen an die Angeklagte."

Der Vorsitzende drückte den Rücken durch, um größer zu erscheinen, und holte tief Luft. Er wollte sicher und würdig erscheinen, doch an seiner Stimme wurde seine Erregung deutlich.

„Frau Angeklagte, offenbar haben Sie die Sachverständige überzeugt, das Gericht muss jedoch auch überzeugt werden. Der Sachverständigen haben Sie gesagt, dass die Gestapoangehörigen Ihnen die Augen verbunden hatten, als Sie nackt, im gefesselten Zustand, mit verbunden Augen mit ausgehungerten Ratten konfrontiert wurden. Frau Angeklagte, sagt Ihnen George Orwell und sein Buch 1984 und die dort beschriebene Folter mit Ratten etwas?"

„Nein, Herr Vorsitzender, weder der Autor noch der Titel des Buchs sagen mir etwas."

„Können Sie also die Situation konkreter beschreiben. Wie nackt waren sie?"

„Halt nackt, Herr Vorsitzender."

„Ganz nackt können Sie nicht gewesen sein, wenn Ihnen die Augen verbunden waren. Ihre Körperbedeckung war also die Augenbinde, Frau Angeklagte."

„Ja, Herr Vorsitzender."

„Konnten Sie mit der Augenbinde sehen?"

„Nein, Herr Vorsitzender, ich konnte mit der Augenbinde nichts sehen."

„Haben Sie dann Ratten gesehen?"

„Nein, Herr Vorsitzender, ich habe keine Ratten gesehen."

„Wie können Sie dann sagen, dass es Ratten waren?"

„Ich habe sie gespürt!"

„Was, Sie haben Ratten nicht gesehen, aber gespürt? Wie spürt man Ratten?"

„Herr Vorsitzender, ich habe Ratten gespürt."

„Wie, sind Sie eine Ratte, die Ratten spüren kann?" Dem Vorsitzenden schoss das Blut in den Kopf, er wurde rot im Gesicht, er rang nach Luft.

Dr. Koch sprang auf und schnappte nach Luft. „Nazi! Der vorsitzende Richter wird wegen Befangenheit abgelehnt. Protokollführerin protokollieren: Der vorsitzende Richter fragte die Angeklagte: ‚Wie, sind Sie eine Ratte, die Ratten spüren kann?'"

Aus dem Gerichtssaal hörte man einen Schrei und lautes Schluchzen. Stella schreite laut „Yvonne!" und stürzte in Richtung ihrer Tochter. Mutter und Tochter lagen sich in den Armen. Yvonne stützte ihre Mutter. Der Vorsitzende stürmte in das Besprechungszimmer.

Ein Beisitzer rief: „Die Sitzung ist unterbrochen!"

Nach einer Stunde kamen der vorsitzende Richter, die Beisitzer und die Schöffen in den Verhandlungsaal. Der vorsitzende Richter hatte sich wieder gefangen und erklärte: „Die Sitzung wird fortgesetzt. Das Gericht ist der Auffassung, dass kein zulässiger Befangenheitsantrag der Verteidigung vorliegt. Im Übrigen hat die Verteidigung mit dem Wort ‚Nazi' praktisch weiterverhandelt. Wird jedoch weiterverhandelt, so kann ein Befangenheitsantrag nicht mehr gestellt werden. Von einer förmlichen Ablehnung wird abgesehen."

Dr. Koch lehnte sich entspannt zurück, der „Nazi" hätte ins Auge gehen können.

„Das Gericht beabsichtigt, die Beweisaufnahme zu schließen, gibt es noch Beweisanträge?"

„Ich stelle fest, das ist nicht der Fall, dann bitte ich um die Plädoyers. Herr Staatsanwalt!"

„Hohes Gericht, ich kann mich kurz fassen. Aufgrund der überzeugenden Ausführungen der Sachverständigen Frau Dr. Burger beantrage ich: Freispruch der Angeklagten!"

„Herr Verteidiger!"

„Hohes Gericht, ich kann mich ebenfalls kurz fassen. Nach dem Verlauf der Verhandlung muss ich mich fragen: Wer stand hier vor Gericht, die Angeklagte oder der Rechtsstaat Bundesrepublik Deutschland?“

„Herr Verteidiger, bitte keine politische Propaganda.“

„Ja, Herr Vorsitzender. Ich stimme ihnen zu, keine politische Propaganda. Zu den Tatsachen: In diesem Hause, von diesem Schwurgericht werden 1971 Gestapoleute aus Mangel an Beweisen freigesprochen, die freiwillig den Eid auf den Führer geleistet haben. Das Verfahren wurde gegen den Hauptangeklagte Bovensiepen blitzartig aus gesundheitlichen Gründen eingestellt. Der wurde dann nach einer wundersamen Genesung von dem Schwurgericht als Entlastungszeuge seiner SS-Kameraden angehört. Bovensiepen wurde dann auch bescheinigt, dass seine Zeugenaussagen nicht im Widerspruch standen zu seinen früheren Einlassungen als Mitangeklagter. Wie sagte Tucholsky so treffend über deutsche Richter: ‚Wo sich Euch die Rechte beugen, ist Euer Vaterland.‘ In diesem Haus kann im Jahre 1972 nicht eine Frau verurteilt werden, die unter Folter den Eid auf den Führer geleistet hat. Die Angeklagte hat ein Geständnis abgelegt. Sie hat das Unrecht ihrer furchtbaren Taten erkannt. Ich will jedoch nicht das letzte Wort für die Verteidigung in Anspruch nehmen. Ich beantrage, wie die Staatsanwaltschaft, Freispruch der Angeklagten!“

Der vorsitzende Richter wendete sich der Angeklagten zu: „Frau Gärtner, Sie haben das letzte Wort.“

„Hohes Gericht, ich kann mich nur wiederholen, ich bin unschuldig. Ich weiß, welche Verbrechen ich begangen habe, aber ich konnte nicht anders. Frau Dr. Burger hat mir die Augen geöffnet. Wir waren eine gute Familie, wir waren glücklich, bis die Nazis kamen, wir wurden dann verfolgt. Wir mussten in der Illegalität leben, überleben, wir haben gehungert und meine Eltern haben nicht nur einmal zusehen müssen, wie ich für ein Essen vergewaltigt wurde. Mein Vater hatte geweint, meine Mutter konnte nicht mehr weinen. Dann kam für mich die Gestapohaft. Ich hatte keinen Schutz vor den Übergriffen im Keller der Gestapo, ich kann nicht wiedergeben, was passiert ist. Ich bin regelmäßig ohnmächtig geworden und stellte dann fest, als ich wieder zu mir kam, dass mein Unterleib und mein After wund waren. Ich musste im Zellentrakt stundenlang mit freiem Oberkörper stehen und jeder, der vorbeikam, konnte mir an die Brust fassen. Ich hatte in der Haft verlernt, was Scham ist. Für mich wäre der Tod eine Befreiung gewesen. Aber ich dachte an meine Eltern, ich wollte alles tun, um meine Eltern zu retten. Als ich erkannte, dass ich meine Eltern nicht mehr retten kann und die Gewissheit hatte, dass sie in Auschwitz umgebracht werden, war der Schmerz so groß, dass ich nur weiterleben konnte, wenn ich anderen Menschen Schmerz zufügte. Ich weiß, dass ich eine kranke Seele habe, ich weiß, dass die Gestapo mich zerstört hat. Ich bin aber ein Mensch, ich möchte als Mensch in Erinnerung bleiben und nicht als ein Monster. Für meine körperlichen und seelischen Verletzungen kann man mich nicht verantwortlich machen, also mich auch nicht verantwortlich machen für die Verletzungen, die ich anderen zugefügt habe. Ich bin nicht verantwortlich für das, was passiert ist. Ich bin nicht verantwortlich für die Gaskammern und die Verbrennungsöfen. Das haben andere zu verantworten, die werden jedoch in diesem Haus von diesem Gericht freigesprochen. Ich habe das alles erst nach Ende des Krieges erfahren. 1946 wurde ich das erste Mal von einem sowjetischen Militärtribunal verurteilt. In dem Verfahren hatte ich keine Rechte, das Urteil stand von vornherein fest, ich hatte keine Verteidigung, ich verstand nichts in diesem Verfahren, weil ich kein Russisch kann. Als ich dann 1956 aus sowjetzonaler Haft entlassen wurde, kam ich nach Westberlin und alles begann von vorn."

„Besonders schwer war für mich, dass ich meine Tochter verloren hatte. Sie ist der einzige Mensch, den ich nach dem Tode meiner Eltern überhaupt noch hatte. Ich bin 1957 vom Schwurgericht Berlin zu zehn Jahren verurteilt worden, das war vor fünfzehn Jahren. Fünfzehn Jahre lang konnte das Verfahren wegen meiner angeschlagenen Gesundheit nicht beendet werden. Ich bin eine schwer kranke Frau, ich habe meine Seele in den Kellern der Gestapo verloren. Und trotzdem bin ich Ihnen dankbar, dass Sie mich nochmal angeklagt haben, dass Sie mich nochmal gequält haben mit Ihren Fragen, dass ich nochmal gedemütigt und einem ungeheuerlichen Verdacht ausgesetzt wurde. Ich danke Ihnen von ganzem Herzen. Ich habe meine Tochter wiedergefunden und meine Tochter hat mich wiedergefunden und das ist das Einzige, was für mich noch zählt. Auch wenn Sie mich heute wieder verurteilen, ich danke Ihnen. Ich fühle mich wieder wie ein Mensch. Ich habe seit dreißig Jahren das erste Mal wieder Tränen geweint. Yvonne, ich liebe dich!"

„Ich will mich nicht einfach hinstellen und sagen: Ich entschuldige mich. Für das, was ich getan habe, kann ich mich nicht einfach entschuldigen. Ich will daher darum bitten, mich entschuldigen zu dürfen. Ich wünsche mir, dass ich Gelegenheit bekomme, mich bei allen Opfern meiner Untaten und Ihren Angehörigen zu entschuldigen."

Der vorsitzende Richter schloss die Sitzung: „Es ist jetzt 12.25 Uhr. Das Gericht zieht sich zur Beratung zurück. Urteilsverkündung um 13.00 Uhr."

Im Beratungszimmer eingetroffen, konnte sich der vorsitzende Richter nicht mehr beherrschen.

„Das Verfahren war so überflüssig wie ein Kropf. Wenn das Verfahren 1957 korrekt geführt worden wäre, hätten wir uns das alles sparen können. Es hätte gar nicht mehr zu der Hauptverhandlung kommen dürfen. Die NS-Täter sind dank einer geschmeidigen Lösung wegen Verjährung davongekommen, warum nicht diese Frau? Warum gerade diese Frau? Jetzt müssen wir uns von einem linksradikalen Anwalt wie dumme Jungen vorführen lassen, nur weil das Verfahren nicht rechtzeitig wegen Verhandlungsunfähigkeit eingestellt wurde. Wer in aller Welt hat sich einfallen lassen, das Verfahren fünfzehn Jahre lang zu verschleppen? Man kann doch nicht vom Gericht verlangen, auch noch die Halbtoten zu verurteilen. Eine Einstellung wegen Verhandlungsunfähigkeit wäre möglich und geboten gewesen.

Jetzt kommt die Presse und wirft dumme Fragen auf. Wir können froh sein, dass die Machthaber in Ostberlin die Füße stillhalten. 1957 hatten die sich das Maul zerrissen und unverschämte Artikel geschrieben. Ich bin gespannt, was die Journaille morgen schreibt. Nein, ich will es gar nicht wissen. Dann schleppt die Verteidigung noch ein subversives Element aus meiner Schulklasse an. Seine Sippe und der hätten vor den Volksgerichtshof gehört. Es fehlte noch, dass uns die Angeklagte noch die Rattenfolter von Orwell aus dessen Buch ‚1984' auftischt. Ich habe wie Millionen andere an den Führer geglaubt und immer nach Recht und Gesetz gelebt und gehandelt. Warum muss ich jetzt eine solche Schande erleben? Bringen wir es zu Ende!"

Das Gericht betrat den Gerichtssaal. Stella und Yvonne saßen Hand in Hand auf der Anklagebank, die Sitzordnung war dem Gericht offenbar jetzt auch nicht mehr wichtig. Der Vorsitzende bestand nicht mehr auf Einhaltung der Sitzordnung. Er verkündete das Urteil:

„Im Namen des Volkes ergeht folgendes Urteil: Die Angeklagte wird freigesprochen.

Die notwendigen Auslagen trägt die Staatskasse. Die Angeklagte erhält eine Entschädigung für die erlittene Untersuchungshaft."

Die fahrigen Worte des Vorsitzenden zur Urteilsbegründung hörte Stella wie aus weiter Ferne. Der Vorsitzende sprach von Recht und Gerechtigkeit und von den Schatten einer düsteren Vergangenheit, die nun endgültig vertrieben waren.

Stella presste Yvonne an sich. Mutter und Tochter weinten leise vor sich hin. Um die beiden Frauen bildete sich eine kreisförmige Menschenkette, die Arme über die Schultern der nebenstehenden Person gelegt. Stella vernahm wieder dieses gemeinsame Gebet, wieder kaum hörbar.

Stella und Yvonne schauten auf, den umstehenden Juden ins Gesicht.

Plötzlich öffnete sich der Kreis. Yvonne stand auf, sie zog ihre Mutter vom Sitz hoch und führte sie in den Kreis. Beide Frauen legten ihre Arme auf die Schultern der nebenstehenden Personen und stimmten in das gemeinsame Gebet ein.

Ein schwarz gekleideter Mann trat auf die beiden Frauen zu. „Ich heiße Nathan Weizmann, ich bin der Vertreter der jüdischen Gemeinde zu Berlin. In meiner Eigenschaft als Vertreter der jüdischen Gemeinde zu Berlin biete ich Ihnen an, dass Sie sich offiziell bei ihren Opfern entschuldigen und um Vergebung bitten dürfen."

Quellenverzeichnis

VIII Misstrauensvotum

Seite: Misstrauensvotum
de.wikipedia.org/wiki/Misstrauensvotum
abgerufen: 12.05.2021
letzte Bearbeitung 25.08.2022

XI Lubjanka

Seite „Herbert Wehner"
www.jewiki.net/wiki/Herbert_Wehner
abgerufen: 13.09.2021
letzte Bearbeitung: 09.05.2012

XII Bombenanschlag

Seite „Mai-Offensive der Roten Armee Fraktion
de.wikipedia.org/wiki/Mai_Offensive_der_Roten_Armee_Fraktion
abgerufen: 11.11.2020
letzte Bearbeitung: 20.06.2022

Nachwort

Dass das Opfer selbst an seinem Unglück schuld ist und Täterinnen und Täter letztlich nur ausführende Organe eines unerkannten, selbstdestruktiven Willens sind, ist ein grundlegendes Narrativ abendländischer Kultur – spätestens seit den Tragödien des „Antiken Hellas".

In der von Karl Alich erzählten Geschichte über den dritten und letzten Prozess gegen Stella Goldschlag, eine deutsche Jüdin, die von der Gestapo dazu erpresst wurde, im Untergrund versteckte Jüdinnen und Juden aufzuspüren und auszuliefern, geht es auch um dieses Motiv: um ein Motiv, das der Verfasser in präziser Weise zu widerlegen versucht, freilich mit – wie deutlich geworden sein sollte – fiktionalen Mitteln.

Auch dem kurz nach dem Zweiten Weltkrieg geborenen Autor dieser Zeilen ist noch gut erinnerlich, wie etwa Mitte der 1950er Jahre in der – übrigens von einem Antisemiten gebauten – Freiherr-vom-Stein-Synagoge zu Frankfurt am Main immer wieder über diesen und jenen getuschelt wurde, er sei in den KZs ein „Kapo" gewesen, ein jüdischer Funktionshäftling, der, geringfügiger eigener Vorteile wegen, nicht davor zurückschreckte, seine Mithäftlinge zu verraten, zu drangsalieren und zu kujonieren. Den „Kapos" wurden als Gegenleistungen Vergünstigungen wie die Zuteilung von Alkohol und der Besuch von Lagerbordellen in Aussicht gestellt.

Philosophisches Aufsehen erregte die Mittäterschaft von Jüdinnen und Juden am Schicksal ihrer als „Rasseangehörigen" bezeichneten jüdischen Mitmenschen in den 1960er Jahren anlässlich einer Publikation und weiterer Äußerungen von Hannah Arendt, als sie im Jahr 1963 in ihrem Buch „Eichmann in Jerusalem" die These von der Mitwirkung jüdischer Führer an der Zerstörung ihres Volkes publik machte; sich dabei zunächst auf die Mitwirkung von Juden an der 1939 eingerichteten

Zwangsorganisation „*Reichsvereinigung der Juden in Deutschland*" sowie auf die von den Nationalsozialisten eingesetzten „*Judenräte*" in den Ghettos in Polen bezog. Bekannt wurde in diesem Zusammenhang auch ein Brief, den der Kabbalahforscher und Freund des 1940 durch Suizid gestorbenen Walter Benjamin an Arendt schrieb; ein Brief, in dem Scholem Hannah Arendt mangelnde Liebe zum jüdischen Volk vorhielt. In diesem – vom 23. Juni 1963 stammenden – Brief schrieb Scholem:

> *„Eine Auseinandersetzung wie die Ihre erforderte, wenn ich mich so ausdrücken darf, die altmodischste Art der sachlichen und gründlichen Behandlung, gerade wo so tiefe Emotionen im Spiele sein müssten und herausgerufen werden, wie in diesem Fall der Ermordung eines Drittels unseres Volkes und als nichts anderes. Mit dem Stil der Leichtherzigkeit", so noch immer Scholem, „ich meine das englische flippancy, den sie nur zu oft in Ihrem Buche dafür aufbringen, habe ich keine Sympathie. Er ist auf unvorstellbare Weise der Sache, über die Sie sprechen, unangemessen. Gäbe es wirklich bei solchem Anlass nicht Platz für das, was man mit dem bescheidenen deutschen Wort Herzenstakt nennen dürfte?"*[1]

Bekannt wurde in diesem Zusammenhang auch der Fall von Rudolf Kasztner, der am 3. März 1957 vor seiner Wohnung in Tel Aviv angeschossen wurde und dort am 15. März 1957 seinen Verletzungen erlag. Das Motiv der drei Täter, die später von Premier Ben Gurion begnadigt wurden, waren Verhandlungen des ungarischen Juden Rudolf Kasztners mit dem SS-Mann Kurt Becher, in denen er, für eine Gruppe ungarischer Jüdinnen und Juden, darunter Verwandte von ihm, die Ausreise in die Schweiz erreichte. Die drei Attentäter wurden zunächst zu lebenslangen

---

1 G.Scholem, Briefe Band II, 1948-1970, München 1995, S. 97

Strafen verurteilt, jedoch nach drei Jahren auf persönliche Intervention von Premier David Ben-Gurion begnadigt.[2]

Um genau diese Problematik geht es der vorliegenden „Dokufiktion" des Autors Karl Alich, der den dritten Prozess gegen Stella Goldschlag neu erzählt und ihn anders enden lässt als in der historischen Wirklichkeit. Und zwar so enden lässt, dass mögliche antisemitische Reaktionen wie: *„Na bitte, die sind ja auch nicht besser..."* ausgeschlossen werden. Und das mit gutem Grund: stimmten doch vor einigen Jahren beinahe 50% der repräsentativ Befragten in Deutschland dem Statement zu, dass Israel einen Vernichtungskrieg gegen die Palästinenser führe[3], mehr noch: dass das, was die israelischen Juden mit den Palästinensern täten, dasselbe sei wie das, was die Nazis den Juden antaten.

Wenn man so will, nimmt Alich mit seinem fiktiven Prozessverlauf, dem psychiatrischen Gutachten und dem Geständnis der Stella Goldschlag, diese vor sich selbst in Schutz, womit sich dieser Roman am besten als eine „dystopische Utopie" bezeichnen lässt: als „*Utopie*", weil er doch einen möglichen, künftigen Ausgang zeichnet, den es unter gewissen Umständen hätte geben können, als „*Dystopie*" freilich, weil er auf eine Geschichte Bezug nehmen muss, die unzähligen Menschen das Leben gekostet hat. Ist doch eine „*Dystopie*" eine meist in der Zukunft spielende Erzählung, in der eine erschreckende oder nicht wünschenswerte Gesellschaftsordnung dargestellt wird – mit dem Unterschied, dass es hier um eine Gesellschaftsordnung geht, die so tatsächlich existiert hat.

---

2 Stephen Tree: Rudolf Kasztner und seine waghalsige Rettungsaktion In: Neue Zürcher Zeitung vom 7. Dezember 2019.

3 Juliane Wetzel: Erscheinungsformen und Verbreitung antisemitischer Einstellungen in Deutschland und Europa. In: APuZ. Nr. 28-30, 2014, S. 25 Demnach: Laut einer Studie zur gruppenbezogenen Menschenfeindlichkeit im europäischen Kontext stimmten 47,7 Prozent der Deutschen der Aussage „Israel begeht einen Vernichtungskrieg gegen die Palästinenser" zu. Auch in anderen Ländern, wie Großbritannien, den Niederlanden, Ungarn und Polen, gab es überdurchschnittlich hohe Zustimmungsraten (GB: 42,4; Niederlande 38,7; Ungarn: 41; Polen 63,3).[96]

Womöglich lässt sich dies paradoxe Unterfangen aus dem Umstand erklären, dass der Autor Stella Goldschlag Gerechtigkeit widerfahren lassen will – eine Gerechtigkeit, die die bisherige Geschichte und ihre literarischen und historiographischen Niederschläge vermissen lassen.

Nicht zuletzt geht es sowohl in der Geschichte der realen Stella als auch in der von Karl Alich präsentierten utopischen Variante um die Frage des „*Opferseins*". Schaut man, was diesen Begriff anbelangt, auf die englische Sprache, so weist diese – anders als die deutsche Sprache – eine Differenzierung auf, die zumal im Falle Goldschlags erhellend sein dürfte. So unterscheidet das Englische zwischen dem eher religiös konnotierten „*sacrifice*" und dem ganz alltäglichen, mit beliebigen Unglücksfällen assoziierten „*victim*". Opfer eines Lawinenunglücks – also „*victims*" – sind von niemandem bewusst verletzt oder gar umgebracht worden, um irgendwelche wirklichen oder nur im Denken oder Glauben präsente Größen gnädig zu stimmen.

Ja, Stella Goldschlag war ein Opfer – ein Opfer der allemal antisemitischen Alltagskultur schon der Weimarer Republik, des unmenschlichen, mörderischen Dritten Reiches, das sie zur Täterin machte sowie – nach 1945 – eines ihr furchtbares Schicksal negierenden Rechtsstaates. So sah sich Stella Goldschlag tatsächlich nicht nur als ein Opfer im Sinne des englischen „*victim*", sondern auch – man mag es kaum glauben – als ein Opfer im Sinne von „*sacrifice*". Und zwar in Kategorien, die ihr – der, wenn man so will, assimilierten Jüdin – ihre christliche Umgebung eingegeben hatte. So schrieb sie doch tatsächlich aus der Untersuchungshaft vor ihrem zweiten Prozess am 1.7.1956 in einem Brief an den Landgerichtsdirektor Berger:

> *„Ein Beweis, dass die Juden aus dieser Zeit mir einfach d. Schicksal in Auschwitz zugedacht hatten – in meinem Leben ich allein schon in ihren Augen verwerflich war – ich bin evangelisch betone ich – ich möchte eine ähnliche Rolle wie Jesus Christus spielen – dass, wenn mein Blut… einst Ruhe findet."*

In diesem aufschlussreichen Schreiben sieht sich Stella Goldschlag in paranoider Weise nicht etwa als Opfer (*victim*) der Nazis, sondern als Opfer (*sacrifice*) der Juden und zwar so, dass sie damit ihre eigene Greifertätigkeit als eine Form der gerechtfertigten Selbstverteidigung deuten konnte. Einer Selbstverteidigung, die sie davor retten sollte, wie der von den Christen als Messias angebetete Jesus von Nazareth geopfert zu werden.

An dieser Stelle ist nicht auf ihr bereits antisemitisch getöntes Verständnis des Neuen Testaments einzugehen, das tatsächlich an keiner Stelle behauptet, dass die Juden Jesus *„opfern"* wollten. Bei allem dem Neuen Testament innewohnenden Antijudaismus – der allemal behauptet, dass *„die Juden"* Jesus getötet hätten – ist dennoch nirgend davon die Rede, dass sie ihn *opfern* wollten. Vielmehr geht die auf diesem Narrativ fußende christliche Dogmatik davon aus, dass es Gott der Vater war, der – um der versöhnten Menschheit willen – seinen eigenen, eingeborenen Sohn *geopfert* hat.

Vor diesem Hintergrund fragt sich, wann, unter welchen Umständen und – vor allem – bei welchem Geistlichen Stella Goldschlag zum evangelischen Christentum konvertiert ist. Ihrem Schreiben nach lässt sich jedenfalls ausschließen, sich jemals intensiv mit dem christlichen Glauben befasst zu haben; tatsächlich tut sie in diesem Schreiben nichts anderes, als die wirklichen Opfer (*victims*) des Nationalsozialismus – also Jüdinnen und Juden, seien sie nun Anhänger des jüdischen Glauben, Atheisten oder gar getauft – zu Tätern zu erklären und sich selbst mit einem quasi theologischen Argument zu entschuldigen. So ist es im Rückblick geradezu tragisch, dass eine als Jüdin selbst verfolgte und gefolterte, andere Jüdinnen und Juden ihren Verfolgern ausliefernde Frau, sich als christliche Antisemitin geriert.

Damit erweist sich der Fall Stella Goldschlag im präzisen Sinn als Tragödie: eine (theatralische) Konstellation, in der die Hauptfiguren *„schuldlos schuldig werden"* – und zwar mit unausweichlicher Notwendigkeit.

Indem Karl Alich in seiner utopischen Dystopie – anders als in der historischen Realität – Stella sowohl ein gutachterlich biographisches Gespräch verordnet und sie – weit darüber hinaus – auch noch ein reuiges Geständnis ablegen lässt, eröffnet er fiktiver Weise die Möglichkeit einer Versöhnung mit ihrer jüdischen Herkunftsgemeinschaft: bietet doch im Roman ein Vertreter der Jüdischen Gemeinde Berlins Stella an, zurückzukehren.

Damit ist – gewollt oder ungewollt – ein zentrales Motiv des jüdischen Glaubens angesprochen. Bekanntlich ist der höchste jüdische Feiertag der im Herbst zu begehende Jom Kippur, der Versöhnungstag, an dem die Betenden Gott und Mitmenschen fastend um Vergebung für ihre Sünden bitten. In der autoritativen Religionsschrift des Judentums, dem in der späten Antike entstandenen Talmud, findet sich ein Traktat, der konstatiert, dass an diesem Tag Gott alle ihm gegenüber begangenen Sünden verzeiht, dies jedoch so nicht für Menschen gilt. Unter ihnen ist Vergebung nur möglich, wenn Sünder und Sünderinnen ihre Opfer selbst um Vergebung bitten.

Mit der dystopischen Utopie dieses Romans wird Stella Goldschlag wieder – fiktiv – in jene Gemeinschaft zurückgeholt, die sie sowohl aufgrund ihres bizarren Charakters als auch der politischen Umstände halber mit tödlichen Folgen verraten hatte. Einem lesenden Publikum, das sich heute – mehr als achtzig Jahre nach dem Ende von Nationalsozialismus und Holocaust – anhand des vorliegenden Romans mit diesem so einmaligen Schicksal befasst, wird indes unausweichlich klar, dass es letzten Endes eben doch nicht Stella Goldschlag war, die zur mörderischen Verfolgerin wurde, sondern die politisch sozialen Entscheidungsträger und Mitläufer des NS-Staates, die sich – sofern möglich – auch noch nach 1945 daran ergötzten, ihre Verbrechen den Opfer zuzuschreiben.

Micha Brumlik

Dank an Ferdinand Kroh
(19.10.1950–14.06.2014)

Ferdinand Kroh hat 1980 sein Thema – jüdischer Widerstand – gefunden und wie ein Besessener Zeitzeugen gesucht, gefunden und interviewt, Archive durchstöbert und wurde so ein Vertrauter von Juden, die nie mehr einem Deutschen trauen und schon gar nicht sich einem Deutschen anvertrauen wollten.

Stella Goldschlag hatte außer ihren Eltern nur einem Menschen vertraut, Ferdinand Kroh. Ihm gegenüber hatte sie in einem Interview im Juni 1990 ihre schreckliche Lebensbeichte abgelegt und ihren Suizid angekündigt.

Ihm allein hatte sie am 23. Juni 1990 die Wahrung ihrer Persönlichkeitsrechte anvertraut. Ferdinand Kroh wollte das Andenken an Stella Goldschlag vor „Schönschreibern" und „Wohlfeilen" schützen und hatte ein Archiv angelegt, für seine TV-Doku „Die Greiferin" und einen geplanten Spielfilm über ihr Leben.

Als sich Stella Goldschlag nach der Ausstrahlung der TV-Doku „Die Greiferin" 1994 das Leben nahm, war Ferdinand „am Boden zerstört". Nachdem er Stella Goldschlag zu einem, wenn auch halbherzigen, Geständnis gebracht hatte, hoffte er, sie wieder zurück ins Leben führen zu können. Er konnte nicht ahnen, dass sie unter der Last ihrer Untaten zusammenbrechen und sich, wie angekündigt, umbringen würde.

Eine tückische Krankheit und der frühe Tod und die Erkenntnis, dass sich das wahre Leben von Stella Goldschlag jeder Vorstellung entzieht, verhinderten die Vollendung seiner Vorhaben.

Die besondere moralische Verantwortung gegenüber der Jüdin Stella Goldschlag haben die Witwe von Ferdinand Kroh und deren Rechtsanwalt Karl Alich (Autor) nunmehr übernommen.

Ich danke Ferdinand für seine Vorarbeit, dass ich auf sein Archiv mit den Gerichtsakten des Landgerichts Berlin zurückgreifen konnte.

Ich bitte ihn um Verzeihung, dass ich das Leben seiner Stella Goldschlag so „verfälscht“ habe, dass ihre tragische Geschichte überhaupt erst erzählbar wird.

Karl Alich

Dipl. Pol. Ferdinand Kroh

Humboldtstraße 35 · 1000 Berlin 33 (Grunewald) · Telefon/btx (0 30) 8 92 52 11 · Telefax (0 30) 8 91 43 09

VERTRAG ÜBER DIE ABTRETUNG VON PERSÖNLICHKEITSRECHTEN

Zwischen

Ingrid Gärtner
wohnhaft in 7800 Freiburg
Bleichstr. 5

und

Ferdinand Kroh
wohnhaft in 1000 Berlin 33
Humboldtstr. 35

Hiermit trete ich, Ingrid Gärtner, sämtliche publizistischen Persönlichkeitrechte an meiner Lebensgeschichte über meinen Tod hinaus an Ferdinand Kroh ab.
Herr Kroh hat das Recht, meine Lebensgeschichte in Presse, Funk, Fernsehen, Verlagswesen, Theater und Film zu veröffentlichen.
Basis hierfür sind u.a. meine Prozessakten und das mehrtägige Interview, das Herr Kroh mit mir im Juni 1990 in Freiburg geführt hat.
Herr Kroh sichert Frau Gärtner im Gegenzug zu, daß ihr Persönlichkeitsschutz insofern gewahrt bleibt, als ihr heutiger Name und Wohnort nicht preisgegeben wird.

Für das Interview und die Abtretung hat Ingrid Gärtner DM 500.- erhalten.

~~Freiburg~~, den 23.6.1990

(Ferdinand Kroh) (Ingrid Gärtner)

Der Autor

Karl Alich, 1948 in Potsdam geboren, ist seit 1980 in Berlin-Wilmersdorf als Rechtsanwalt, von 1990 bis 2018 als Notar, tätig.
„Freispruch für Stella Goldschlag" ist sein literarisches Erstlingswerk.